インヴィンシブル

アーセナルの奇跡

INVINCIBLE

AMY LAWRENCE

エイミー・ロレンス

序文　アーセン・ヴェンゲル

訳　東本貢司　菅しおり

三賢社

38戦26勝12分無敗。アーセナルは03－04シーズン、近代フットボール史上初の快挙でプレミアリーグの覇者となった。

キャプテンのパトリック・ヴィエラと指揮官アーセン・ヴェンゲル

INVINCIBLE

INSIDE ARSENAL'S UNBEATEN 2003-2004 SEASON

ファン・ニステルローイの振る舞いに怒りが収まらないキーオン
［対マン・ユナイテッド 2003年9月21日］

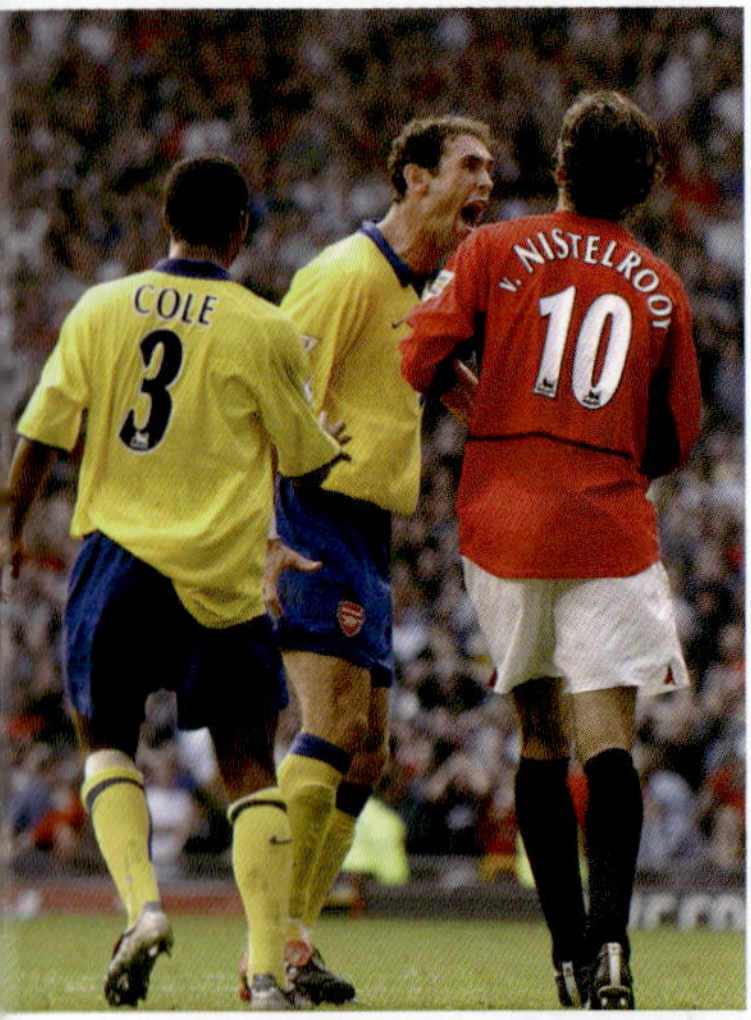

唯一の補強といえるイェンス・レーマン。味方が10人になった初戦は、辛くも逃げ切った
［対エヴァートン 2003年8月16日］

試合開始5分、エドゥーの先制ゴールでアーセナルがリードを奪った［対チェルシー 2003年10月18日］

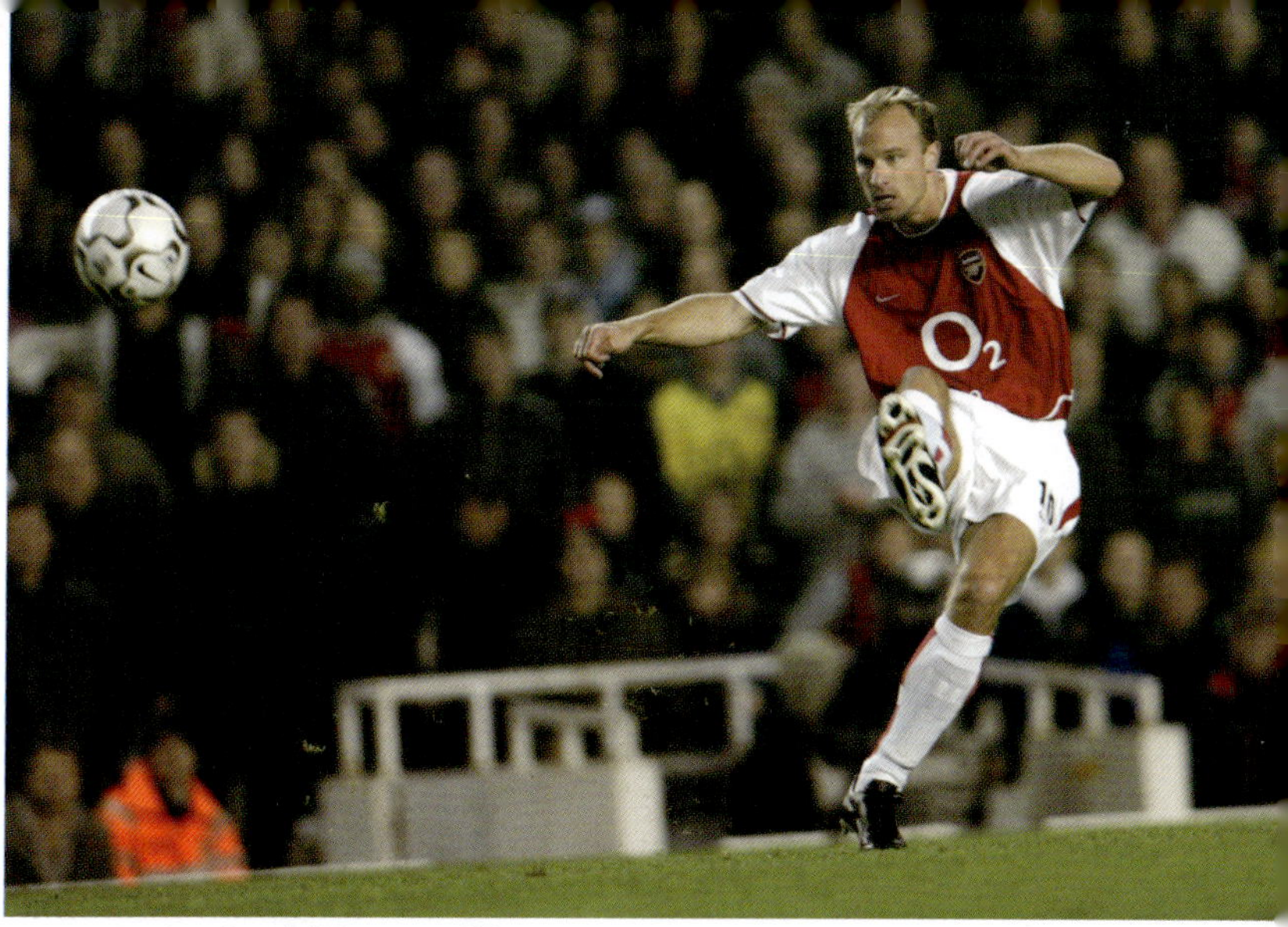

デニス・ベルカンプ――知性とカリスマ性を備えた完璧主義者。瞬時に繰り出す変幻自在のパスからは、幾度もチャンスが生まれた
［対スパーズ 2003年11月8日］

ロベール・ピレス――笑顔で相手を刺す、すばらしいフィニッシャー。スピードに乗れば、もう誰も止められない
［対ウルヴァーハンプトン 2003年12月26日］

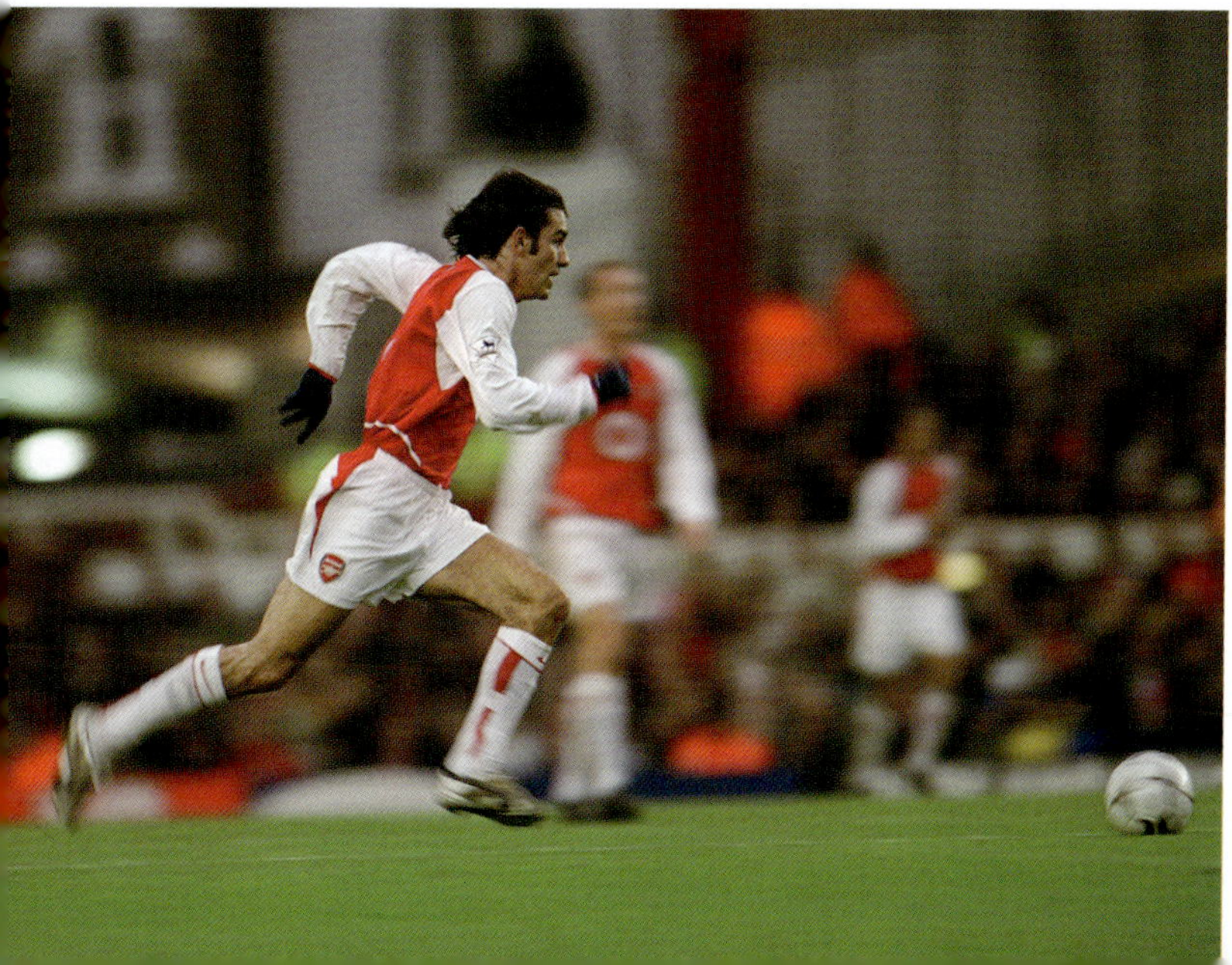

汚れ仕事も厭わない品格をもったプレイヤー、ジウベルト・シウヴァ［対チェルシー 2004年2月21日］

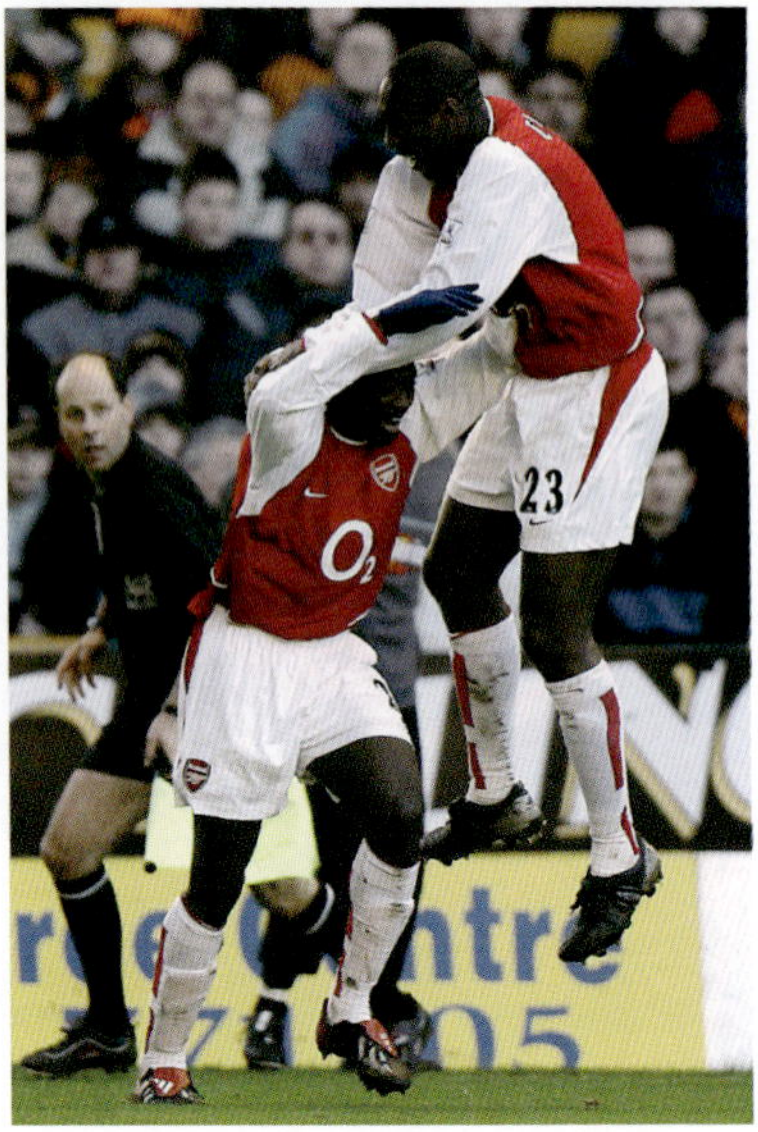

ゴールを決めたトゥーレを手荒い祝福で迎えるキャンベル［対ウルヴァーハンプトン 2004年2月7日］

やんちゃなフレディー・リュングベリ(中央)は、一心に勝利を追い求めた［対チャールトン 2004年2月28日］

闘士ラウレンのシュートはきわどくセーブされた［対マン・ユナイテッド　2004年3月28日］

アンリの逆転ゴールに、ハイベリーのスタンドは息を吹き返した
［対リヴァプール 2004年4月9日］

ヴェンゲルがフラストレーション
を溜める、そんな試合もあった
［対ニューカッスル 4月11日］

パトリック・ヴィエラ——驚異のフットボールプレーヤー。優勝のかかったこの試合でも、ベルカンプの刺すようなクロスをゴールに叩き込んだ［対スパーズ 2004年4月25日］

この日ホワイト・ハート・レインは、北ロンドンのライバルとそのサポーターたちによる祝典の場と化した［同上］

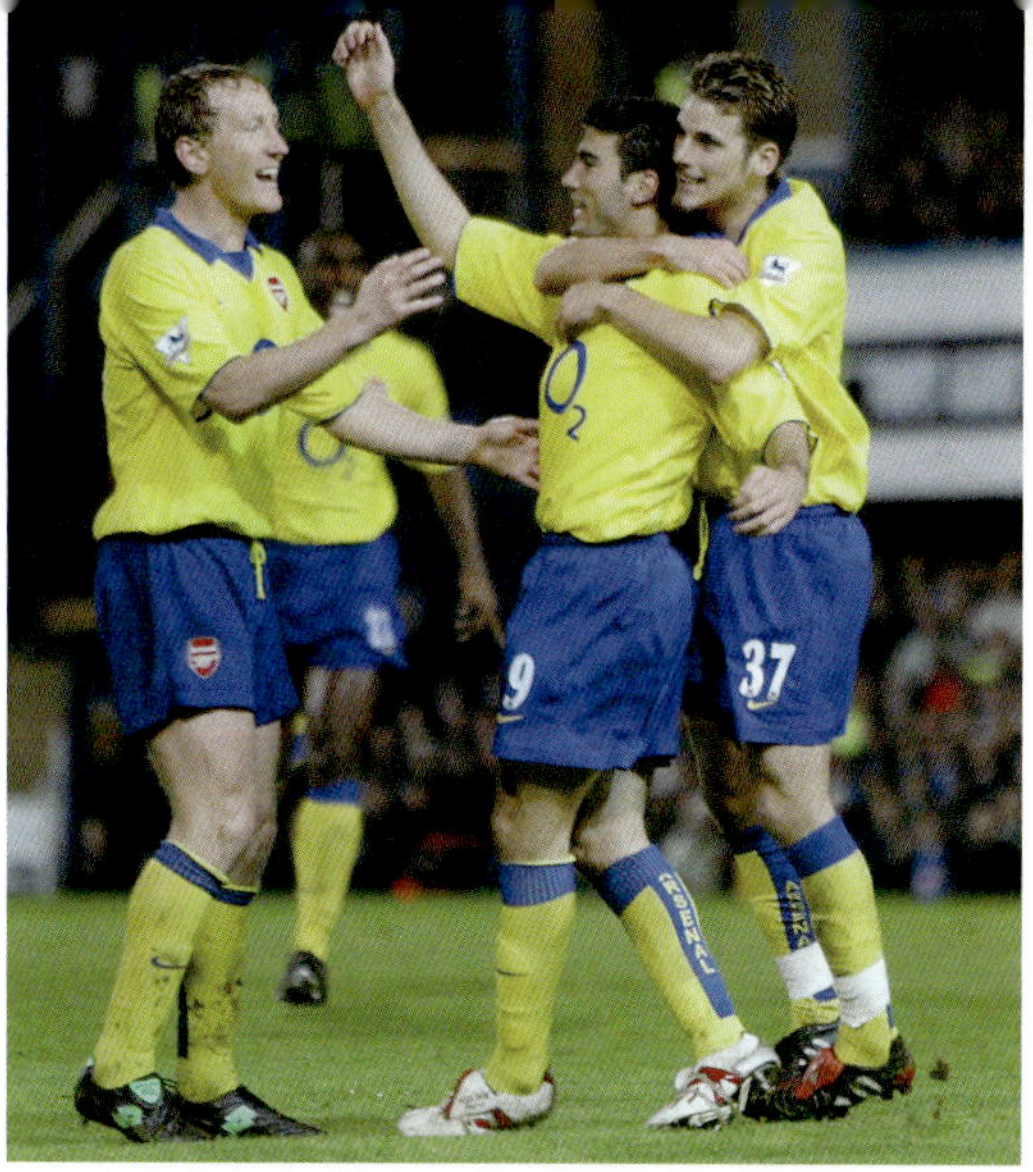

あわや無敗記録ストップ!?　同点ゴールで窮地を救ったレジェスと駆け寄るパーラー
［対ポーツマス 2004年5月4日］

ティエリー・アンリ——超一流の才能、夢のストライカー。極度のプレッシャーを感じながらも、同点となるPKを決めた
［対レスター　2004年5月15日］

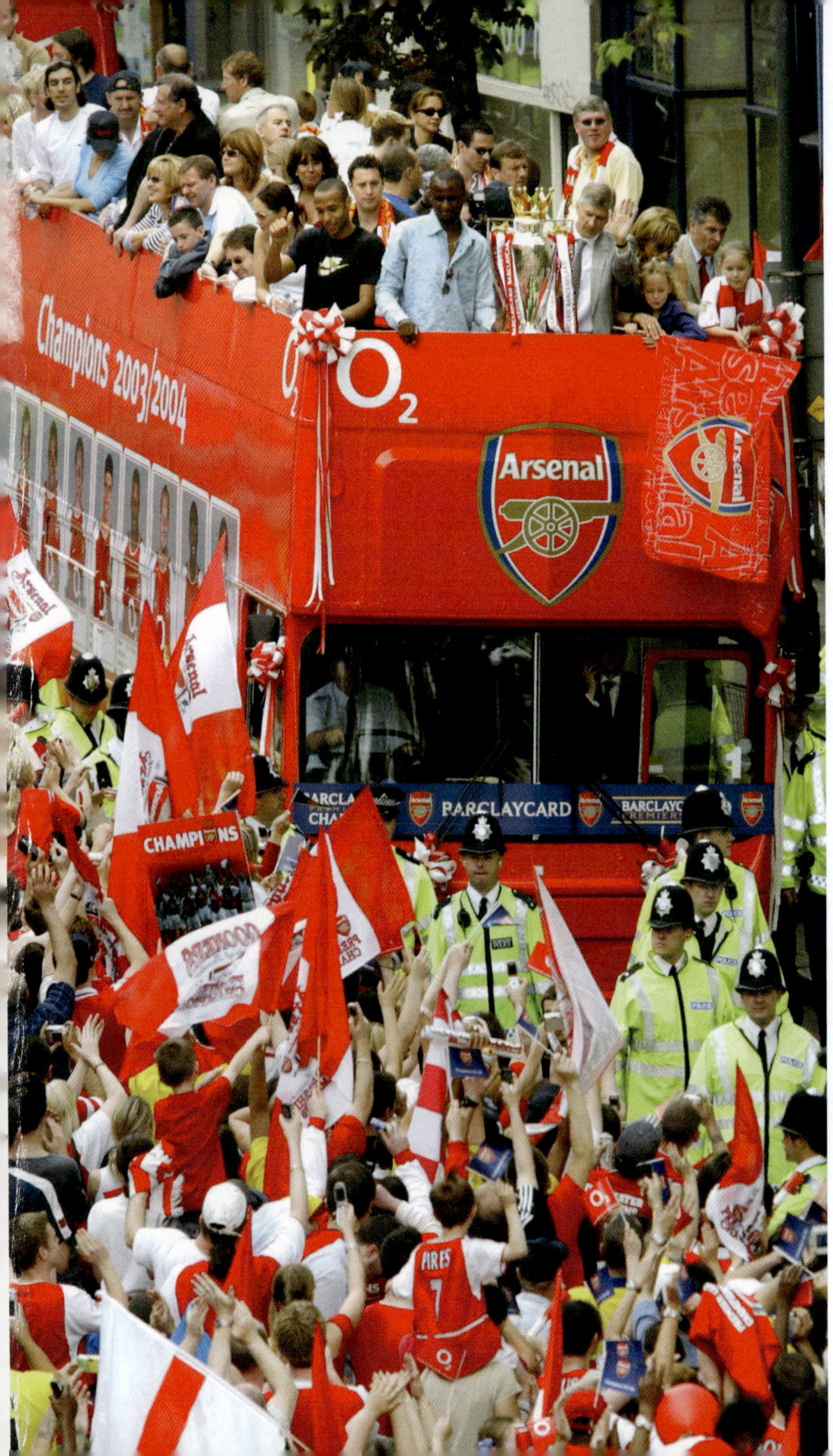

レスター戦の翌日に行われた祝勝パレード。イズリントンの通りは、英雄たちを一目見ようというファンで埋め尽くされた

インヴィンシブル　アーセナルの奇跡

INVINCIBLE
by Amy Lawrence
Original English language edition first published by
Penguin Books Ltd., London

Japanese translation published by arrangement with
Penguin Books Ltd through The English Agency (Japan) Ltd.

装丁：西 俊章

フットボール嫌いのママに
でも　これって一生もののすんごいことなのよ

インヴィンシブル――アーセナルの奇跡　目次

序文——アーセン・ヴェンゲル

わたしは10歳のときからチーム作りに携わってきた。実家は故郷デュトレンハイムの地元フットボールチームが根城《ねじろ》にしていたパブの2階にあり、日曜日ごとに、チームメンバーをピックアップする大人たちに口を出していたのである。年端《としは》もいかない小僧のくせに、まるで監督気取りで持ち前の意見を述べていた。子供の言うことはいつも、100パーセント筋が通っているものだ。

2003—04シーズンのアーセナルが特別なチームだったのはわかっている。無敗でシーズンを全《まっと》うするのはかねてよりの夢だったが、無論、簡単にできる話ではない。そんな大望が叶《かな》えられたのは、わたしがひとえに完璧を目指して努力したからだ。

わたしは常に全力を尽くして仕事に当たってきた。シーズンが終わるたびにわたしはわたし自身に問いかける。このチームのために自分は最大限のことができただろうか——。たとえリーグ優勝を果たしても、10位に終わったチームの誰それが自分よりもよくやったと思うことがある。彼こそチームのポテンシャルを最大限に生かし切ったのではなかったか、と。それを正確に測るすべはないとしても、もっとできることがあったのではと考え込んでしまうのだ。

だからわたしは常に、無敗で優勝を成し遂げるアイディアにとりつかれてきた。それ以上にできることはもうないからだ。それでこそ、仕事を限りなく完璧に近い形でやり遂げることができたと思えるからだ。チームの何もかもを漏らさず掬《すく》い取り、可能な限り彼らを後押しして勝つことは、究極の成果なのだ。だからこそ、一瞬たりとも集中力を、焦点を、責任へのこだわりを緩めることは許されない。

インヴィンシブルズの一つ前のシーズン、わたしはあえて理想の目標は無敗のシーズンだと言った。2002年の我々は、アウェイで一敗もすることなくリーグを勝ち取った。2003年、我々は敗れた。わたしはもちろん、がっかりした。2003―04のプレシーズン、わたしはプレーヤーたちとのミーティングで「なぜリーグ優勝できなかったのか考えてみよう」と言った。すると、マーティン・キーオンらは「あんたのせいでしょう」。わたしは言った。「そうだ、甘んじて責めは受けよう。しかし、何がだね？」。彼は言った。「我々にプレッシャーをかけすぎるんですよ。一つも負けないでリーグを勝ち取るなんて考え方はさすがにきつすぎるでしょ。できっこない」。わたしは言った。「待ってくれ、わたしは君たちならできると言ったはずだ。君たちがその気にならないでどうするんだ。初めてそれをやってのけたチームになるって、それはもうとてつもない成果じゃないか」

わたしは、このチームにはすべてが備わっていると思っていた。テクニカルな才能があり、インテリジェンスとそれに伴うメンタルな要素があり、それができるフィジカルな能力があった。思い出すのは、フランスから来たわたしの友人がある日、トレーニンググラウンドにやってきて（クラブハウスの）エントランスに座って見守っていたときのことだ。そうしてくれと頼んだわけじゃない。練習が終わって、彼はわたしに近寄りこう言ったのだ。「君のプレーヤーたちの一人ひとりが入ってくるのを見ていたんだが、朝、ドアを通って歩いてくるこいつらには、特別なカリスマがあるじゃないか」。その通りだった。彼らには個々にカリスマがあった。一人ひとりは違っている。しかし、そんな彼らが一つになったとき、もっとさらに特別な何かになっていた。

彼らは、できそうにもないと思っていることをやり遂げられることを、そこで示してくれたのだ。

プロローグ

「もしもし?」

「やあ、エイムズ、トムだ。ね、君、ハイベリーのプレスボックスにあった古いデスク、欲しくないか?」

「あら、ええ」

トムの知りあいの誰かさんは、わたしにとってこの世で何よりも意味のある場所がブルドーザーで取り壊されていた際、いくつかアイテムを掘り当てていた。

はっきり言って、デスクそのものはどうということもない工芸品だ。灰色のプラスティックで覆われた小さな長方形の物体。光沢のある黒いペンキで塗られた金属製の脚がついている代物。あの古びたプレスボックスに固定されていたもの。わたしの膝は今でも、そのうずくような感触を覚えている。

どの席に当たるかにもよるが、ほぼ確実に試合中ずっとそわそわしながら何もかも見逃さないでいられた。なんてったって、どこもかしこも見目麗《みめうるわ》しいったらなかった。あの、めくるめく時代を飾った舞台のすべてが――。

エミレイツ・スタジアムの流麗なコンコースを見下ろす巨大なブリッジの一つを歩むたびに、

わたしはしばし立ち止まってしまう。矢も楯もたまらず、あの、永遠のふるさとに等しい場所を思い焦がれないではいられなくなる。愛しきはハイベリー。雄大でもなく、モダンでもなく、そう、現在のアーセナルの住まいほどには富をもたらさなかったろう。けれど、その魂は壁という壁、廊下という廊下、建物の片隅やひび割れの一つひとつからもにじみ出ていた。中をそぞろ歩くたびに、古き日のフットボール譚《たん》のこだまを聞くことができた。

時間をうんとかけてハイベリーのあちらこちらを探検してきた身にとって、そこはもう思い出の宝の山だ。

親友と何人かのウォンブル［地下に群れを成して住む人間に似た想像上の生き物］とともに、ウェストアッパー・スタンドでふざけていただけの70年代。おこづかいを握りしめてバスに飛び乗り、ノースバンクの回転式入り口で人込みにまじって入場料を払った80年代。わざわざクロックエンドまで行って友達と合流した90年代。イーストスタンドで仕事をする役目についた2000年代——すべてが今もなお、わたしの心の目にそれはもう鮮やかに蘇ってくる。

凝った造りの階段を上がる際の案内役、キラキラ眼のグラウンドスタッフメンバー、パディーは、マーブル・ホールズ辺りまでしっかり付き添ってくれたっけ。グランドドアから続くトンネルときたら、人目につきにくいようになのか、ひどく狭くてハーフウェイハウスなどと呼ばれていた。わたしがまだ若い頃のガナーズショップは、元ゴールキーパーのジャック・ケルジーが切り回していた。裏に回ってクロックエンドの後ろの駐車場を抜けると、旧ＪＶＣセンターの階上に当たるオフィスやプレーヤーラウンジがあった。「ＰＲＥＳＳ」と記された赤いドアを開けて入り、狭苦しい吹き抜け階段を上って行くと、そこがメディア用のエリア。

ときどき、わたしは反対側のドアから忍び込んでは、マーブル・ホールズの上の中間点辺りに出てみたりもした。なんという絶景ポイント――片方に黒ずんだ樫のパネル張りの会議室、反対側のドアの向こうは監督のオフィス。そして、真正面の光に照らされた通り口からダイレクターズボックスに入ると、完璧なるピッチを一望できた。

何もかもが魔術的だった。その意味では、どんなに贅を尽くした新しいスタジアムでさえ敵《かな》いっこない。わたしたちはハイベリーの一部であり、ハイベリーはわたしたちの一部だった。思い出の品という意味で、わたしの手元には今こうして古いプレスボックスのデスクがある。それを目にするとき、あの絶景ポイントから目撃したすべてのゲームの中でも、その他すべてを凌駕してしまう試合と言えば、それは2004年5月15日の「アーセナル2−1レスター・シティー」だ。できる限り意識して時の流れをスロウダウンする必要のあった、稀《まれ》にみる出来事。何があったのかをしっかりと確かめずにはいられなかったひととき。どんな些細なことも見逃すべからず。記憶に留めよ、可能な限りの明瞭さで。

ハイベリーは希望の光に満ちていた。サポーターたちはかつて見たことのない最高のチームを見守っていた。そして、歴史のページはまさに万人の目の前で開かれようとしていた。アーセナルは近代フットボール史上初めて無敗でシーズンを全うしようとしていた。全力でストーリーのエッセンスをつかみ取る真っ当な言葉を探すこと、そして、どうにかしてその空気と意味を伝えることが、重大きわまりない使命に思えた。とてつもないプレッシャー。が、それは同時にまた、至上の特権でもあった。

10年後、主人公たちとの会話を通してあのシーズンを再訪できたことは、想像にあまりある見返りをもたらした。アーセン・ヴェンゲルの視点、その驚くべきプレーヤーたち、さらには他クラブスタッフは、物語の渦中にいた人々の詳《つまび》らかな描写を加え、深めてくれた。彼らが惜しみなく分け与える記憶は、そのまま彼ら自身の言葉となってこぼれ落ち、その稀にみるスポーツ的業績、そのチーム作りの妙、その磨き上げられたスタイル、豊穣なる融合、裏付けとなったスピリットを蘇らせた。彼らが開発した別格のリソースは1シーズンを通して颯爽《さっそう》と帆を張り、あるときはなだらかに、またあるときは嵐に叩かれながら、歴史的な手つかずのゴールラインにたどり着いた。

これは彼らの物語だ。ゆえに、彼らの言葉に耳を傾ける以外のふさわしい方法などあり得ない。わたしは心に決めていた。ヴェンゲルの感情表現をピュアで混じりけのないままに書き留めること。彼が彼自身の言葉で物語ることによって、この本は完結する。

「インヴィンシブル＝無敵」の時代のスピリットを捕獲する――そんなフレームワーク作りにとって、時系列に並べた試合や一団のプレーヤーの素顔を振り返っても意味がないと思った。関わった人々の証言がさまざまなテーマの真実を掘り起こし、それらが一つに撚《よ》り合わさって初めて、あのシーズンが一つの交響曲に昇華するのだから。背景の詮索は無用だ。タイムスパンをワンシーズンに限定してしまっては、時間を超越した進化のほどを理解するのはむずかしい。また、2003―04年の間にわたしが『オブザーヴァー』紙に書いた記事の抜粋を再録することで当時の雰囲気を思い起こし、あと知恵と反省の新たな光を当てる試みをしている。

無敗のシーズンは並はずれた業績であり、それ以上に並はずれた一群の人々によって達成された。あのチームを見守り続け、かつ、近年になってから何があったのかを語り尽くす彼らの声に耳を澄ましたわたしにとって、「インヴィンシブルズ」への感謝は倍加するばかりである。Those were the days. あの頃に帰りたい。

エイミー・ロレンス
2014年5月　ロンドンにて

INVINCIBLE

第1部

JANUARY 1989–NOVEMBER 2003

第1章

紙一重

休暇先としてのヴェニスは、プロフットボールのとてつもないプレッシャーから逃れるにもってこいの地だ。ロベール・ピレスは束の間の穏やかなひとときを満喫していた。そこへ、たまたま通りがかったイングリッシュフットボールファンのカップルが声をかけた。「おや、ここで何してるんだい、ルート？」「ルート？」当惑したピレスが返した。見知らぬ旅行者の二人は立ち止まっておずおずと彼をためつすがめつした後、間違いに気づいた。「あんた、ルート・ファン・ニステルローイじゃないんだ！」。ピレスは呻いた。「チッ」

ポーズ。息を呑む。身じろぎもしない6万7639人のパルチザン化した大観衆。そこにあるのは重層的な対立、対決の図式。「ルート・ファン・ニステルローイか、イェンス・レーマンか」「ストライカーか、ゴールキーパーか」「マンチェスター・ユナイテッドか、アーセナルか」「北か、南か」「レッドか、イエローか」「チャンピオンズか、チャレンジャーか」「サー・アレックス・ファーガソンか、アーセン・ヴェンゲルか」。そして、両サポーターの心中には、燃えたぎるような同族意識に根差した「正か邪か」、「我らか彼らか」。のしかかる審判の時――張りつめ、はち切れんばかりに、ゴールの一つもないままに進行した気むずかしいゲームの行き着いた先にやってきた、終了間際のペナルティーキック。

ファン・ニステルローイ。立って尻に両手を置いている。くつろいでいるようにも見える。ふと、腕で顔をぬぐう。ゆったりと間合いを取るレーマン。ゴールラインを前へ後ろへと確かめるように踏みつけ、腕を大きく広げて相手の視界を遮ろうとする。レフェリーのホイッスルが宙を切り裂く。ショウタイムの始まり。

自信たっぷりの助走、強烈な一撃。レーマンは左へ飛ぶ。放たれたボールの軌道はその逆、ゴールキーパーの右へ。多分、何よりも意外に思えたのは、ゴールの枠をはっしと打つボールの音。衝撃と爆音、ビシッ！　どきっとするほどの暴力的な音、そのボリューム。

あらゆる方向からどっと落ちてくる喘ぎと悲鳴と金切声の不協和音もものかは、それは当日のレーマンの胸にぐさりと突き刺さる。

「もちろん聞こえないはずがない」と彼は言う。「紙一重だね。あのとき、スタジアムはまるっきし静まり返っていた。一瞬だよ。ゴールキーパーなら当然考える、あいつがミスってくれるチャンスってやつ。ボールが脇を抜けて飛んでいくのが見えた。その軌道を見てひとりごちた。どうなんだ？　入っちまうのか、そうじゃないのか、って。で、幸いにもクロスバー直撃で済んだ」

世にも稀なるは、目の前に繰り広げられたその数秒間の出来事が、きわめて重大でそして歴史的だったこと。つまり、その重大性がやっと後からやってきたこと。さて、あの瞬間、気づいていた人はどこかにいただろうか。ボールがゴールの枠《ウッドワーク》を揺るがせたまさにあの瞬間——ほんの少し高ければどのみちミス、ほんの少しでも低ければすべり抜けてゴールイン——そう、その後何日間も、何週間も、何か月間にもわたって語り種になる、とてつもなく重大な意味に？　いない。いや、いるはずもなかった。なぜなら正直、誰一人としてそんな考えに時間を浪費したりはしなかったからだ。恐れ多くもシーズンまるごと無敗で、などという無傷の記録についてなど。

普通、そんな野望自体が起きっこない。ごく当たり前に、新シーズンのスタートにあたって優勝の抱負をぶつ、できたらクラブレコードクラスの成績で。ストライカーならそれなりにゴールを多く決めたい、ディフェンダーなら失点をできるだけ少なく抑えたい。首位を突っ走る夢に酔うなんてのもあっていい。一番ありそうなのは個人的な勲章辺りだ。月間最優秀賞、年間最優秀賞、最高に美しいゴールのスコアラー。無敗のシーズンなんてどだい、夢に見るような代物じゃない。

「そんなの、考えもしなかったね」とソル・キャンベルは言い切る。「とにかく他のチームよりも多く試合に勝つこと。それだけさ」

あの、分かれ目となった瞬間、キャンベルは数百マイル彼方の南にいた。父親の死去という特別な事情でチームを離れていた。彼はあの試合を自宅のテレビで見ていた。遠く離れた場所で彼が目撃した事実は、一群のプレーヤーたち——彼自身とその仲間、職場の同僚、頼り頼られる男たちの道程は、運不運に左右されてしかるべきだ、という確信を強めただけだった。

「出来事が君を選ぶ」と彼は感慨にふける。「選ぶのは君じゃない。あれが決まってたら、それで終わり。無敗のシーズンも夢と消えちまう。(無敗を達成するにはそれなりに)デキたチームでなくちゃだめだが、それもすべて状況次第なのさ。そういうこと」

オールド・トラッフォードのセンターステージ――そこでは、ファン・ニステルローイのペナルティーミスが煽《あお》った熱っぽい余韻に焼き尽くされた後でもなお、アーセナルのプレーヤーには誰一人として、単に一試合負けずにすんだ以上の感慨は微塵もなかった。チームとは、各々がこのパーティーに勝利をもたらすべく自らの執着心を燃やすプレーヤーたちの集団であり、それらが一体となって、絶対に負けたくはないという共有意識を創り上げ、有り余るパワーを発揮したのだ。

あのゲームが忘れがたい所以は、その劇的な決着のみならず、どっと吹き出したリアクションの過熱ぶりにもある。10年をも経た今でさえ、オールド・トラッフォードでのあの忌まわしい0-0に関して、ほとんどのプレーヤーが似通った第一印象を胸に刻みつけている。なぜなら、彼らはまるで同じ訳知り顔の微笑を浮かべるからだ。そこには茶目っ気と決意、あるいはまた、ひとつまみの困惑がない交ぜになっている。

「これ、マーティン・キーオンの写真だ」と言いながら、デニス・ベルカンプはくすくす笑う。映っている一人ひとりの心の底から、たまらず弾け出してくるものが見て取れる写真。

コロ・トゥーレの低い、漫画の敵役みたいな笑い。へっ、へっ、へぇ。レイ・パーラーの目はきっらきら。ロベール・ピレスが発するフランス風の「ウーフ」は、当時誰もが感じた驚きを見事なまでに取り込み、「マーティンはまるでヤツを殺しかねない雰囲気だったぜ」と言わんばかりの表情を引き出している。ジウベルト・シウヴァとラウレンの二人は、感情をどう表していいのか、どこか戸惑っているようだ。あの9月の日に起きたことをあからさまに喜ぶのは良くないとでも言いたげに。アーセナルはあのとき、やれるだけのことをやった。そこにふさわしい結果がついてきたのだ。

キーオンが咆哮《ほうこう》しながらファン・ニステルローイに飛び掛かり、その後頭部につかみかかったその瞬間、すくみ上がったようにも見えたユナイテッドのストライカーは、同シーズンを振り返る際のこのチームが、いかに、負けを受け容れられず一致団結の思いに駆られていたかを暗示する、一つの偶像的イメージになった。

キーオンは、アーセナルのキャプテンで心臓のパトリック・ヴィエラが、81分に退場処分になった事実に、いまだ憤慨していた。ファン・ニステルローイはその一件に深く関わっていた。ぎこちなく飛びかかってきた彼に、ヴィエラは報復の蹴りを入れてしまったのだった。ただし、それ自体は接触すらなかった。ヴィエラの事後の話によると「わたしの両脚と彼の体の間は何メートルも離れていた」。にもかかわらず、ファン・ニステルローイは引き攣《つ》るように後ずさった。まるでジャブにひるんだボクサーのように。そして、哀れっぽくレフェリーに身振りで訴えた。レッドカードを示されたときのヴィエラの微笑には、激しい皮肉がにじみ出ていた。発火装置はかくて配備に着いた。

退場処分になった者にとって、ドレッシングルームは拷問部屋そのものだ。独り、監禁されるに等しい場所。ピッチから追い払われ、わずかでも貢献の余地を奪われるだけでなく、隔離され、成り行きを見守ることも許されないはるか彼方に追いやられてしまう。ヴィエラはどうしたらいいのか、当日の因果に対する欲求不満と失意と憤りがない交ぜになって途方に暮れるしかなかった。「あのときはそりゃもう憎たらしかった。もちろん、あいつの見せかけやら何やらにね。今はもう憎んじゃいない。でもあのときは違った。わかってくれるかい、この意味？」

事件から10年を経て口にされたこの問いかけには、ひとりの聡明な人物がスポーツコンテクストにおいて他者に感じる場違いな嫌悪感というものについて、考えさせられてしまう。頭では乗り越えるべきだとわかっていても、痛む心はあの熱いマンチェスターの午後に焼き尽くされるのだ。

「きついよね。とりわけ、あのときみたいなのは」とヴィエラは語る。「異常なゲームだった。10人になってしかもペナルティーだ。チームを落ち込ませた張本人、負けたら自分のせいだ、ってのは。胸の内を行き来するありとあらゆる感情の、すべてがネガティヴ。最悪の気分。起きたことを考えると、そう、祈りたい気持ちだった。どうか引き分けになってくれって。でもさ、レッドカードにはそりゃもうあったまに来たよな」

キーオンの場合はそうはいかない。ファン・ニステルローイの〝名望〟はすでにアーセナルのプレーヤー間にはお馴染みのもので、なおさらにとんがったムードが加わる。ヴィエラへの気遣いは、彼が進んで引き取った責任感のようなものだ。

「わたしはパトリック・ヴィエラのスポークスマンだった」とキーオンは言う。「パトリックは何かと目の敵にされていたから、腹を決めてたんだよ。自分が間に入る人間にならなきゃって。なにせ、ピッチにパトリックがいなけりゃ勝てるものも勝てやしないんだから。すぐに人々もわかってきたようだけどね。パトリックは何も問題を起こさない。むしろ片づけるんだって。言っとくけど、彼はキャプテンで、すべては彼次第だったんだ。それがあの一件だよ。またしても、どこかの誰かがパトリック狙いのケガしたふりだ。やりすぎたんだ。それも例によって同じキャラ。あの男とは何度かすでにやりあってたんだが、今度は仲間を退場させやがった」

　パーラーも同様に苛立っていた。「言ってやったよ。ファン・ニステルローイに『ふざけんな』って。で、ちょいと小突いたりもした。いかさま野郎なんだから。パトリックはうちじゃものすごい影響力があったからね。だから、みんな即座にカチンときた。マジでね」。だが、アドバンテージはユナイテッド側。そこで、すぐに本能的な生き残りモードに入った。「思ったね。何とかしなきゃって。前にもあったろ？　10人になっちまうなんて何度もあった。ほとんどの練習でも、11対10でやるときは守る一手だ。だから何をどうすべきかはわかってた」

　したたかなライバルを相手に10人になって貴重なアウェイポイントを守り切るには、尋常ではない肝っ玉が要《い》る。終了間際にギャリー・ネヴィルが上げたクロスに、ディエゴ・フォーランとキーオンがもつれ合って倒れ、レフェリーのスティーヴ・ベネットがペナルティースポットを指さしたとき、アーセナルの闘魂センターハーフ（センターバック）は、世界がじきに破裂するんじゃないかという顔つきで愕然としていたものだった。

　問題続発、それに輪をかけてまた問題。パトリックを守れ。ファン・ニステルローイの食わせ者め。レッドカード。ペナルティー。残り1分。おれのせいなのか？　負けるなんて絶対にごめんだ。頭にカーッと血が上る。

「パトリックが退場になるまではけっこういい調子だったんだ。それが一転、アラモみたいになっちまった」とキーオンは振り返る。「それにもちろん、これを引き起こしたプレーヤーがあいつだったってことがね。わたしの目にはそうだったし、あいつもわかってた。で、ペナルティーをやっちゃってから、ああ、これでマン・ユナイテッドは終了間際に勝っちまうのか、またこうなるのか、って思った。それに、クソッ、おれだ、このおれがマズったせいだって。だから、あいつがミスったときはホッとして、またお前かよ、嘘つき野郎め、とか何とか……感極まっちまってたね」

「とにかく、そういうことだったんだ。ま、正直言って、ＰＫミスからゲーム終了までは大して時間もなかったから、一種の気の迷いみたいなもんでね。言われそうだな、お前、あれ、後悔してないか、って。子供たちの良いお手本というわけにはいかないけど、何年も鬱積したフラストレーションってやつだったから。マン・ユナイテッドはしこたま勝ってきて、うちはうちで勝ち続けてた。あれが致命的なミスになるなんて思いもしなかったんだよ。あのペナルティーやら、うちが達成しようとしてたことなんかもね」

ティエリー・アンリにとってのそれは、同シーズンが何もかもうまく転がっていくという確信のシンボルだった。「ツキがこっちに味方するってこともときには必要だったんだけど、たいていはそうだったからね」と感慨深げに彼は言う。

ヴィエラはペナルティーのことをわかってはいても、ドレッシングルームにテレビはない。音だけが頼りだ。無論、レーマンが聞いたボールが枠を叩く音からは比喩的にはるか彼方にいるが、観客席の騒音で事足りる。「どよめきは聞こえなかった」。そう言って彼は満面に笑みを浮かべる。「決まってたら音が違ってたはずだから」

この特定のエピソードに関する限り、キーオンは避雷針同然だったかもしれない。が、彼だけがファイナルホイッスルが火をつけた騒乱に分け入っていったわけではない。一握りのギャング化したアーセナルプレーヤーがファン・ニステルローイに襲い掛かり、よろけてピッチに倒れ込んだ彼を拘束する。パーラー、アシュリー・コール、ラウレン（あの、大人しい、ものに動じないラウレン）までが〝赤い霧〟に酩酊していた。彼もまた、ファン・ニステルローイにつかみかかった。

「普段のぼくはとても温和で礼儀正しい人間なんだけど……他のみんな同様に間違いを犯すこともある」。今、彼は羊のようにおどおどと口を開く。「つまり、ピッチに出るとぼくは人が変わるんだ。観衆が、それも8万人に見守られているピッチにいるのが、そう、たまらなく好きだから。ピッチに出たぼくは［指を鳴らして］別人になる。ベストを尽くしたい、とにかく勝ちたい。多分、それであんな行動になっちゃった。家族みたいにお互いを助け合おうとするんだよ、ぼくらは。もし、弟が何か困っていたら助けてやらなきゃと思う。みんな、同じ思いだったはずだ」

分別のあるジウベルトは、おそまきながら状況をクールダウンさせようとした。「緊迫したゲームだったろ？　ぼくの仕事はその緊張感を和らげることだった。ピースメーカーの一人だったんだよ」

本来の性分は違っていても、彼は何がどう爆発するかを理解している。「アドレナリンの量がぐんと上がるととんでもない反応をする。マン・ユナイテッドのプレーヤーだってそうしてきた。誰だっけ、そう、ロナウドだ。誰かを突き飛ばしておいてさっさと逃げやがった。滑稽だったけどね。印象は良くない。プロフェッショナル・フットボーラーなら観客に良いお手本を示さなきゃ。でも、人々はわかってたと思うよ。それが熱っぽい試合ってもんだって。もちろん、謝罪しなければならなかったけどね」

意外にも、この地獄絵図《インフェルノ》の最中にあってひときわクールだったのが、当時ヴィエラの直接のライバル、ロイ・キーンである。後に、このロンドンのチームをどうやって苛立たせてやろうかといつも考えていたと、臆面もなく言ってのけたプレーヤー。「アーセナルが憎たらしかった」と彼は言う。「アーセナルと一戦構える際の心構えとしては、それ以外の言葉は思いつかない。憎しみだ。アーセナルの誰かを好きになった記憶なんて一つもない。連中とやるときは怒りを最高潮にもっていく必要があると思っていた。他のチームにはそんな感情は起こらないのに、アーセナルにだけは自分の中で何か違うものが湧き上がる……あの日はなぜか大人しくしてたんだが、後悔してるよ！」

騒乱はトンネル内でも続く。口論するプレーヤーたち、飛び交う威嚇、侮辱の言葉。そしてヴェンゲルとファーガソンの（あえて寛大な表現を使うなら）忌憚《きたん》の無い意見交換。それも、頭に上った血がおさまり、動悸も緩やかになってからのことだ。ファーガソンは彼のストライカーがアーセナルのプレーヤーに襲われたことにカチンときた。ヴェンゲルはファン・ニステルローイがレフェリーをたばかったと考えて激怒した。さもありなん。手前側の利益保全は、他の誰からのいかなる苦情、いかなる自明の罪の意識すらも認めることを退ける。

ドレッシングルームでは放心状態のレーマンが、この真新しい体験にどっぷりと浸ってしまっている。その夏、ドイツ・ブンデスリーガからやってきてデイヴィッド・シーマンの後釜に座ってから、やっと6試合目のイングリッシュフットボール。33歳でアーセナルに舞い降り、新規参入したリーグで体験するカルチャーショックを存分に味わい、楽しむつもりだったのに。それが、かくなるこの狂気のスケールには驚くことしきり。それまでブンデスを飛び出した唯一の〝遠足〟といえば、6年前のACミラン出向のみ。上手くいかずに6か月で断念。だからこそ、新たなイングリッシュ・アドヴェンチャーには期するものがあり、試合後の熱っぽさ、そのすべてに、痛いほど感極まるものがあった。ふと見渡せば、チームメイトの一人ひとりに、横柄なほどの勝利への意志が見て取れた。

「そう、気に入った。惚れちゃったね」。彼の言葉も熱っぽい。「たぶん、彼らもぼく自身も、これほどぼくがこの手の試合にはまっちゃうとは知らなかったんだね。アーセンもこのゲームにずばっとはまる男を選んできたなんて思いもしなかった。ぼくもそうだ。ぼくはね、どでかいガチンコ勝負がたまらなく好きなんだ。相手に、さあ、決めようぜ、お前らがおれたちより強いのか、それともおれたちがお前らより強いのか、っていう試合がね。あのゲームじゃ、ぼくは何度もクロスに飛び出していってパンチやらキックやらありとあらゆることをやって、それでレフェリーは一度も笛を吹かなかった。あの終了前の一件後に、ドイツから来ていた友人のふたりに言われたのを思い出すよ。『おい、すごかったよな、パンチの応酬にレフェリーをどやしつけるやら。で、誰も警告を受けない、な～んにも起こらないなんて!』」。ただし、5日後にFAから突っ込みが入った。アーセナルが6名、マン・Uが3名……当時としてはイングリッシュフットボールのベストゲームで、最大の試合だった。ヴェンゲル対ファーガソン。カッコいいプレーをするロンドンっ子たち対マンチェスターからやってきた栄光のタフガイども。あの事後のトンネルん中じゃ、いろんなことがあったよね」

フレディー・リュングベリはまず結果を考え、その上でのリアクションについて、ユナイテッドにメッセージを送った。「こんなことを言うと生意気に聞こえるがね、でも、成功を目指すチームに力のせめぎ合いは付き物なのさ」

ヴィエラはいまだにかりかりしている。「シャワーを浴びた後、トンネルの中でまたファン・ニステルローイと口論になった。それが今でもまだ腹に据えかねてる」

癇癪《かんしゃく》は募る一方だ。フットボールのマネージャーたちは放送局の手前、試合後にTVインタヴューをうけるのが通例で、ヴェンゲルとファーガソンもしかるべく応じたが、ハイテンションのゲームにどっぷり浸った後では、その手続きもおよそ理性的とは言い難いトーンに終始するものだ。二人はともに、どうやってもごまかし切れない嫌悪感をまとい、その返答たるや相応にとげとげしい。

ヴェンゲル：「ファン・ニステルローイには困ったものだ。率直に言って、彼の姿勢には常に挑発とダイヴィングのチャンスを探しているところがある。一見すればナイスガイだが、ピッチ上の彼の態度はお世辞にもフェアとは言えない」

スカイのリポーター、クレア・トムリンソン：「あなたの目には一種の詐欺だと？」

ヴェンゲル：「ああ、そうだね。確かに、パトリックは反応すべきじゃなかったとは思うが……ほら、罰せられる対象は問題のソースよりも帰結の方になりやすいんだから」

ファーガソン…「わたしの見るところ、ルート・ファン・ニステルローイを弁護するのが筋だ。あなたのインタヴューに答えたアーセンのコメントを聞いたときは、心底がっかりしたね。ルート・ファン・ニステルローイはパトリック・ヴィエラにファールをしたが、同じようなファールは試合全体でいくつもあった。パトリック自身もいくつかファールを犯していた。で、彼の反応は悪質だったろ！　ルートはダイヴしたんじゃない、難を逃れようとしたんだ。それからレフェリーに目をやった。『これって何の真似なんだ？』ってね。そしてレフェリーに選択の余地はなかった……とどのつまり、『何の真似』だったかについてはいずれFAが面倒を見ることになるんだから、わたしからアーセナルの躾《しつ》けについてとやかく言うこともない……うちのプレーヤーたちの態度は妥当だったと思うよ」

かくて、事件の備忘録は形を取り始める。事件におけるファン・ニステルローイの役割に対するアーセナルの激情はことごとく憤怒の波に飲み込まれてしまい、試合後に目撃されたいじめ行為を批判するファーガソンに味方したのである。正義の義憤はどこからも顧みられない。メディアはこぞってヴェンゲルとそのプレーヤーたちを責めたて、イングランド協会（FA）は早速「プレーヤーたちの制御を誤った」としてアーセナルを咎《とが》め、ヴェンゲルは機構から当該プレーヤーを詐欺師呼ばわりした真意を問いただされることとなる。報道の見出しは案の定、辛辣《しんらつ》だった。デイリーメイルは「これらならず者に重い処分を！」と叫び、タイムズは「同族的つまらぬ諍《いさか》いがオールド・トラッフォードを汚す」と嘆き、インディペンデントは「アーセナルの妄執、誇らしきクラブの名望にダメージ」と舌打ちし、エクスプレスは「アーセナル、恥ずべき日曜日に20試合停止処分へ…タイトル絶望」とこきおろす始末。記事という記事にあふれ返る決まり言葉――恨み節、厄介者、癇癪、恥。

ダイレクターズ席から事件の一部始終を見守っていたアーセナル理事会メンバーの一人、ケン・フライアーは、腹をくくってFAを訪ねている。「わたしの役割はクラブの権益を代弁するに当たって、そう、徹底抗戦することにあった」。彼はずばり、そう言い切った。クラブの公式見解はあえて最小限にとどめ、FAとともにアーセナルの地位を守りつつ、罰則を受け容れ、可能な限り穏便にそれに従う、と。しかしながら、何人かのジャーナリストは、チェアマン、ピーター・ヒル＝ウッドが律儀に彼らの電話取材に答え、彼が公に困惑している旨の言葉を引き出していた。「言い訳はしない。我々には愚かな振る舞いをした罪がある。この件についてわたしは監督のアーセン・ヴェンゲルと幾度となく話をした。なぜなら、そう、問題は我が方にあるからだ」

そして曰く「気が立っていた中でプレーヤーたちに何を言おうが、彼らは上の空だったんだよ」

針の筵《むしろ》のような4日間が過ぎ、ヴェンゲルは謝罪を表明した。誠実には程遠い、まるで手に負えないほどすねた子供が嫌々口を開いたようではあっても。

「改めて見てみると、我々は過剰に反応した。それについては謝罪する。ただ、起こった出来事に対する（周囲の）過剰反応もあったように思う。傷ついた者は一人もいない。それに、こんなのは今に始まったことでもない。わたしがイングランドに来てからというもの、キャリアを脅かすような危険なタックルやチャレンジは山ほど見てきた。あの日曜日の事件よりもはるかにひどいやつをね。その点、うちのプレーヤーたちは、危険なタックルで誰かのキャリアに損害を与えたってわけじゃない。悪くはなかったと言うつもりはないよ。プレーヤーたちとも話をした。マーティン・キーオンはやるべきじゃなかったとわかっている。我々を咎めろという声も多かった。振る舞いが度を越していたことは認めなければならないが、本当に過剰な反応もあったということも忘れてはいけない」

ジャーナリストのスティーヴ・スタマーズ：「勝ち点剝奪の示唆もありましたね？」

ヴェンゲル：「じゃ、うちをディヴィジョン1に落とせって？　パブのチーム同士でさえ、あの日曜日よりももっとひどいことが起きてるだろうに」

バトル・オヴ・オールド・トラッフォードの子細が公になり、機構とFAの懲戒メカニズムが動いた末に裁断にたどり着くまでには、数週間を要した。その間、アーセナルのプレーヤーたちは〝ブリンカー〟をつけ、ピッチの上のことに集中すべくベストを尽くした。それが、きわどいが意義のあるプレミアリーグ3連勝につながった。アーセナル3―ニューカッスル2、リヴァプール1―アーセナル2、アーセナル2―チェルシー1。その中で、特に際立っていた一本のゴールがある。アンフィールドでのピレスの豪快な決勝点だ。オールド・トラッフォードの2週間後、ノースウェストを再訪、熱いスポットライトと非難の声を背に、敗勢から追いつき、ピレスがはっしと撃った25ヤードのベンディングシュートがトップコーナーに突き刺さった。感激にシャツの前をまくった彼の顔は晴れがましかった。彼の下に殺到するチームメイトたち。一人、また一人、ピレスを包み込む。アシュリー・コール、ティエリー・アンリ、エドゥー、ソル・キャンベル……彼らが共有するカタルシスの雄叫びを、タッチライン沿いに備え付けられたTV局のマイクが拾う。純で、本能から発した高揚のコーラスが、あらん限りにその価値のほどを示して……。

「よく覚えてるよ」。ピレスは言う。ノスタルジックな喜びの表情で。「プライドの熱源だったってことかな。あのゴールが勝利をもたらした。ぼくはサポーターたちと一緒にあのゴールを共有したいと思った。アーセナルにとってのかけがえのない瞬間だったんだから、サポーターとチームの間に確かな共有感覚が必要だった」

ジウベルトはオールド・トラッフォードの試合の効果について興味深い見方をしている。それがアーセナルのビジネス再稼働に勇気を与えたという。つまり、〝超シャープ〟にならんと自覚するための、一種の目覚ましコール。彼に言わせると、あのゲームは前シーズンのストーリーとは異なる〝物語〟を構築する拠り所だった。

2002年の夏にやってきたとき、このブラジル人は、その首に取れ立てほやほやのワールドカップ金メダルをぶら下げていた。アーセナルのことは大して知らなかったが、噂で耳にしたことには敬意を払っていた。ウマも合った。初のシーズン、2002―03終盤、アーセナルとマンチェスター・ユナイテッドはプレミアリーグの大詰めでポールポジションをめぐって張り合っていた。が、アーセナルは窒息した。

「フットボールでは、どんなときでも集中力を失くした方が負ける」。ジウベルトは言う。「だめなんだよ。前シーズン、わたしがイングランドに来て初めてのシーズンだが、ボルトン戦でしくじったのが致命的だった。2―2の引き分け。それ以後、我々はベストに戻れなくなってしまった。まるで、誰もがプレーの仕方を忘れてしまったようになっていた。そんなとき、あのオールド・トラッフォードでのゲームが、少し前に味わったような、違うものを教えてくれたんだ。あんなことは二度と起きて欲しくはなかったけどね。
あの後で思った。こういうゲームに負けさえしなければ、うちはそれまでよりもっと強くなれるだろうに、って。いい試合だったよ……しんどかったことも含めてね。なぜって、あの試合で教わったんだよ、たとえ片時でも集中を逸《そ》らしたらシーズンをまるごとぶち壊してしまいかねない、ってことを。そうだったんだよ、前シーズンがそうだったように」

騒乱を振り返ると、確かにその価値が見えてくる。オールド・トラッフォードのけんか沙汰はチームの結びつきをよりいっそう強くし、彼らの一致団結の気概をリフレッシュさせた。もっとも、パーラーはかなり異なる記憶を刻み付けている。「あれでおれ、罰金1万ポンドだぜ！」。彼はうんざりしたように言う。「前のカミさんがカンカンになってさ」

その罰が実行になったのは10月30日、事件からほぼ6週間後のことだった。罰金総額は実に27万5000ポンド。無秩序に対する金銭ペナルティーとしては、イングリッシュフットボール史上、最大額。同時に、直接の違反者に科せられた合計出場停止試合数、9（ラウレン：4試合、キーオン：3試合、パーラーとヴィエラ：各1試合。コールには「先を見越して」戒告のみ。レーマンの「不適切な行為」はお咎めなし）。

アーセナルは、法律部門の完璧な監修による申し分の無い言葉遣いで書かれた、公式謝罪文書を発表したが、その中ほどに何とも〝麗しい〟一文が忍ぶように挿入されている。

「プレーヤーたちは、挑発に乗ることの無きよう言い含められ、また、勝利を目指すに当たっては、当該試合により心乱すこと無きよう肝に銘じているものである」

暗黙のメッセージ。

＊

以上の文脈は言い訳にさえならない。が、オールド・トラッフォードで事に及んだ頃のアーセナルが、どの程度リラックスした状態ではなかったかということを振り返る、一つの便《よすが》にはなる。直前の2試合がとんと思い通りに運ばず、プレッシャーは膨れ上がる一方だった。プレミアリーグ、ホームでポーツマスと引き分けたこと自体は、些細な失望程度だったが、同点ペナルティー狙いでコケたピレスへのダイヴィング疑惑は、余計なスリルだった。

「みんな、ぼくがシミュレーションをやったと思ってる」。何年も経って当時の告発を振り返りながら、彼は言う。「でも違う。カリカリはするけど、どうしようもない。ぼくがボールを持つと誰もが口笛を吹くのが聞こえてくるんだからね。チームメイトは励ましてくれたよ、気にするなって」

4日後のチャンピオンズリーグ、ハイベリーを訪れたインター・ミラン（インテル）に、アーセナルはこてんぱんにされた。機動力でまったく劣る3－0の惨敗に打ちひしがれた状態で乗り込んだオールド・トラッフォードでは、船を安定させるのだけで精一杯だったのだ。かくしてプレッシャーは沸騰して吹きこぼれんばかり。だが、シーズンが進むにつれ、別の込み入った要因がよりふさわしい扱われ方をすることになったのである。

しかも、ユナイテッドに対するあからさまな競争意識は、目と目を突き合わせて国境線でにらみ合う以上のものがあった。翻って、両者のライバル物語は過去連続6シーズン、イングリッシュフットボールの第一線で押し合いへし合い、繰り広げられてきたのである。折り込み済みの不和の歴史は、何度かの〝炎上〟とともに、ざっと200年間にも及ぶ。ユナイテッドは90年代をほぼ支配した。それから、シーソー期間が訪れた。アーセナルは1998年にタイトルを（マルク・オーフェルマルスが確定させた、オールド・トラッフォードでの名高い勝利などによって）勝ち取った。反発したユナイテッドが3季連続優勝を成し遂げると、アーセナルは2002年を取り返した（このとき、リーグを事実上制したのは、ユナイテッドの地元でシルヴァン・ヴィルトールが決めたゴールによる勝利だった）。次いでユナイテッドが2003年、リーグを奪回。

「彼らとプレーするのは常に別格のチャレンジをもたらしてきた。それはもう長い年月、頭を巡らせて熱くなったものだ」と、ファーガソンは思いにふけるばかり。

そしてやってきた2003―04シーズン、あらゆる経絡《けいらく》が、この記念碑的フットボール界の綱引きにあって揺すぶられようとしていた。

ベルカンプは、入団初期の頃のこの関係にいつしかバランスの変動を感じるようになったと言う。「アーセナルに入ったそのシーズンからはっきりしていた。マン・ユナイテッドこそ倒す相手だとね。彼らはそこにいて［そう言って片手を高く上げる］、我々は足元にも及ばなかった。それから肉迫していった。1998年には勝ちさえした。ただし、彼らと本当に競り合っているという実感はなかった。この一回きりかなって感じだった。それが、わたしがアーセナルでキャリアを重ねていくうちにギャップは縮まっていって……そして2002年に我々が勝ったとき、ついにやったと思った。我々も、いや彼らもそう理解した。今こそ、アーセナルが上になったんだとね。そこで彼らはうちに対してより厳しいアプローチを仕掛けるようになった。多分、やっつけるべき目標として。彼らはずっと受けて立つ側にいた。それが突然、我々の方が受けて立つ側になった。当時はみんなそう理解していたと思う。ユナイテッドの方も、ね」

オールド・トラッフォードで負けなかったのは決定的だっただろうか、たとえ、当時はまだ無敗のシーズンになるという見通しはなかったとしても？

「そうだね。我々には目標を果たす必要があった。人々は我々にそこで結果を求めていた。チーム内に感じるのは——もうお前たちなんて怖くない、負かしてやるからな、レベルは同じ、いや、うちの方が上。ちょっとした格別な感覚だね。それほど傲慢《ごうまん》じゃなくて、多分、より自信に満ちてるという。できるんだ、って」

第2章 革命

「スターの中のスター」――ガゼッタ・デッロ・スポルト紙上に躍った見出しは、1995年の世界最優秀プレーヤー、ジョージ・ウェアに捧げられたものだった。ミラノにて行われた壮麗なセレモニーに招かれたのは、当時の世界を代表する押しも押されもせぬトップ3、ユルゲン・クリンスマン、パオロ・マルディーニ、そしてもちろん、ウェアその人。生来の優美さとパワー、想像力を兼ね備えたリベリア人を盛大な拍手が迎える。しかし、彼が口を開くとムードは突如として一変した。この賞を受けるにふさわしい人物は別にいる、それは自分の恩師だ、と。呼ばれた名の主は、当時日本で働いていたフランス人監督だった。そして、どこかきまり悪そうに、だが感極まった風のアーセン・ヴェンゲル氏登場。決して誇張などではなく、そのとき観衆の多くの人々が首を傾げたに違いなかった。この、メガネをかけた痩身の男は何者なのだろうか。「わたしよりも彼にこそ与えられるべきだ」。そう言ってウェアは記念の楯を手渡した。「ありがとう、ミスター・コーチ。何もかも」

デイヴィッド・ディーンがヴェンゲルに初めて会ったのは1988―89シーズンの最中である。それはアーセナルにとって、まさに歴史的瞬間だった――。

ジョージ・グレアム率いる、若く、あふれんばかりの貪欲さに満ち満ちたチームは、想像しうる限り、かつてなくはらはらドキドキもののタイトルを勝ち取った。シーズン最終戦のタイムアップ直前、敵は圧倒的本命、舞台アンフィールドを埋め尽くしたホームファンの目の前で、アーセナルは、実に18年ぶりに、イングリッシュフットボールのエヴェレスト山の頂に彼らのフラッグを打ち立てたのだった。

「放浪の人《ストローラー》」気取りで知られたグレアムは、かつて最後にアーセナルでプレーしていた時代にも、同じ頂点を極めていた。1971年のリーグ/カップ・ダブル制覇に貢献した物憂い、スキルフルなミッドフィールダーは、その一方で、ピッチを離れて人生をこよなく謳歌する生きざまで際立っていた。

監督として舞い戻ったグレアムは、底意地の悪いほどの猛特訓をプレーヤーに強いて、ピッチの端から端まで裏の裏までカバーする役割を叩き込んだが、それはそのまま、1989年の運命的終焉につながる気風でもあった。そうして彼は、二つの時代を結ぶ留め金として多大な敬意を集めた。二つの時代――リーグでの成功期と、それと相前後する凡庸で一向に満たされない約束と、好悪入り混じった一連のカップファイナルの結末……。プレーヤーとマネージャー双方の時代にもたらした成功と、スタッフハンドブックに規定された知る人ぞ知る座右の銘「思い出せ、自分が誰なのか、何者なのか、誰のために戦っているのか」に基づくチームカラーの確立とにおいて、そこには確たるオーラがあった。いくつかの意味で、ジョージほど「アーセナルらしい」監督を想定するのはむずかしかった。とりつかれたように、物心ついた頃から学んできた歴史を類のない備忘録に刻み付けながら、彼はクラブを定義づけ、そのカタチを具現していたかのようだった。ふらりとやってきた誰かが、それをまったく別物に塗り替えてしまうことなど、まるで不条理だった。

グレアムはアーセナルの過去と現在をつなぐ代理人だった。果たして、1988—89シーズンも半ばに差し掛かった頃、当時の誰もが思いもしなかったそのとき、ハイベリーにその〝未来〟は訪れた。

1月2日月曜日、ノースロンドン・ダービー。その日、ヴェンゲルはイスタンブールからモナコに立ち戻る途にあった。ガラタサライの試合を視察した後、思い立ってイングランドに立ち寄ることにした。さて、と彼は考えた。観てしかるべき試合などないだろうか。彼は旧知のデニス・ローチに電話を掛けた。かつて指導したグレン・ホドルのエージェントである。「訊いてみた。ロンドンに行くんだが、1試合、チケットを確保しておいてくれないかな？　彼は言ったんだ。アーセナルのチケットならあるけど。それがわたしが初めてハイベリーを訪れる機会だった」とヴェンゲルは回想する。

当日、出場した長身センターバック、スティーヴ・ボウルドは、後にヴェンゲルのアシスタントを務めることになる男だった。結果的にヴェンゲルが率いることになる同チームを構成していた中には、トニー・アダムズ、ナイジェル・ウィンタバーン、そしてその日のスコアラー、ポール・マーソンがいた。ヴェンゲルが目撃した2−0のダービーマッチ勝利は、終了間際、中盤を強引に抜けてゴールキーパーをかわしたマイクル・トーマスのゴールで締めくくられた。

ヴェンゲルの感想は？　彼はにやりとして「見るからにみんな足にきてたね」と宣《のたま》う。ヴェンゲル一流の所見。「クリスマスの後で試合が多すぎたうえにけっこう飲んでもいたんだろう。観て面白いゲームとはとても言い難かったね。思い出すのは、途中交代で出てきて目立っていた赤毛の男だ」

それはたまたま、当時のチームの中では多分、ヴェンゲル流に最もそぐわないタイプのプレーヤー、ペリー・グローヴズだった。

試合当日のハイベリーでは、会議室の隣にあるカクテルラウンジでゲストがもてなされていた。婦人たち、スカウト連、他のクラブの役員にＶＩＰたち。飲み物は飲み放題、いつでもスタンドを離れて一息入れることができた。マーブル・ホールズの真上にある小ぎれいな部屋で、中央のアールデコ調台座には、シンボリックな月桂冠をいただくギリシア風彫像（愛着を込めて「フレッド＆グリーク」と呼ばれていた）が置かれていた。

当時は、試合当日に会議室への入室を許される人々と、そうでない人々（例えばご婦人方――理事夫人たちには「レイディーズ・ルーム」があてがわれていた）を区別する、確固たる境界線があった。それに首を傾げたヴェンゲルだったが、その席で彼はアーセナルの副チェアマン、デイヴィッド・ディーンの妻、バーバラに紹介された。おそらく、このバーバラ夫人がモナコの監督が来ていると夫に告げることがなければ、二人の紳士が出会いを確かめることはなかったかもしれない。夫の生来の社交的傾向と、フットボール界のネットワーク作りへの熱意とを知り尽くしていたバーバラは、きっと興味を持つに違いないと考えたのだ。ディーンはカクテルラウンジの人波に分け入って目指す訪問者を探し、この長身でトレンチコートと縁なしメガネの男を見つけると、進み出て自己紹介をした。

「見るからにエレガントで、そんじょそこいらのフットボールマネージャーにはとても見えなかった」とディーンは回想する。

二人はおしゃべりを通して瞬《またた》く間に意気投合した。この初会合において遺憾なく発揮されたディーンの社交的スキルは、アーセナル年代記として記されるべき本書の以下の章でも重要な触媒となる。

いつまでいらっしゃる？　2週間ほど。今夜のご予定は？　何も。我々はとある友人宅のディナーに行くんだがよかったらご一緒にいかがかな？　喜んで。

この、機を見て敏なる会話、思いつきの招待こそが、いずれ「インヴィンシブルズ」に昇華する種を植え付けたのである。


「ぽつんと寂しそうだったんだよ」とディーンは振り返る。「それが始まりだった。わたしは彼をハイジャックしたんだ。その夜、我々は友人宅のディナーに足を運んだ。その友人というのがたまたま芸能人でね。ディナーの後はジェスチャーゲーム《シャレード》で遊んだ。精一杯の片言のフランス語でわたしはアーセンに言ったのさ。当時の彼はもう一つ英語が上手くなくてね。一緒に遊びませんか、と。答えはイエス。10分後、彼は『真夏の夜の夢』を演じてたよ。思ったね、これはめったにない人物だって。そう、あの夜だよ、ほぼまるで雷鳴のごとく、わたしの心に『アーセン for アーセナル』の文字が浮かんだのは。きっとそうなる、これは運命だ——本当にそう思ったんだ」

ヴェンゲルの感触は少し違っていた。「彼らと一緒にトタリッジを訪ねたとき、まさかそれから20年間もトタリッジで人生を過ごすとは思いもしなかった。なんていうか、ちょっと複雑な名前ではあるしね！」

しかしながら、ディナーがお開きになり、改めて友情を確かめ合ううちに、普段から南フランスを足しげく訪れるディーンの習慣もあって、このランデヴーが一度きりで終わるとは到底思えなくなった。「おいでになるときは電話をください、ディナーでもご一緒に」と声をかけたヴェンゲルは言う。「というわけで１９８９年から１９９６年まで、我々は常に連絡を取り合っていた」

１９８９年、アーセナルはグレアムと歓喜をともにし、ヴェンゲルはモナコで満たされていた。したがって、ディーン発「アーセン for アーセナル」の予言は、一足飛びの変化への願望というよりも、いつの日か実現するであろう運命的な予感のようなものに近かった。とはいえ、ヴェンゲルはずっと後を引く印象を発散していた。アーセナルの副チェアマンには、先を見越して新しいことを試すという持って生まれた性向があり、当時のきわめて偏狭なイングリッシュフットボール界にあってさえも、彼は新しい地平を切り開くに十分な〝サムワン・スペシャル〟に遭遇したのだと思っていた。

モナコに招かれて業務中のヴェンゲルを子細に観察するにつけ、ディーンの直感は改めて確かめられた。そこには尋常ではない監督の資質があった。ディーン曰く「プレーヤーたち、理事連、ファンとの接し方をつぶさに見てきて思ったね、うん。この男は格が違う、異能の持ち主だって。５か国語を話し、経済学の学位を持ち、薬学を学んだアーセンという男は、紛れもなくありきたりな元プレーヤー転じてマネージャーじゃないんだとね」。

二人の交友は、ヴェンゲルがモナコを去って日本のグランパス・エイトで働くようになってからも続いた。いつの日かヴェンゲルがアーセナルを率いる予感に打たれたからこそ、ディーンはチームの動向にヴェンゲルを同期させておきたいと思った。そこで彼は最新のマッチヴィデオをせっせと名古屋に送った。インターネットや携帯電話が普及する以前の時代である。コミュニケーション手段はもっぱらFAXだった。ヴェンゲルからのFAXはいつもちょっとした気晴らしの種になったが、それはレターヘッドにある人物の名前が印字されていたからだった。その機械というのが、ヴェンゲルが借りる前に住んでいたある有名なプレーヤーが置いていったものだったのである。誰かって？　ほかでもない、元トテナムのストライカー、ギャリー・リネカー、その人である。

ヴェンゲルは1995年1月、異質なアジアの辺境に新天地を求めてヨーロッパのフットボール界を去るという大胆な賭けに出ていた。タイミングがすべてだった。その1か月後、グレアムがいなくなった。収賄《バング》事件を起こしてアーセナルから解任されたのである。スカンディナヴィア人プレーヤー2名の移籍に関して、ノルウェイ人エージェントから違法な支払いを受けたことを咎められたのだった。アーセナルはあがいていた。ディーンの思いは真っ先にヴェンゲルに向かった。

理事会にかけてみた。が、大半から拒否に遭《あ》った。外国人監督？　いかがなものか。問題は錯綜していた。ヴェンゲルは契約下にある。それ以上に、イングリッシュフットボールにまったく経験のない監督の指名など及びもつかない。このリーグで成功した外国人監督なんて前例がないではないか。

すでにイングリッシュフットボールはその裾野を広げ始めていたとはいえ、海外出身の監督など稀な存在だった。アストン・ヴィラがあえて招聘《しょうへい》に踏み切った初の外国人コーチ、ドクター・ヨーゼフ・ヴェングローシュなるチェコ人のイングランド生活は、すんでのところで降格を免れるという結果とともにわずか1年で終わっていたが、それはブリティッシュゲームはブリティッシュのボスのものだという、愛国主義的な理屈を裏付ける強力な教訓となっていた。「島国のメンタリティーは歴史的に異邦分子の影響に懐疑的なのだ」とヴェンゲルは受け取った。地図にないテリトリーなのだ、と。

それでもなお、ディーンのフットボール的冒険の志はブンブンと音を立てて止むことがなかった。彼はこのスポーツがいわば途方もない規模のブレーンストーミングセッションの真っただ中にあると考えていた。ディーンは、旧フットボールリーグがプレミアリーグに脱皮するきっかけを作った一連の交渉において、主たるアーキテクトだった。彼はスカイTVの始まりとそれが運んでくるカネを目の当たりにした。旧ヨーロッパカップ［チャンピオンズカップのこと。UKではかねてよりこう呼びならわしていた］がチャンピオンズリーグに変容する様を見た。この新しいリーグに海外の代表プレーヤーが列を成して流入することによって、とてつもないグローバルマーケットが生まれる、その火花に気が付いていた。イングリッシュフットボールが新たな地平へ猛スピードで舵を取りつつあることを確信したディーンは、アーセナルがいち早くその波に乗ることを望み、そのドライヴィングシートにヴェンゲルを欲したのである。

アーセナルは丁重に問い合わせた。ヴェンゲルは、オファーはありがたいが契約を破棄するつもりはない態度を明確にした。そこには、グランパス・エイトが許容できる代役を見つけた場合、取引が成立しそうな含みもあったが、そう簡単にはいかないだろうという。日本のクラブはヴェンゲルがいたくお気に入りだった。

したたかなケン・フライアー（当時アーセナルのマネージング・ダイレクター）は当時を振り返って、ヴェンゲルはグランパスで厳しい立場におかれていたと言う。「2、3試合ほど負けが込んで、チェアマンから通達が来たんだね。『うまく行ってないようですね。心苦しいが、アーセン、いくつか手を打ちますから』と。で、通訳がクビになったんだ。これは事実だよ」

1995年の夏、ヴェンゲルはいまだ契約を遵守し、アーセナルは新監督にブルース・リオクを雇い入れた。そして、デニス・ベルカンプをリクルートする。いかにアーセナルが心底から変化を望んでいたかを象徴する画期的補強だった。財政的余裕の幅を逸脱する大胆な行動であり、これほどのスター性を持つプレーヤーの加入に、彼の新しいチームメイトたちは恐れおののき、半ばジョークっぽく「おれたちじゃダメかい」とはやし立てた。

リオクの評価は上々だったが、理事会に長期政権を確信させるほどの威厳を見せなければと焦っていた。かくして1996年の夏、理事会とのみっともない口論に及んだリオクはその職を解かれた。アーセナルは腹を決めた。あのときヴェンゲルを取り逃がしたのは運がなかったかもしれないが、もう一度となるとさすがに気が引ける――要するに、彼の指名にはまだ相当に勇気が必要だったのだ。たとえ、彼の知己を得たディーンの自信があったとしても。

かくして、「アーセナルのアーセン」の予言から優に5年以上の年月を経た1996年9月30日、ヴェンゲルの就任は公式に発表の運びとなり、アーセナルのクラブタイを締めてハイベリーのピッチに立ったヴェンゲルは、報道陣のカメラににっこりとほほ笑んだのである。

＊

それからの数週間、アーセナルのドレッシングルームではこのフランス人をどう受け止めるべきなのか、誰もが判じかねていた。

この見知らぬ男は何者だ？　できる男なのか？　英語は話せるのか？　そっくり（チームを）変えてしまうつもりなのか？　新たに補強？　おれは用済みになっちまうのか？

いくつかヴィデオを観た。新聞で写真も拝んだ。グレン・ホドルとマーク・ヘイトリー。モナコでヴェンゲルと仕事をした、馴染み深い名前が二つ。彼らが語っていた。ウェアのことを聞き及んでいた者たちもいただろう。1995年の世界最優秀プレーヤーに輝いたアフリカ人。彼がその栄誉を元コーチに捧げたという逸話……。

しかし、だからどうだというんだ。何をどう予測していいかさっぱり見当もつかない。日本？　アフリカ？　フランス？　ハイベリーのやり方に融合できるのか？

交錯する感情。懐疑的な意見もあった。アジアのフットボール界からやってきた男だろ、そんなステイタスじゃね、インスピレーションや安心保証の点でも怪しいし……。一方で困惑気味な好奇心をくすぐる向きもあった。体をシャープにして印象を良くしないとまずいよな。変化が起きる際の常として、プレーヤーは皆、新監督のプランに自分がフィットするかどうか思い悩むのである。

何人かは、ヴェンゲルの推薦で合流したばかりのフランス人約2名に思いを巡らせた。パトリック・ヴィエラ。ＡＣミランから鳴り物入りでやってきた、いかにもアツそうでカモシカみたいな巨漢で。レミ・ガルデ。ガキを手なずけるのが上手そうで、ミッドフィールドのカバーも務めるらしいベテラン。おまけに英語が話せる。ストラスブルグ発。

問題は、彼ら自身もろくに何も知らされていなかったことだった。「みんながみんな、えらく物見高い様子だった。アーセンについて二、三質問をしては、その哲学を理解してやろうってね。でも、大した情報もなかったんだよ」とヴィエラは認める。「唯一、ぼくらが知っていたことは、彼がフランス人だってことだけで、どんなサッカーをするのかとか、人柄すらよく知らなかった。だから、大半の他のプレーヤー同様に、ぼくらも何がどうなるのか様子を見るしかなかったのさ。さて現れた男ってのが、これがどう見てもコーチっぽくない、まるで大学の先生みたいじゃないか。これには少々異論もあったけどね」

ヴェンゲルにとって、身も心も悠々自適たる経験豊富なベテランプレーヤーたちが幅を利かすドレッシングルームは、それなりに厄介なハードルになりかねなかった。だが、現実に起きたことは、酸《す》いも甘いもかみ分けてきた百戦錬磨の自信と分別を備えた彼らが、障害になるどころか味方に付いてくれたことだったのだ。

リー・ディクソンは生身のヴェンゲルとの初の邂逅《かいこう》を鮮明に覚えている。ヴェンゲルが最もくつろいで見えるトレーニングピッチに近い、長閑《のどか》なハートフォードシャーの屋外、アーセナル一筋（かつ、グレアムがプレーした１９７１年当時の同僚）で暫定監督を務めていたパット・ライス主導の練習中でのことだった。歩み寄ってきたヴェンゲルが自己紹介をした。数年前のカクテルラウンジでのディーンがそうだったように、ディクソンもひとめぼれした。この男には何かがある。興味をひかれた。別格だった。

「革の肘当て付きジャケットを着て、学者みたいなメガネをかけて、そう、地理の先生みたいに見えた。思ったね、へえ、けっこう様になってるじゃないかって」とディクソンは振り返る。「思っていたより背が高くて、堂々としていた。そのくせ、肉付きが悪くてか弱い印象も受けた。変な組み合わせだな、とね。長身なのにフットボーラーの体つきには程遠い。夏に短パンを穿《は》いている彼を見たら、さしずめ1500メートル走者って感じだろうな。それが第一印象だった。学者肌っていうか、自らお手本を示すんじゃなくて頭で教えるタイプだなってね」

イアン・ライトも同様に気をひかれた。「やってきたときの彼って、なんだかだらしなく見えたっけな。スーツはぶかぶか、メガネもでかい。校長先生そのものってか？ それがひとたび事を始めるとズバズバとポイントをついてくる、フットボール教授様だったってわけでね」

かくて、興味津々《しんしん》、かつ、偏見のない個性の宝庫だったからこそ、人心を取り込む仕事は思った以上にすんなりと運んだ。ヴェンゲルが成功をもたらすチームが一貫して媒介するテーマとは、学ぶことを欲する知性を持つプレーヤーを見出すこと。ヴェンゲルとは、自らの非凡な知性の人であり、カリスマ教師がその熱心な教え子から途方もなく勇気づけられるダイナミズムを体現している男なのだ。

「基本的に彼のコーチング論は、プレーヤーの知性とプレーヤーの意欲の上に成り立っている」とディクソンは解説する。「つまり、置かれた環境から自らを教育していくようなタイプのプレーヤーを好むんだね。彼が言うところの成功への道筋にある環境にプレーヤーを投げ込んで、周囲のプレーヤーとヴェンゲルの〝誘導ツール〟によって学ぶことを期待するんだ。で、手を広げて宣う。これが私が君たちにしてやれることだ、とね。それに乗っかっていけばキャリアを伸ばしていける。思ったね、こりゃもう逃げ出す手なんかないぞ、って。おれは残る。お手並み拝見だ」

キーオンも等しくそそられた。「ボスがやってきたとき、これは今まで出会ったマネージャーとはまったく別物だと直感した。ジョージとはそりゃもう正反対だったから、我々もちょっと不安にかられたものさ。こんなナイスガイで勝てるのかよ、って。朝はまず握手を求めてくる。アイコンタクトをよこせと。突然、今までそんなもの必要だろうなんてついぞ思いもしなかったリスペクトってやつだ。ここかしこで一言、それもきわめて理に適《かな》った一言を、プレーヤー一人ひとりに向けて、他のプレーヤーの目に触れないように、だからね。でもそれが激励や安堵の一言だったりするわけだ。いやはや、目からウロコだったよ」

過激なほどの新しい世界の幕開けだった。アーセナル・フットボールクラブのありとあらゆる顔《ファセット》がかき乱された。ヴェンゲル到来までのおよそ20年間をクラブに尽くしてきたキーオンは、その変化のスケールに肝をつぶした。彼は苦も無くそこに引き込まれた。ユース時代からの彼の一部だった古いアーセナルは、もはや過去のものになった。

「たまたまにしろ、わたしにとってのフットボールと言えばそれはアーセナルだった。オクスフォード育ちの身では、それ以外に大したビッグチームなんて周りになかったからね。強いて言えばQPRくらいかな、その差は歴然としていたけど。70年代中期のアーセナルはいわば休眠中だった。よく（ゲームを）見に行ったものさ。思い出すね……角を曲がってハイベリーの通りをそぞろ抜けると、突然そこに異次元の扉が開かれているのに気が付くんだ。密集した住宅《テラスハウス》の向こう側でまぶしいスポットライトに照らされて、これから始まるビッグゲームを待つ群衆に見守られて、おらがチームがウォームアップに精を出している……。住宅街の真ったただ中にどうやってこのグラウンドを設《しつら》えたんだろうって、ほんと、信じられないくらいだった。そこに住んでいる人々とスタジアムのつながりにはきっと特別な何かがあったんだね。我が家のすぐ裏には遊園地があって、彼らにはアーセナルのスタジアムがあったってことだ。アヴネル・ロードを下っていくと、ふとそこにイースト・スタンドへの入り口が目に飛び込んでくるなんて、ちょっとした魔法だったんだよ」

アーセナルのスカウト、テリー・マーフィーが両親を説得しようと彼の家にやってきたとき、キーオンは面食らったという。「パリッとしたジャケットにアーセナルのタイとバッジをつけて、髭《ひげ》をきれいに当たった紳士がだよ……おい、ほんとかよ、この人、アーセナルから来たんだって！」とキーオンは振り返る。「未来がなんていうかグアーッて開けていくって感じでね、以来、その期待に恥じないようにやってきたってわけ」

品格をもって事に当たるのは、1930年代のハーバート・チャップマン率いる大いなる時代から引き継がれた〝品質証明〟だった。アーセナルの格、その伝統——しかしまた、モダンフットボールの様式に照らし合わせたとき、それは時代錯誤のそしりを免れない〝過去の遺物〟でもあった。格とは、要するに、トレーニング施設一つとっても、補強されるべきものだったのだ。

＊

もしヴェンゲルが、例えば関心のあるバイヤーが不動産業者に物件を案内してもらう形式で、1996年頃のアーセナル・フットボールクラブのガイドツアーを受けていたならば、彼はそこでいくつもの古ぼけたインフラの実態を目の当たりにして、これはどうしたら近代化できるのかと考え込んだに違いない。

――ミスター・ヴェンゲル、これが大いなる先祖伝来の我らがハイベリーでございます。どうぞ、美しいアールデコの特徴の数々、マーブル・ホールズ、きれいに刈り込まれたピッチをご覧あれ。

ほおと、ヴェンゲルは思う。これはまたすばらしく古風で見どころいっぱいのイングリッシュ・スタジアムですな。ただ、経済的に見て3万8000の収容力は問題でしょう。ヨーロッパのいくつかのトップクラブに比べると小さすぎるし、拡張の余地もない。

――では、ハートフォードシャーのロンドン・コルニーにあるトレーニンググラウンドにお連れしましょう。幸便にもM25号線からすぐの立地でしてね。空気もきれいだし、ピッチはまず水害とは無縁だ。着替え施設もロンドン大学――それが現在のオーナーなんですが――と共有できますよ、細かいことですがね。水曜日と金曜日の午後だけはあちらに優先権がありますが、わずかなレンタル費用でそっくり貸し切りで使えますから。

ふむ……とヴェンゲルは、内なる侮蔑《ぶべつ》をぐっと押さえつけながら訝《いぶか》しむ。あろうことか、壮志なる有名クラブが学生たちに遠慮しつつ、控えめな施設を共有しているとはね。

——プレーイングスタッフは知る人ぞ知る錚々《そうそう》たる名士揃いですぞ。ディフェンスは長年強固を誇っております。ミッドフィールドは少しばかり手入れが必要かもしれません……が、フォワードに目を移すなら、イアン・ライトがおります。ポール・マーソン、デニス・ベルカンプも。これはめったにない陣容でしょうに。

質はなかなかのものが揃ってるらしい、とヴェンゲルは査定する。土台はできてるから、あとは少々磨きをかけて性能アップに努めればいけるぞ。

——管理面も上々でございますよ。飲酒癖がそこそこ、一人や二人、甘党もおりますが、体調は万全、やる気も満々、勝ちぐせもありますし……。

さて（とヴェンゲルは企みを練る）、手入れに取り掛かるとするか。

キーオンの記憶によると、ヴェンゲルがアーセナルに合流してまもなく、プレーヤーたちに抜本的なプラン変更が言い渡されようとしていた頃、1本の電話が入った。トレーニンググラウンドで火事が発生したという。

「誰かがドライルームにビブスを置き忘れたんだ。風の強い日で、焼け落ちる騒ぎになってね。アーセンがトレーニンググラウンドに不満だったことは知っていた。で、彼はその大掃除をやった。完全主義者だから、それでもまだまだ足りないってね。わたしが『何があったんだ?』と訊いたら『放火だ』。『あの人がトレーニンググラウンドを気に入らないのはわかってたけど、まさか、彼が火をつけたんじゃ……』と言うと『違うって、マヌケ、放火なんだよ。ま、彼がやったっていう可能性もないじゃないが』。わたしはそれに乗っかってジョークをかました。『おいおい、マッチ箱をもったボスが昨夜そこにいたってのかよ』」。キーオンはたまらず、フレンチアクセントのキツい卑劣な悪漢の声色を真似た。「ハハ、これでおれ様のまっさらなトレーニンググラウンドの出来上がりってもんよ」

タイミングが偶然だったのかどうかは誰にもわからない。だが、いずれにせよ、アーセナルの進化を加速させるための引き金は必要だったのであり、古ぼけた施設を包み込んだもうもうたる煙の雲を吹き飛ばす、紛れもない光明がそこにあったのだ。

ヴェンゲルはあの不完全なピッチの何もかもに、いたくお冠だった。学生の試合ならいざ知らず、プロが使うにふさわしいレベルでは到底あり得ない。実際に歩いてみればわかる。何の前振りもなく、いきなり躓《つまず》いてマッサージテーブルの向こうにもっていかれるような気がするくらいだ。着替え室は狭苦しい、くたびれた室内装飾はとても極上のコンディション調整にそぐわない、食堂が供する食べ物ときては学食や盛りだくさんのチョコレートバーまがいの代物だ。ましてや、専用のジムもコンディショニング用エリアもなければ、医療スペシャリストのためのスペースもない。清潔さと澄み切った思考のための気遣いもどこにもない。

ACミランの誇り高いベースキャンプ『ミラネッロ』出身のヴィエラは、やってきた当座目を疑った。「悪夢だったね」。不快な何かに足を突っ込んでしまったかのように顔を背《そむ》けてみせて、彼は言う。「あの火事は連中のやった最善の仕事だったのさ。何もかもがうんざりものだった。メシは不味《まず》いし、着替え室は古くて汚い。そう、練習に行って終わったら即、車に飛び乗って家に帰り、シャワーを浴びたくなったくらいだから。プロならさ、トレーニング後は2時間ほどゆったり過ごして、手当を受けたりとか養生してしかるべきなんだけどね」

ヴェンゲルの神経を逆なでした最大の〝犯罪〟は、アーセナルともあろうものがピッチ使用について制約を受けていたことだった。練習を2倍にしたくともそれができなかったのだ。午後1時半きっかりに撤収して学生たちに明け渡さねばならなかったのである。

これにはプレーヤーたちも辟易《へきえき》していた。「水曜日はオフに願いたかったね。着替える場所がどこにもなかったから」とキーオンは回想する。「水曜日は建物が使えなかった。これがプロかよってわけ。最低レベルのシャワーとバス。ウェイトトレーニング室は無し。コンディションョン調整も何もあったもんじゃない。夏になるまでお待ちくださいっ、てね。それからやっとこさ、道具なんかを持ちこむのさ」

一時、彼らはセント・オーバンズの外れにある田園のホテル『ソップウェル・ハウス』を当座の凌《しの》ぎに利用していた。一群のプレミアリーガーたちが、ジムで汗を流し、ジャクージで筋肉を癒し、もしくは普通にホテルの廊下をそぞろ歩いている姿は、宿泊客を驚かせた。アーセナルはいくつか部屋を借り受けて医療スタッフやマッサーたちにあてがい、レストランの一角をひっそり専用区画として利用した。

ソップウェル・ハウス作戦は理想的とは言えなかったが、練習ピッチとの行き来に数分のバスツアーを組む必要があったことから、日々チームの絆を強くするのに役立った。有名なエピソードがある。新人たちにプロの作法でもてなしてやろうと、アドリブ気分でバスの運転手役を買って出たイアン・ライトが事故を起こしてしまったときのことだ。

「ドライバーが不在だったんでね」とライト。「全員が揃ったところで発車オーライ……までは良かったんだが、行程の半分くらいの辺りでぶつけちまった。野郎どもが絶叫のコーラスで『ライティ――』。フランス人の坊やたちったら『何？　何がどうしたの？』ってな顔してさ」

実際、ヴィエラはソップウェル・ハウス時代を微笑ましく振り返りながら、奇異な体験もあったと告白している。例えば、練習前にロッカールームで着替えている最中、ふと見上げると、ホテルのプールを使うために水着を引っ張り上げていた一般人と目があったときのことなど。彼は、バブリーな現代フットボーラーの世界におよそ似つかわしくない、いささか照れくさい空気を感じたのだった。「楽しかったよ」とヴィエラは言う。「それまでに比べたらずうっと良かった。ま、公衆の面前すぎたけどそれで大した事件も起きなかったし。他の（世界の）人々と言葉を交わすのもそれなりに悪くない、ってことだね。違う人たちに出会って違う話題について話し合う。良い時代だったよ」

誰もが学び、身を委ね、順応して、さまざまな振る舞いと考え方を掌中にしようとしていた時代。膨大な新しい情報があふれ返り、とりとめのない、可笑しくて、気をそそられ、それだけの甲斐もあった時代。

ベルカンプは、変化の兆しを感じて心底ほっとしていた。真正のイングリッシュフットボールを味わってみたいと、納得してアーセナルにやってきた彼だったが、いまだそのとば口付近で何がどう機能しているのかと途方に暮れていたのだった。「1年目などは呆気《あっけ》にとられたことが何度あったことか。おい、何やってんだ、ここはプロのクラブじゃなかったのか、って。午前の練習が終わると、とっとと家に帰るプレーヤーがけっこういて、そいつらは明らかにその後で飲みに出かけたり、何か別なことをしたりするんだね。試合前の食事も信じられなかった。実際に見て思ったものさ、これは幻なんだ、って」

で、食べた？

「仕方なくね。ただし、できる限りは自分の流儀を貫いたけど。いやはや、驚いたのなんの。その頃はまだ1シーズンいただけだったが、噂やプレースタイルとかは耳にしていたからね。退屈アーセナル、ワントップのストライカー、1−0勝負、全員下がって守り切る。それがトップチームのやることかよ、って思った。ヨーロッパ有数のトップチームがだよ。アーセンが持ち込んだ変化は、ぼくには当たり前だった。おかげでレベルがぐんと上がった」

ヴェンゲル式方法論の根幹にあったのは、フットボーラーがいかにしてその最大の売り物、すなわち「肉体」を取り扱うかについての新しい考え方を導入しようとする欲求だった。特殊なストレッチ体系を取り入れ、厳密に何が体に取り込まれるのか（しかも、どう取り込まれるのかも）を意識することを、熱っぽく説いたのである。ヴェンゲル自身にとっても、それは目のくらむほどに明白だった。彼はそれをごくシンプルに言い換えた。

「ガソリン車にディーゼルを入れても、大してスピードは上がらない」

さて、料理の分野においても、かくなる激変はショックをもたらしたのだろうか。

「そっくり食べ物が変わった」とキーオンは言う。「ぐんと低脂肪でかつ質素になった。勝ちたけりゃ咀嚼《そしゃく》が大事だと言われた。それはスローガンになった。よく噛んで勝て。どういうことかというと、食べるってのはちょっとした疲労感をもよおすこともあって、なぜなら、脳から胃まで血が駆け巡って食べ物をかき回す。そのためにエネルギーを使うんだ。でも、よく噛めば、胃がそんなに頑張らなくて済むからそうはならない。要するにだ、マッチデイによけいなエネルギーを燃え尽かせたくないから、よく噛めってことだね」

そこで彼はラクダのように、ゆっくりとわざとらしくクチャクチャやってみせた。

「腹を空《す》かせてがつがつ食うんじゃ良くない。あの人はね、こっちが水のボトルを手に持ってないと不機嫌になっちまう。絶えず（水を）すすってろっていうのさ」

プレーヤー間に苦情は出なかった？

「ああ。ケチャップもNGだったんだ。お茶やコーヒーは喉が渇くからだめ。脱水効果があるんだと。ジャムは糖尿病患者用のシュガーレス。トマトケチャップはいいことにしてくれって交渉した。こんな味気ないものを食えっていうんですか、って。ケチャップくらいないとね。それまでのブルース・リオクの時代なら、ドレッシングルームにゼリーのお菓子や何やらがどっさりあった。マース（マーソン）なんかは、その手に目がなかったもんだから、よく言ってたものさ。『頼むぜ、これから何食えばいいんだよ、腹ペコだぜ！』って。腹を空かせて試合に出ろってのに、プレーヤーたちは文句たらたらだったね。砂糖入りの食べ物は後々までお預けってわけだ。ま、わたしは何とか受け入れて、おかげで試合中はずっと気分上々だったけどね」

全盛期は食べ物のえり好みが激しかったイアン・ライトの方は、この新しい食餌《しょくじ》要求になかなか馴染めなかった。「何しろ味がまるでない」と彼は首をすくめる。「いつも飢えてたよ。ずっと、がつがつ食いたい口だったからさ。こちとら、スパイスと調味料べったりの西インド諸島流で育ったんだぜ。それが、ある日突然、味のないライスに味のないチキンにまるで味のない野菜、ときた。エネルギー源の食い物でちっとも楽しかない。食べることに関しちゃ、チームといるときに楽しい思いをした記憶がまるでない。文句言いっぱなしだったね」。ライトはわざと事前に食べないようにして腹ペコでやってきて、なんとか無理やり飲み下すようにしたという。

試合中は栄養不足を感じる者もいた。フィジオのギャリー・ルーインですら、脱水状態を訴え、視力に差しさわりすら生じた。「たまに、目の端がよく見えないってことがあった」と彼は言う。「目がかすんでね。口を開けばエネルギーと水、水、水、だった」

ディクソンは最初の頃、新しいストレッチング・システムに戸惑わざるを得なかった。「わたしのような昔気質のフットボーラーは、二、三度、つま先にタッチして、股関節とおおよその筋肉を伸ばすくらいで、練習ピッチに出たら即ボールを蹴るってのが普通でね。ところが、アーセンはそういうのに寛容で、誰に対しても何かを強いるようなことはなかった。『我々はこうこうする、だからそれに従わなければ出て行っていい』なんて押しつけたりしないんだ。自分の頭でよ〜く考えてやれというわけさ」

栄養補助食品や、筋肉増強効果があるとふれこみの〝悪名高い〟クレアティンがごっそり用意され、ヴィタミン注射が奨励された。「勝つためによく噛め」哲学同様に、そこには科学の裏付けがあり、アルコール摂取を減らして水をすする習慣を勧められた。ヴェンゲルがフランスから呼び寄せた栄養学の専門家、ヤン・ルージェによって、自己管理のあるなしの効果についての講義がなされた。ベルカンプは、当時頭にこびりつかされていたフレーズを真似ながら、苦笑いする。「ドーピングじゃないぞ、諸君。ドーピングじゃないからな」

提示されたものを取り入れるかどうかは、プレーヤーの裁量に任された。「そっくり取り入れた者もいれば、そうじゃなかった者もいた」とディクソン。「サプリメントともども、クレアティンやら何やらのお勧めものは、毎日のトレーニング前にテーブルに用意されていて、試しにやってみるプレーヤーたちもいた。なにせ、栄養学者のドクター・ルージェがやってきてご託宣《たくせん》をするんだ。『これを摂取すると、君の肉体にこんなことが起きる』とか何とかね。耳を傾ける者もいればそうしない者もいた。随時利用可能で結構な数の連中がやってはみていたが、特に違いは感じなかった。で、止めた。未だにやってる連中もいるみたいだけどね。デニス・ベルカンプはクレアティンを取り入れなかった。で、何人かが『デニスがやらないんなら、おれも御免だ。彼はすごいじゃないか！』」

「波風が立たなかったと言えば嘘になる。確かに当初アーセンが持ち込んだものは何もかもがまったくの別物だった。妙なのもあってね。例えば、マッチデイに朝の8時半起きでストレッチとか。全員叩き起こされて朝食前にストレッチセッションって、何だそれ、だよ。午後の3時までプレーしないんだぜ、おれたちは。すぐにプレーヤーパワーでお蔵入りにしてもらったよ」

今、ディクソンはそれをこう勘ぐっている。あれはいわばマスタープランの一環であり、簡単には受け入れ難いのをわかったうえでわざと目新しいアイディアを持ち込んでみて、いくつかを取り下げたりしたりして、歩み寄りを促そうとしたのではないかと。

「アーセンはキレるし頭が良い。だったら、おれたちがそっくり受け入れるわけがないって百も承知だったはずなんだ。二つほど、どうしてもやれってのもあったとき、トニー・アダムズがかけ合ったよ、こんなの今までのとまったく正反対なんですけど、って。休養が必要なときは、土曜日は朝寝するのが当たり前だったからね。それを変えろって言われても無理な相談だった。そしたら、彼は、じゃあそれはやめよう、その代わりに散歩に行こう、という具合だね。多分、そうやって彼はおれたちを心理的に負かそうとしたんじゃないかな。ドレッシングルームにはそれぞれが異なる考え方や個性がごろごろしてるんだし、アーセンは洗脳しようとしたんじゃなかった。ただ、いろんな方法論を投げてよこしておいたうえで、これをやってみたらどうなる、こう解釈してみたらこうなるかも、って説明したんだよ」

キーオンには、そんな新しい発見すべてが目からウロコが落ちる思いだった。「ストレッチをやる、健康補助食品を摂《と》る——血液検査をやって鉄分やら亜鉛やらマグネシウムが足りないと言われたら、じゃあ言うこと聞いてみようかって。そしたら突然、試合中にけいれんが起きなくなった。気分もいい。風変わりなトレーニングメニューにぐっと拍車が掛かる、違いがわかってくる、試合に勝つ。うん？　これがそういうことなのか？　あるいは、複合的作用？　何にしろ、負ける気がしなくなってくる。効果、あるじゃないか。その結果、もうどこと当たっても勝てるんだって気になってる」

チームの面倒を見る専門家たちが続々とやってきた。マッサーやフィットネスコーチの数がどんと増えた。完成した新しいトレーニンググラウンドには、最新の水治療法用のプールが備わり、指導には回復と調整のスペシャリストが当たった。リハビリ担当はしばしば海を渡り、専門トレーナーのティブルス・ダロウの下で熱心な研修を受けた。疑い深いプレーヤーを何人も驚かせてきた〝神の手〟を持つ、フランス人整骨医、フィリップ・ボワセルが、ロンドン・コルニーを定期的に訪れるようになった。ピレスは言う。

「ボワセルはボディーメカニックだ。長年の経験で、プレーヤー一人ひとりの痛みに応じて最適な対症療法を見つけ出してくれる」

ライトは納得するまでに少々時間がかかった。「フランスのセンセーたちがやってきて、チャクラに何たらかを施してチャネルを開放する――初めん頃はこいつはどうも胡散《うさん》臭いんじゃないかって。それが違ってた。慣れてくるうちに結構夢中になっちゃって」

キーオンも〝転んだ〟一人だ。「フィリップ・ボワセルはヤバいマジシャンだった。やってきた頃、ボスは我々全員を彼に診させようとした。そうしろって指示があったわけじゃない。おれはむさい男に体中をいじられるなんてまっぴらだった」

ヴェンゲルはボワセルがきっと役に立ってくれると言い張ったが「おれはいいから、ボス」と、キーオンは相手にしなかったのだが……。「ある朝起きたら、膝がひどく腫れあがってて、その日はフィリップが来ていた。『騙されたと思って診てもらうといい……』。で、いうことを聞いたら、ベッドの上であちこちからいじられまくったあげく、膝をピシャリ、背中をバチーンやらのやりたい放題でね。で、痛みの元がわかったときた。次の日、起きてみたら腫れはなくなってた。信じられなかったよ」

三十路に入ってしばらくしてから合流し、自分の体のことは知り尽くしているつもりだったレーマンも、この出会いから受けたアイディアに心を打たれた。「フィリップ・ボワセルは第二の父親みたいな存在だった。週に二度会ってたからね。彼がやってくる木曜日と金曜日。それに、フィットネスコーチのトニー・コルベールもすばらしかった。フィットネストレーニングのアプローチが違うんだ。ボディーエクササイズ一式がね。彼は本当にすばらしい練習法を編み出してくれた。アーセナルを退団したときは38歳だったんだが、33で入った頃よりも体の調子がよかったくらいだから」

フィジカル調整上のありとあらゆる要素を詳細に管理する方針は、それはもう異常なほどだった。ことあるたびに相違点がパーセント単位で計測された。チームバス内の気温は、筋肉を柔らかく保つように調節された。トレーニンググラウンド併設のレストランの椅子は、人間工学に基づいて快適かつ体に優しくフィットするようにデザインされた。下肢に痛みを持っていたプレーヤーは、その原因が歯や顎にある可能性を確かめるために、歯医者に送られた。

いつの日か、ヴェンゲルは笑い飛ばすだろう。第一日目からチョコレートの供給を事実上禁止したとき、チームバスの後部座席辺りから反感の声が上がったエピソードについて。「おれたちのマーズバーを返せ」チャントが始まったのは、ブラックバーンを2－0で下したヴェンゲルのファーストゲームが終わって、ロンドンへ帰る車中のことだった。振り返って首を振るだけだったがね」とディーンは振り返る。
「バスの前部席で彼の隣に座っていたんだが、彼はそれを面白がっていた。振り返って首を振るだけだったがね」とディーンは振り返る。

ベルカンプにしてみれば、そのときこそ、古き良きアーセナルの近代的スーパークラブへの変身が始まっていたのだった。「多分、我々はそんな考え方を身に着けた最初のチームだったかもしれない。もちろん、わたしはそこで役割を果たした。アーセンも果たした。パトリックもそうだし、入団していた全員がそうだった。いいフットボールをしていたというだけじゃなくて、ある目的のためにプレーしていたという意味でも。アーセンは愚かなプレーヤーは買わなかった。彼が買ったプレーヤーはアイディアを持っていた。同じ、プロフェッショナリズムについてのアイディアをね」

取るに足らない日常的なジョーク程度の愚行だけは、ベルカンプも大目に見た。実は、ドレッシングルーム外での彼の〝悪ふざけスキル〟を知る人となるとそうはいない。しかし、ピッチの上では、ゾーンの中では、シリアスに徹した。ヴェンゲルがニューアイディアを落とし込み、プレーヤーたちがその地平を広げていく――「退屈なアーセナル」は「スリリングな未来」へとズームインしていった。

1996―97、ヴェンゲルのファーストシーズンが終章に差し掛かった頃、辺り一面に進行しつつあった変化を目のあたりにし、アーセナルのスタイルがより目に心地よく、よりピュリズム的フットボールに進化しつつある様子を、自ら誇らしく口にしたその記憶に、ベルカンプは思いふける。「ここまで」と当時彼は言ったものだ。「我々はスタイルとしての何かを変えた。

でも、それがより優れたものになるのは何かを勝ち取ったときだ。そこで、アーセナルがチャンピオンシップ（プレミアリーグ）であれ何であれ、勝ち取ったことが噂にのぼる。１９８９年や１９９１年のとき（のリーグ優勝）とは訳が違うんだから。素敵じゃないか」

　恐るべきはこの口上。まさにその翌シーズン、プレミア年間最優秀プレーヤーに輝いたベルカンプが軸となって、アーセナルは『ダブル』［リーグとFAカップの同一シーズン制覇］を勝ち取った。ヴェンゲルの麾下《きか》ではお馴染みとなったいくつかのテーマが、そこで演じられた。アーセナルは怒濤の如く首位マンチェスター・ユナイテッドを追い詰め、そして、オールド・トラッフォードでの絵に描いたような激闘を、マルク・オーフェルマルスの策略などで制した。そこから、俄然フィフスギアに加速した彼らは破竹の10連勝からゴールラインを駆け抜けた。

　ディクソンは〝そのチーム〟を愛し、いつ何時も、最高だったという意見を曲げるつもりはない。あの『インヴィンシブルズ』よりも上なのだと。「混然としたものがあった。『オールド・バック４』の前に不動のプティとヴィエラ。（世間は）マルク・オーフェルマルスのことは知っていても、アネルカについちゃ手掛かりも持ってなかった。あいつがその年のリーグを切り開いたんだから。ほぼ何もかもがあった。バックの古参の石頭どもが10歳に若返ったようにプレーした。そして、例のミッドフィールドの二匹のアニマルは片っ端からぶっ壊し、片っ端からセットアップした。前線には快速マルクがいる。アネルカのやつときたら無口で、シーズン中もろくに口を利かなかった。あいつはただ、ネットにボールを叩き込む仕事に徹していた。途方もなかった」

「ジョージ（グレアム）時代の終わり頃の我々は、そう、荒れ地にいた。時を巻き戻したかった。それがほぼ叶ったと思った。我々は、およそほど遠いところから一気に駆け上がった。負ける気がしなかった。わたしの経験じゃ、勝ち取ったものはいっぱいあっても、あんな時代なんてめったにない。あのときのドレッシングルームときたら、気配りとかはほぼゼロ、奮い立つ感覚しかなかった。だって、わかってたんだから。そんな感覚を揺すぶってやれば、おれたちは勝つんだって……」

第3章

錬金術

イェンス・レーマンは故国ドイツの生地から少し足をのばしたところにある国境を越えて、新しいアーセナルのチームメイトたちと初めて顔を合わせた。場所は、ヴェンゲルがシーズン開幕を控えたアーセナルのエンジンをチューニングするのに好んで訪れる、オーストリアの山荘『バド・ヴァルテルスドルフ』。レーマンの初トレーニングセッションで、一同は近所のスパに足を運んだ。そこで彼が真っ先に目にしたのは実に奇妙な光景だった。「第一印象がね、下着や水泳パンツを穿いたままサウナに入るんだ、この人たちは、だったんだ」レーマンは謎めいた微笑みを浮かべて振り返る。「オーストリアやドイツじゃ素っ裸が普通なのに、イングランド人はスピード［水着のブランド］を穿いたまま入るんだからね。『おかしなことするんだな』と言ったら『おかしいのはそっちだ。サウナに素っ裸で入ろうもんなら誰かに写真を撮られて翌日のサン［代表的な英ゴシップタブロイド紙］に載せられちゃうぞ』」

1997年から2004年にかけてのアーセナル黄金時代絡みで「お気に入りのチーム」を訊ねるのは、自分の子供たちの中から一人だけ選べというようなものだ。三つのリーグ優勝チームそれぞれが、独自のキャラやニュアンスを持っていた。1998年のチームは、古《いにし》えの知恵と斬新できらめくようなスピードが一体となったヴェンゲルの構想がプレミアリーグにフットボール的ショックをもたらしたという意味で、実に刺激的だった。そこから進化した2002年のチームは、ティエリー・アンリとロベール・ピレスの美学が混然として弾け、そこにフレディー・リュングベリのキラーランが加わり、ディフェンスには円熟のプレーヤーたちの際立った集中力が注入されていた。2004年の場合は、チームに新たな発展的カリスマが備わり、それらのゲームではめったにお目にかかれないレベルの〝超〟自信がにじみ出ていて、それは天職を得て完璧にこだわる人々の人生にさえ、そうは現れない類のものだった。

無敗のシーズンは突然降って湧いたわけではない。チームは何シーズンもかけてそのアイデンティティーを育んできた。そこには、登場人物たちとその個性が、画家が絵を構築し、ディテールを補い、色彩に深みを与え、塗り重ねて装飾を凝らすように、合成されて加えられていったのだ。

2003—04シーズンを迎えた頃の、固い絆で結ばれたワンセットのプレーヤーたちは、その多くが豊富な経験に裏打ちされて年齢的にもピークを迎えていた。ヴェンゲルの下では、別して優れたプレーヤーたちがやってきては去っていった。補充には慎重を要した。うち何人かは果たされなかった。選ばれた数名——ドレッシングルームに活を入れるごきげんなスキルとパーソナリティーを有し、チームのゲームプランにジャストフィットする者たち——が、見事なまでに全体の仕組みにブレンドされた。

そんなヴェンゲル流「ヴィンテージタイプ」のプレーヤーには、いくつかの絶対的資質が求められた——肉体的武勇、洗練された技術、鋭敏な知性、高潔なチームスピリット、勝利への意欲。必然的に、スピードは重要だった。ボディーかマインド、もしくはその両面で。ロベール・ピレスは、まるで監督が、映画のオーディションリストを徹底的に吟味し尽くして各役割にドンピシャの人選に行き着こうとしていたように、「キャスティング」という言葉を使う。

異なる国と背景からやってきたゆえに、独自のフレーバーとその根源的特質を醸し出すプレーヤーたちの混合物は、ひとえに興味深いものでしかなかった。「料理を一品作るには素材が大切だ」とピレスは踏み込む。「アーセンはプレーヤーを吟味選択して美味しい料理を作りたかったんだ。カメルーン人、ブラジル人、フランス人、ドイツ人、オランダ人……そしてイングランド人もキープした。で、それらを混ぜ合わせると［そう言いながら、彼は手品師の黒い帽子の上で魔法の杖を一振りするかのように、両手をポンと叩く］、ほうら、2003—04みたいな豪華絢爛たる一皿の出来上がりってわけだ。でもね、その過程で一番重要な人物は、というと、それはアーセン・ヴェンゲルなのさ」

コルドン・ブルー？

「まさしく！」と彼はくすくす笑う。「ご名答」

ハイベリーにて最初の優勝チームを構築してみせてまもなく、ヴェンゲルはすぐに気づいた。魔法の公式の維持は、それを創り上げたときに匹敵してむずかしいのだ、と。理由は二つある。一つは、追う者から追われる者への心的シフトは相当に混み入ったトリックだということ。二つめ、頻繁にレギュラーベースが変わるチームだということ。1998年の「ダブル」達成後、浮かれ気分から我に戻ったアーセナルは、成功のツケを実感することになる。予期せぬ問題。突如として、ヨーロッパ有数の強豪クラブからの熱い眼がプレーヤーたちに注がれるようになった。誘惑は全方向から訪れ、それに抗《あらが》うストレス満点の夏を強いられたのである。

長年、デイヴィッド・ディーンとパトリック・ヴィエラは、シーズンの終わりが近づくにつれ、何がやってくるかがわかっていた。「例年、休暇がくるたびに、その第一週はパトリックを追いかけていた」とディーンは振り返る。「シーズン末になると言ったものだ。『パトリック、今年の休暇はどこに行くんだ?』――答えはバルバドス。『今年はどこへ?』――ドミニカ共和国。『今年は?』――グァドループ（西インド諸島東部）。『そこに行ってますから、ご心配なく……』。契約更改が済んでいることを確認せずにはいられず、それでも常に彼の後を追っていた。我々の間には慣例的なジョークがあってね、毎シーズン後にはあそこにいる、って」

例年訪れる頭痛の最初のきっかけは、ニコラ・アネルカの兄たちの形をとって現れた。アネルカは1997年、幼少期から憧れたパリ・サン＝ジェルマンにうんざりして、17歳でアーセナルに入団した。寡黙な天才だった。そんなアネルカを突然、レアル・マドリードが買い物リストに入れた。その夏、弟のエージェントになってアーセナルを翻弄《ほんろう》したアネルカの兄たちとの無慈悲な交渉が続き、とうとう彼はスペインに去った。アーセナルはざっと2300万ポンドもの見返りを得たが、この若きタレントがハイベリーで炸裂したシーンはわずか2年足らずで消滅した。

きわめて有益なビジネスではあったが、ヴェンゲルはこのセールを後悔した。アネルカ・マネーの半分は、完璧なる仕様を備えてプレーヤー環境を一新する新しいトレーニング複合施設建設にあてがわれた。残り半分が穴埋めに回された。その、もう一人の若きフランスの天才は、奇しくもアネルカの幼馴染で親友同士だった。その少年はたまたま、ユヴェントスのウィングでプレーしていた。名をティエリー・アンリといった。

1年後、もう一つのスパニッシュ・ジャイアント、バルセロナがヴェンゲルの計画を台無しにしようと乗り込んできた。両クラブが繰り広げた抗争の種は、ヴィエラと絶大なパートナーシップを組んだエマニュエル・プティと、火の出るようなウィングプレーでたびたび決定機を創り出したマルク・オーフェルマルス。その夏中、チームのジグソーパズルを維持すべく戦いに明け暮れたヴェンゲルだったが、オーフェルマルスの移籍交渉だけでも一冊の本が書けるとうんざりして述べたように、その表情がすべてを物語っていた。

ヴィエラは、それこそコインの裏表のように中盤で対照的な才能を分かち合った真正のパートナー、プティを失ってひとえに傷ついた。

「わたしたちは今でも親しくしている。マニューとは最適な時代に一緒にプレーして大いに助けになってくれた。本当に分別があって、優しい、感情豊かな男だったね。我関せずみたいに見えることもあったが、実はそうじゃなかった。マニューは仲間のためなら何だって厭わない、死も恐れない、何ひとつ惜しまない」

チーム内に生まれるチーム――ミッドフィールド・ペアにしろ、ストライカー・パートナーシップ、ディフェンシヴ・ユニットにしろ、その抜きんでた存在感を発散する特別なコンビはかけがえのないものだ。たとえ別の優秀なプレーヤーがやってきたところで、その結びつきは必ずしも再生されるものではない。

それから2年、プティと分け合った絆とバランスを再現すべく、ヴェンゲルはようやくヴィエラの新しいパートナーを見つけた。2002年ワールドカップに赴いたアーセナルの監督は、優勝したブラジルチームのあるメンバーに目を惹かれた。それは、別して脚光を浴びた前線の3人（リヴァウド、ロナウド、ロナウジーニョ）のうちの一人ではなかった。物静かでタフ、抜け目のない守備的本能に恵まれ、ゲームの流れを冷静に読んで危険を察知する能力に長《た》け、いかなるドレッシングルームでも歓迎されうる太陽のような性格を持つミッドフィールダーだった。鍛冶屋の息子、ジウベルト・シウヴァは、父親手製の家で女きょうだい3人と寝室をともにして育ち、飽くなき熱意を燃やしてプロのフットボーラーを目指した。一時、ユース時代にフットボールを諦め、家計を助けるために実業を志したこともある。短期の大工仕事をこなし、また菓子工場でも働いた彼は、改めてフットボールキャリアへの最後のチャンスに賭けた。着実に腕を上げたものの、アトレティコ・ミネイロで頭角を現した頃には20代半ばになっていた。

2002年の夏、ヴェンゲルはディーンとの会話の中でその名前を口にした。「どう思うね？　彼を獲ってみるというのは？」

ジウベルトのアーセナル移籍物語は、ヴェンゲルとディーンの関係がいかにチームビルディングの過程で力を行使するエンジンとなり、当時のクラブにあってとてつもなく重大な〝ありふれた定番〟の一つだったかを示唆している。ディーン曰く、「アーセンが言うには『このプレーヤーならぴったりハマる、彼をどこでプレーさせるかも見えている』。後はわたしの出番で、交渉してそのプレーヤーを連れてくる」。かくしてディーンは、アトレティコ・ミネイロとの交渉に臨むべく、ベロ・オリゾンテに飛んだ。当時、相手方にいた2名の副チェアマンは、ロンドンからの来訪者をもてなす気遣いすら見せなかった。ディーンは事実上、クラブ本営の外にキャンプを張った。「3日間、連中の戸口にほとんど寝泊りしてこっちをかまわせようとした」。そのたゆまぬ努力は報われ、話し合いが始まり、1週間に及ぶ交渉の末に取引成立にこぎ着けたのである。

ディーンはブラジルからヴェンゲルに電話をかけた。「ちょっとしたサプライズがある。明日トレーニンググラウンドに着いたら君にもわかるよ」。翌日、オーストリアのプレシーズン・キャンプ地に到着したディーンは、そこでジウベルトをヴェンゲルに紹介した。

片言の英語（後に流暢になる）しか話せないジウベルトは、当時クラブにいたもう一人のブラジル人を頼りにした。あか抜けたプレーヤー、エドゥーは故障に苛まれて出番が限られていた身だったが、チームに欠かせないメンバーとして評価され、苦も無く親和の情を示すところがあった。すぐさま、アーセナル中盤のポジションを文字通り争い合うライバルにもかかわらず、エドゥーはジウベルトを歓迎し、かばい、チームに関するありとあらゆることや文化を、そして、ヴィエラを理解するに当たってピッチ上で何をどうすべきかを教えた。それが、エドゥー自身のプロキャリアを損なうことになってしまいかねないにもかかわらず。

「どちらがファーストチームでプレーするかを決めるのは、わたしでもジウベルトでもなかった」とエドゥーは言う。「アーセン・ヴェンゲルが決めるんだ。わかりすぎるくらいわかってた。ジウベルトは本当にいいヤツでね、できる限り彼の力になるのって本当に楽しかった。

ポジションが同じだなんて頭になかった。助け合い精神はブラジルの文化なのさ。だいいち、ジウベルトがやってくる前から、何度もアーセンにあいつはすばらしいよって話してたくらいさ。彼がアーセナルと契約したらすごくチームのためになるってことはわかってた。当時は心からそう思ってた。そう考えろ、悪いようには取るな、ってね」

ジウベルトが物語を引き継ぐ。感激しながら。「年下なのにまるで兄貴みたいにふるまってくれてね。本当にありがたかった。いろいろ教えてくれたし、ロンドン観光にも連れていってくれた。彼から離れて暮らしたくなかった。煩わせたくはなかったけど、何かあると彼が問題を解決してくれたからね」

ジウベルトとヴィエラが構築し始めた親密なパートナーシップは、いずれ無敗シーズンの中核的フォースになっていくことになる。「アーセナルにやってきたぼくに、エドゥーは、パトリックの性格だとか、どんな気性なのか、どれほど強いのか、どんなにいいヤツなのかってことまで、親切に教えてくれた」とジウベルト。「ぼくらは楽に分かり合えたし、プレーもスムースにできた。フィールドでシンクロする動きも瞬く間に理解し合えたし。彼が上がるとぼくは控える、ぼくが上がると彼はぼくがポジションに戻るまで後に控える、って具合にね。いつもフィールドでよく声を掛け合った。ぼくのポジション取りが良くないと彼から声が掛かる、その逆もしかり。知っていることはお互いのために分かち合う。そうでなくちゃね」

言うまでもなく、ヴェンゲルはブラジルでのディーンの使命が果たされたことを喜んだ。

それを蝕《むしば》もうとするハゲワシどもをかわしつつ、チーム強化を進めるというバランスアクトは、ヴェンゲルとディーンにとってさてても大仕事だったが、シーズン終盤には実際のフットボール以上に頭を悩ませることもあった。サメが群がる海で、エージェントやカネの亡者の攻撃にさらされながらの経営活動は、けっこう骨が折れる。タンデムを組んだヴェンゲルとディーンは互いを鎧とした。二人の間に起こった化学反応は完璧に機能した。ヴェンゲルにはフットボールのヴィジョン、ディーンにはビジネスを円滑に進める人脈と交渉テクニックがあった。

一等最初にあったのは、世界を知り尽くしたヴェンゲルの知識であり、それがアーセナルが関心の的となる最大の要因でもあった。「何よりも、彼には高い知性と広範な知識があった。イングランドの試合がグローバルに打って出ていく予感はあったが、そのためには、国内の下のディヴィジョンからプレーヤーを買うよりもはるかに優れた未来図を持つ誰かが必要だった」とディーンは解説する。「それこそが彼のすごい特性の一つだったってことだね。海外のプレーヤーに関する非凡で辞書並みの知識が。それも、フランスという彼の本来の領域からぐんと突き抜けて、だよ。当然、こっちじゃ知られていない。ゆえに、我々は市場で先端を走ることができた」

時をおかず、ヴェンゲルは教育の達人としての名声を獲得していった。プレーヤーたちもピンときた。彼の口から関心の言葉が漏れたら、それは才能を伸ばしてくれる特殊能力を持つ誰かと仕事ができるチャンスであり、心浮き立つサインなのだと。テクニックに執拗さを併せ持つパンクヘアーの若きスウェーデン人（彼を追うクラブは数知れなかった）を射止めたのもヴェンゲルだった。フレディー・リュングベリは16歳からビッグクラブのレーダーにとらえられていた。「だめ、だめ、まだ早い、ってね」と彼は振り返る。「自分に心の準備はできるまでは。で、3つのクラブを検討することになった。リサーチをやった。当たり前だけど。アーセナルは前年のチャンピオンで、歴史もある。それもぼくが調べた限りじゃ大した歴史だ。クラブに出向いた目的はアーセンだった。彼の人となり。彼は品があって敬意に値した。ぼくらはフットボールについて語り合った。どうプレーされるべきなのか。それと、彼がクラブに持ち込みたかった文化についても。で、サインした。アーセンの姿勢が気に入ったから」

ヴェンゲルは触媒だった。それは外国人プレーヤーのリクルート術に留まらない。フットボールを突き詰める愛に動かされた前向きなコーチとしてのイメージは、ノースロンドンの玄関口が迎える有意義な契約のカギだった。伝説のディフェンス再構築の大仕事に当たって、ヴェンゲルはその中核にイングランド人の心を留め置くよう望んだ。その条件をすべて満たす男は、ヴェンゲルとディーンが想像だにしなかったほど、彼らの根城にほど近いところにいた。

ソル・キャンベルが海外進出を避け、トテナムのセヴンシスターズ・ロードから4マイルの旅をしでかしたことほどに、ドラマティックな移籍もそうはなかった。入り組んだ事情などはさておき、肝心なのはキャンベルがひとえにヴェンゲルの下でのプレーを望んだことであり、彼が創り上げたチームでプレーしたいと思ったからだった。

「アーセンみたいな人を必要としていた時期だったんだ、本当さ」と彼は言う。「どういうことかわかるかい？　つまりだね、仕事がめっちゃできて、内部競争もあって、勝つのが大好き負けるの大嫌い、でもピークにあって同時にジェントルマン、そんなプレーヤーたちにそろそろ囲まれ（てプレーし）なきゃだめだと思ったんだ。そういうタイプの環境にいなきゃ、って。同時に、ゆるぎない環境にもね。勲章も欲しかった。ぼくにとって、それはアーセンとそこにいたプレーヤーたちがいる環境だったんだ。連中は完璧じゃなかった。ぼくも完璧じゃなかった。アーセンも完璧じゃなかった。でも、一つになるとぼくらは完璧だった。すごいことだった。ぼくらはすばらしいプレーをしてみせ、ぼくもそこですばらしい年月を過ごした。ああ、浮き沈みはあったさ。言い争いとかもあった。でも最終的には全員が試合に情熱を傾けるファイターだった。ファイターで、同時にジェントルマン。フットボールに限って、そいつは完璧だった」

ただし、トテナムからアーセナルへ移るというデリカシーの問題についてキャンベルに思慮が欠けていたという観点では、完璧とは言えなかった。緊張と互いへの憎しみという真っ当な理由によって、この特殊な土地柄でのクラブ間移籍《インタークラブ》はめったに起きない。キャンベルは契約切れが近づいていた。仲介した彼のエージェント、スカイ・アンドリューは、これはタブーのオーラを持つ異常な出来事だと口を切った。およそ驚かされたのは、両クラブが妙に如才なく〝意欲〟を示したことだった。

キャンベルは、ただアーセナルの誰かと話をしているところを見つかるのにも怯《おび》え、悪名で塗り固められること必至のこの移籍が実現するまで、しばらく大人しくしている必要があった。彼は夜陰に紛れてディーンの自宅を訪ねた。数時間、アーセナルの副チェアマンとトテナムのキャプテンは、トタリッジにあるディーン家の庭園に広がる芝をそぞろ歩きながら会話を尽くした。

「ぶらぶら歩いて、春風を頬に受けていた。二人きりで」。ディーンの回想。「必ずしもフットボールについてじゃなくて、人生のことなんかもね。ソルは実に奥深いキャラの持ち主なんだ。ソルには本当に頭が下がる。簡単な（移籍の）話じゃなかったからね。実際、感情的にはとんでもなくむずかしいことだったから。一番簡単なのは海外に行くことだった。当てもあった。でも彼の肚《はら》はうちに来て、とりわけアーセンのためにプレーすることだったんだよ」

ある夜、二人が細心の注意を払って秘密裏に進めてきた会合がバレてしまった。目撃者は他でもない、ディーンの末息子ギャヴィン。午前2時にナイトクラブから帰ってきた彼は、父があっと驚く客人と話をしているのを見つけたのだった。ギャヴィンは気まずさを打ち払うように朝食でもいかがかと声をかけ、手料理を披露してフレンチトーストをふるまった。ヴェンゲルがアーセナルに持ち込んだフレーバーを考えれば、誰が見ても早朝のスナックには少々シュールだったとしても、よくできたチョイスではあった。一方で、この出会いを通して、どう見てもイカれたこの取引に実は意味のあるルーツがあったと言えなくもない。「ソルにはわたしを信じて欲しかった」とディーン。「信義の問題だった。ファミリーだよ。大切なことは、ただ単にそこいらのフットボールクラブに入るんじゃなくて、我々のファミリーの一部になるってことだったんだ」

キャンベルもそんな感傷に呼応する。「心底デイヴィッドを信じられなかったら、行かなかったと思う。絶対に。あり得なかった。彼はカリスマの男だ。一番大事なことは、彼がプレーヤーに話しかけ、会長に話しかけ、清掃人に話しかけ、誰にだって話しかけることができることだ。UEFAでもFIFAでも、誰彼なしに話ができる。そんな御仁たちを動かし、通じてるんだから完璧だよ。それって一つの特殊能力だから。つまるところ、『無敗のチーム』創造とそれが果たした成功を語るとき、誰もがアーセンが全部やった、なぜなら彼は監督だから、彼は目立つからって言うよね。昨今はこの監督カルトが流行りだから。でも、チームなんだよ。

デイヴィッドが職人の仕事をしたんだ。取引をまとめ、あるいは切り捨てる。必要に応じて決着をつけたんだ。そんな人がもしいなかったら、アーセンだってプレーヤーをつかまえられないさ！　二人はすばらしいチームなんだよ」

ヴェンゲルは、当時ディーンと二人して組み立てたチームの勝利の方程式から刈り取った見返りを懐かし気に振り返る。「我々は包括的に理解し合えた。それほど言葉を交わし合う必要もなかった。おっと、彼と話すのは楽しかったんだよ。デイヴィッドの家の庭で深夜2時にソル・キャンベルと話をしていたなんて、ぞくぞくしたよ。今と比べて何が信じられないかって言うと、記者会見を開くとジャーナリストが3人来ていて、連中はこちらが若者（の入団）をひとり発表するものだと思ってたんだとか。びっくりしたよ。ソルはすごく興味深い男でね。誰にも一言も言わなかった。3か月も口を閉ざしていた。そんなことはもう二度と起きない。我々はすばらしい仕事をして、チームの裏のチームですばらしい連携を果たしたんだよ」

レイ・パーラーによると、この見慣れた顔が境界線を渡って入ってきたのには、プレーヤーたちも目を疑ったという。「全員が眉毛を逆立ててたな。おれなら百万年経ったってトテナムには行かない。週に20万ポンドくれるっていっても御免だ。おかしな気分だったね。言ってやったよ、『気は確かか、ソル。アーセナルに来てお前何すんだ？』。でも、あいつはただこう言ったのさ。『トロフィーを勝ち取りたい。君らのチームで一緒にやりたい』」

サポーターの観点から言えば、一時のショックを乗り越えた後では、キャンベルの獲得は大正解だった。作家のニック・ホーンビーはディフェンダーを獲得してそんな反応が起きることはないと指摘する。「そう、確かに事件だったね。でも、我々が必要だったものにドンピシャでもあった。アーセンがセンターバックやゴールキーパーとか、サイドバックにすらカネをかけるつもりがないことは、みんな知ってる。彼が買いたがるのはインサイドフォワードだけだ。スパーズファンはメチャ傷ついたろうが、ソルはしっかり先を見据えていた。そして、見事にこちら側のすばらしいプレーヤーたちと勝ち取るものを勝ち取った。わたしの目の黒いうちにアーセナルのセンターバック補強が誰にとっても快感に変わるなんてことは、金輪際ないと思うけどね。どのみち、天晴《あっぱ》れな補強がやれるクラブなんてそうはないんだ。どこかの誰かが他の人がやろうとすることを止めない限りはね。いずれにせよ、あれは二度と繰り返されることのない状況だったのさ」

2002年の夏が訪れ、赤と白に身を包んだ処女シーズンが終わって、ソル・キャンベルは「ダブル」を勝ち取った。キャリア最大の異常事態を受け入れた身にとっては、大した見返りだった。同シーズン、アーセナルはディフェンス面での過渡期を迎えている。ラウレンのレギュラー出場がディクソンを上回り、キャンベルの確固たる統率力はトニー・アダムズのラストシーズンを予感させるものだった。黄金のシーズンを紡ぎあげる適切な実体をしっかと見つけ出すために、緩やかな錬金術が求められていた。バトンはなめらかに手渡された。

アーセナル2002年のダブル制覇は、ヴェンゲルをして「無敗のシーズン」の可能性に思いを至らせた。そこで、彼は直ちにその挑戦意欲をプレーヤーたちの心根に植え込んだ。2001―02シーズンのアーセナルはアウェイを無敗で通した上に、終盤には長期連勝をものにして、計り知れない精神的な強さを見せつけていた。FAカップではレイ・パーラーとフレディ・リュングベリの神がかったゴール2発でチェルシーを打ちのめした。数日後、タイトルは、幾たびも可能性の振り子が揺れ動いてきたオールド・トラッフォードにて果たされた。サインは見まがいようもなかった。

「2004年のチームに行き着く過程がそこにあった」とキーオンが解説する。「2002年の我々はシーズン末の13試合を勝ち抜け、アウェイでは負け知らず、同年には3名のゴールキーパーがプレミアリーグの優勝メダルを受け取った。そんな極みに達したチームはかつてなかった。大した成果だね。1998年のグループはパイオニアだった。2002年のそれは自らを再活性化した。全試合でゴールを上げ、アウェイで一度も負けず、無敗を続けて、記録をがんがん更新する勢いだった。そういう蓄積のすべてが2004年のチームにつながったんだという気がする」

だが、反動の揺り戻しもそのプロセスの一部だった。プレーヤーたちは1998―99と2000―01の二度のダブルに挟まれた期間に、3年連続で2位に甘んじた痛みを忘れられないでいた。そのつど準優勝止まりだったプレミアリーグ、プラス、2000年のUEFAカップと2001年のFAカップでの決勝敗退は、耐えがたい〝習性〟になりかけていた。

1998年のダブル制覇直後にアーセナルに入り、チームが次に栄冠を勝ち取るまでの〝不幸〟をすべて体験してきたリュングベリは、内なるフラストレーションがいかに刺激剤となったかについて説明する。「スウェーデンではこういうんだ。ポケットの中でこぶしを固めろって。誰にも見えないように」とあてつけがましく、彼は言う。「多分、そのおかげで3年後の噴出と進歩があったんだろうね。どういう形や格好でもハッピーじゃなかったから」

キーオンも同意する。「負けるとひどく傷つく。2001年にピッチに立っていて、こんなこと二度と起こさせないぞ、ってつぶやいてたのを思い出すよ。その日のリヴァプールはラッキーそのものだったから。実際に、2002年のチェルシー戦でその場に舞い戻って（勝ち）、それからリーグ優勝を果たして溜飲が下がったんだ。チームの土台が何かでっかいボールに育っていて、なぜかと言えばそれは過去の失意があったからだった。何か一つでも勝ち取らないとまた一人プレーヤーを失うというのが、ほとんどお決まりになっていた。そう、おい待てよ、アネルカ、オーフェルマルス、プティ抜きでどうやって勝ちゃいいんだよ、ってね。そんな話、考えたくもない。チームってのはプレーヤーに心を痛めるんだ」

アンリは、2002年のリーグ優勝がオールド・トラッフォードで決まったことがとりわけ重要だったと考えている。「宣言だったね。おれたちはおたくらの土地で勝ったんだって。マン・ユナイテッドは長い間、優位を占める以上の地位に居座ってた。うんざりだったよ」

今度は自分たちが支配する番だと意気に感じたアーセナルは、2002―03シーズンの始まりを目覚ましいスタイルで駆け抜けた。10勝2分け、火花散る名人芸の攻撃と圧倒的パワーで、その行く手には何か特別な予感が見えていた。

登場、ステージ左より、17歳のウェイン・ルーニー。

アーセナルのうららかさは、マージーサイドからの早熟な天才が叩き込んだ19分のゴールにくじかれ、エヴァートンに敗れて負った傷はアーセナルシステムに衝撃をもたらすものだった。そこからの立ち直りにしばらく時間を要した結果、その不調期間が仇となってタイトルを逸するのである。不承不承、トロフィーはマンチェスター・ユナイテッドに奪い返された。ロベール・ピレスのゴールで勝ち取ったFAカップも、もっとうまくシーズンの仕事をやれたはずなのにという思いを取り払う役には立たなかった。

ベルカンプはまだその割り切れなさを引きずっている。「それが唯一、今でもときどき我ながらハッとするんだよね」と彼は思いにふける。「成功したシーズン、あるいはトロフィーの後、ぼくらは次のステップへ進めないでいることに気が付いた。理由はわからない。優勝してももっとプレーヤーが必要だったのかもしれないし、じわっとステップアップしなければならなかったのかもしれない。あるいは、アーセナルを違った目でとらえる相手を御しきれなかったのかもしれない。そう、わからないんだ。優勝したときよりも強くなりきれなかった。踏み込んだステップを見出せなかった。より強くなるべきだったのに、それが少しばかり逆になってしまった」

タイトルの維持とはそれほどにむずかしい？「もちろん」。ヴィエラは力説する。「我々は3回か4回連続でリーグを勝ち取っていてもおかしくなかった。楽勝でね。優勝の翌シーズン、我々には同じ集中力と決断力がなかった。たぶん、別のレベルにもっていってくれる新しいプレーヤーがいなかった。ユナイテッドは毎年のように、ビッグな補強でチームを持ち上げていた。それがユナイテッドの強さだった。たぶん、我々は新しいプレーヤーを入れて別のレベルに持ち上げ、内部競争をもたらすことをしなかったせいかな」

遅ればせながら、新戦力がやってきて羽ばたきの時を待つことになった。2003年のチームではただ一人の〝装飾〟だった。ヴェンゲルは明らかに、チームをタイトルウィニングモードに戻すのに、大して微調整も必要ないと考えていたようだ。唯一の補強、それは必要不可欠でもあった。都合13年間、クラブに尽くしてきた偶像的ゴールキーパー、デイヴィッド・シーマンが退団したとあっては。

Willkommen, Herr Lehman（ようこそ、レーマン殿）。ドレッシングルームの誰一人として その意味するところを判じかねた。しかし、それもじきにわかるはずだった。新しいキーパーのリクルートに難儀していたヴェンゲルだったが、ようやく、自制心の強さに定評のあるドイツ代表に落ち着いたのだった。シーマンの後を引き継ぐプレッシャーを気に病むこともない人物を引っ張ってきたのは正解だったが、もとより、本人は無謀ともいえるレベルのプレッシャーの中で生き抜いてきた男である。

レーマン自身は、厄介な取引だったことを覚えている。「手放したくはないボルシア・ドルトムントとの意見の衝突」があったからだ。それでも、レーマンとアーセナルがともに前向きだったため、ドルトムントも抵抗をやめたのだった。

33歳の〝新人〟リクルートに際し、ヴェンゲルは十分にオトナで問題なく他のプレーヤーを感じ入らせる人格（であり性格）だと紹介した。自信たっぷりにチームに足を踏み入れた彼には、実戦の厳しい状況にあっても何者も恐れない勝者のメンタリティーが備わっていた。適応性に問題があるはずがなかった。

「思うに、自分の強みはあんまり気にしないことでね」とレーマンは言う。「マーティン・キーオン以外はみんなより年が上だし、デニス・ベルカンプを除けばここにいる誰も持っていないヨーロッパのトロフィーを勝ち取ったんだからさ。ピッチでは、ただあるがままのわたしでいてくれってさ。みんなに合わせようとしたりとか、気のいいヤツでピッチでぺらぺらしゃべるなんてしなくていい、そんなの要らない、ってね。ピッチでのわたしはそれはもう押しが強い質《たち》なんだが、びびったりしたことが一度もないって言った方がいいかな。ま、びびったりしてる暇なんてなかったけどね。恐れるものがないってことでアグレッシヴモードに入れるんだし。突進あるのみさ」

レーマンは音楽を使って自分のゾーンに入りこんでいた。お気に入りはジャーマン・テクノ。キーオン辺りはクラフトワークも耳慣れないうちだったかもしれない。キーオンの好みは少々柔らかめの、例えばガブリエラの『Dreams Can Come True』だったのだが、いずれにせよ、彼には何もかもが結構啓発的だった。ドレッシングルームで自分よりもあくの強いプレーヤーに出会うのは、そうあることではなかったのだ。

「彼は思った以上にわたしよりもずっとあくの強い連中の一人だったね」と、思い起こすキーオンはちょっぴりおどけてみせる。「イェンスにはよく『たまにふっと笑ってみせたりするなんてことはないのか?』って言ってみたりしたんだが、あいつは、うん、おれ、試合に備えてるんだけど、みたいな顔をしてこっちを見るんだ。いいプレーをするのにふさわしい精神状態が必要だったんだな、あいつはものすごく集中してたよ。練習はめちゃくちゃハードにする。スーパーフィットだ。勝ち組だね。どえらくできるキーパーだったよ。年末が近づいた頃にはやっと少々緩めてやったけどね」

ヴィエラはそれこそ、アーセナルのウィニングスピリットという文脈で「掛け金を釣り上げる男」としてレーマンを評価していた。「イェンスはときに悪夢だったたね」と彼は笑う。「悪夢なんだが、何かを運んでくる。我々のウィニングメンタリティーがここだとして「手を自分の頭の上に置く」、イェンスが来るとここになる「手を高く伸ばす」。本当なんだから! イェンスは練習で全員と個々に言い争いをした。もっと集中しろ、もっと励むんだ、勝ちたいんだろ、って。彼と一緒のチームにいて、よし、今日は自分なりにやろうかな、なんて言ったら、ノーだ！　イェンスは70パーセントや80パーセントのプレーヤーなんて認めない。１００パーセントを要求する。イェンスはウィニングメンタリティーという観点で我々を別次元にもっていった。いつも不機嫌で、いつも文句たらたら、でもいいヤツだったよ」

レーマン自身は、ある日練習でティエリー・アンリを怒らせたことを覚えている。同じチームにいて、キーパーはゴールスコアラーが目いっぱいやっていないと思った。「ティエリーがちんたらやってたんでそう言ってやったんだ」とレーマンの回想。「二度も三度もこっちが言うもんだから、あいつは腐って英語とフランス語で叫び返してきた。でも結局は、他のみんなも見てわかってると思うんだよね。まずいぞ、走らなきゃ、だって今みんながおれのリアクションを見てるんだから、って。ちょっとしたお遊び気分てこともないじゃないが、練習試合だって勝つためにやるのが当たり前だろ。そこにいる誰もが勝つために練習してるんだ。遊びじゃないんだし、終わってから何があるかというと、美味いコーヒーと昼寝だ。練習は集中して勝つためにやるもんなんだ。練習は常に大事なんだよ」

アンリは、この強いドイツ流メンタリティーが強力な新しい成分になったことに同意する。「イェンスはアーセナルにやってきてすぐに理解したんだね。ぼくらの仲間になるんなら、なおのこと、ぼくらみたいにならなきゃって。彼の負けだったこともあるし、そうじゃないこともあったけど、いつもそれはチームによかれと思ってだった。そして、いつも誰彼なしに嚙みついた。勝ちたいんだろ、って。それこそチームの美学だと思ったね。パス&ムーヴだけじゃない、ゴールやプレースタイルだけじゃない、いつもぼくらはお互いが今どこにいるかってのを知らしめるようにしていた。誰かがラインを踏み外したら、他のみんながそれを教えてやってたってことなんだよ」

２００３年の夏は、レーマンの到来のみならず、コロ・トゥーレをプレシーズンにセンターバックで試してみたりするなど、ヴェンゲルにディフェンスの再構築を促したという意味でも意義深い時間だった。一方で、アーセナルはヴィエラ、ピレス、ベルカンプを説得して契約の再交渉に向かわせた。かけがえのないプレーヤーを手放すまいとする悶着の種に気を遣いながらも、アーセナルはそれまでほどには無防備でなくなっていた。なぜなら、そこに大胆なほどの野心があり、それでいて古き良き家族的クラブの温かさを取り戻していたからだ。長年のファンで構成された委員会に支えられて、そこには確かに、ハイベリーの可能性の何たるかがあった。海外の投資家がポートフォーリオの一部として所有するクラブの近代的スタジアムで、それを再構築することなどできるわけがない。２００３年のアーセナルには、抜きんでた才能の持ち主たちに、家として、快適で、満ち足り、また刺激されながら、ここにずっといたいと思わせる環境があった。彼らはアーセナルスタイルを受け入れた。そこには最低限の競争と強制力の元にデザインされたチームにふさわしい約束された成功があってこそ、彼らの心を強くとらえていたのだった。

同シーズン、スターティングイレヴンとして最も多く試合でプレーしたコアチームを眺めてみてわかることがある（表1）。年齢のブレンド具合に注目しよう。大半が20代半ば周辺で、ベテランが約2名。入団年度を見ると7名が少なくとも3年を経過し、アーセナルカラーでの

表1　2003–04シーズンの主力イレヴン

選手	年齢	入団年度
イェンス・レーマン	33	2003
ラウレン	23	2000
コロ・トゥーレ	22	2002
ソル・キャンベル	26	2001
アシュリー・コール	22	1999★
フレディー・リュングベリ	26	1998
パトリック・ヴィエラ	27	1996
ジウベルト・シウヴァ	26	2002
ロベール・ピレス	29	2000
デニス・ベルカンプ	34	1995
ティエリー・アンリ	26	1999

★コールはデビュー時、アーセナル付き学生身分で在籍。

勝利に欠かせない安定性、ノウハウ、経験のほどがわかるだろう。ジウベルトとレーマンのみ、アーセナルでトロフィーを勝ち取っていないが、二人とも海外で栄冠に輝いている。

アーセナルは「無敗のシーズン」へたくましく船出した。ハイベリーでのエヴァートン戦、ソル・キャンベルの早期退場もあった開幕戦の震えもものかは、力強く踏みとどまった。続く、アウェイのミドゥルズブラ戦では弾けるようなフットボールを見せつけた。まぶしい晴天の下、ブラジルの有名なイエローに敬意を表するかのようなシャツを身に着けて、中盤を駆け上がったジウベルトが、4得点のうち一つを、ほれぼれとするようなフィニッシュで決めた。一群のアーセナルプレーヤーがボックス内に殺到し、複数のゴールスコアラーがプロバイダーの狙いを引き受けるのが、アーセナルの伝統だった。敵方にとっては眩暈《めまい》がするような、意気阻喪《そそう》させられかねないスタイルだ。スピードに乗った攻撃、その数こそ、アーセナルじるしの動きである。

ジウベルトにとって、それは格別に思われた。違いを感じていた。「強くなったのは前のシーズンあってこそだった。それはとても残念ではあった。起きたことに思いを凝らすのは辛かった。どうしたら、そんな風にシーズンをうっちゃってしまえたんだろうか。我々のチームにはこんなにもすばらしいプレーヤーがいたというのに。失意が翌シーズンの我々をこんなにも強くした。すべてが嚙み合い、チームは勝ち続けた。ピッチに誰がいようとおかまいなく」

第4章 アドリブ

パトリック・ヴィエラはときに思い出す。アーセン・ヴェンゲルがトレーニングに参加したとある日の出来事。それは、目撃した者すべての者の胸の内に焼き付いている。監督がテスト生ごときになぎ倒された瞬間ゆえに。アイヴォリー・コーストからやってきたコロ・トゥーレという若者だった。その時点ですでにティエリー・アンリやデニス・ベルカンプに目くじらを立てさせていた。周囲のプレーヤーも、明らかに意図してアーセナルのトッププレーヤーにむしゃぶりついていくこの小僧に信じられない思いだった。それでもまさかヴェンゲルが次なる犠牲者になるとは思わなかった。「テスト生の身分で生き残りに必死だった。目に入るものは片っ端からぶっ壊してやるつもりだった」とトゥーレは言う。「ボールが外に出て、ミスター・ヴェンゲルがそれを取りに行こうとした。気が逸《はや》った。自分が必死だってことを何とか見せつけたかった。で、そのまま走り続けてミスター・ヴェンゲルにドカンとタックルを浴びせてしまったんだ」。苦痛にあえぐボスに、他のプレーヤーは思わず噴き出した。我に返って愕然とするトゥーレ。なんてことだ、熱くなりすぎてチャンスを棒に振ってしまったのか？ レイ・パーラーはアイスパックを足首に当てているヴェンゲルを見てトゥーレを気の毒に思い、わざとじゃないとかばった。「わかってるさ」とヴェンゲルは返事した。「みどころがある。明日契約しよう」

フレキシビリティーはシーズンを通して集団を束ねる際のキモだ。どんなプランを立てようとも、いつ予期せぬ問題が生じて迅速な措置を要求されないとも限らない。やりくりと修繕能力を駆使し、想像力を働かせ、リスクを負うのは、監督たる資質の一部。故障、レッドカード、出場停止など、予期せぬセットバックはいついかなる時に廻って来るやも知れぬ。不変の難問に立ち向かうのはもはや日常業務なのである。

リアクションと再編の手腕はシーズン初戦、ホーム・対エヴァートンから必要とされることになった。キックオフからわずか25分後、ソル・キャンベルが退場処分を食らったのだ。ヴェンゲルはストライカーのシルヴァン・ヴィルトールを引っ込め、バック4にマーティン・キーオンを投入した。数分と経たない間に10人のアーセナルは先制点を奪い、1時間後にはリードを2−0と広げていた。

「カ〜ッとなっちゃってね」とキャンベル。「退場なんてうんざりだ。それでペースを上げなきゃいけなくなった。他の誰かが退場になったときは、おれならこう言う。『ようし、一人分埋めなきゃな、さあがんがん走るぞ』って。チームに活《かつ》が入るんだ。メンタリティーさえしっかりしてたら、チームはがっちりまとまってよりタフになる」

1か月後、バトル・オヴ・オールド・トラッフォードの因果は、チーム力とやりくりの点で重大な問題を浮き彫りにした。同じ頃、故障に悩まされていた一連のキープレーヤーの存在も事態を危うくする。ラウレンが膝の損傷で数週間使えないことになった。手当の選択肢は二つ。思い切って若手を抜擢してみるか、あるいは、コロ・トゥーレを中央から右にスイッチしてより経験豊富なセンターバックをもってくるか。後者の場合、バックラインの変更が二人になってしまうが、ノウハウ的には心強い。ヴェンゲルは後者を選んだ。

悶着の種は他にもあった。狂乱のマンチェスターにてパトリック・ヴィエラが太ももに肉離れを起こし、6週間前後戦列を離れることになっていた。デニス・ベルカンプの飛行機恐怖症は相変わらず、ヨーロッパのアウェイ戦での頭痛の種だ。チーム再編とより広範な戦力の活用は、およそ終わりのない課題にも思われた。ヴェンゲル言うところの「内部解決」はもはや不変のチャレンジと化していた。

暗黙のヒエラルキーがあるとき、グループ結束の必要性は増すばかりになる。みんなわかっている。フィットネス次第だがプレーするのは主力、それ以外は集中力と鋭さを維持し、いざめぐってくる出場のチャンスに備えるのだ。

「彼らのおかげだったね。それがあのときのチームの強みだったんだ」とベルカンプは言う。「11人だけじゃなかった。12人とか14人じゃなかった。18人から20人の、若手プレーヤー、これからのプレーヤー、経験豊富なプレーヤーの、すばらしいミックスだった。満たされない連中はいつだっている。ならば、チームの使命とは彼らを引き入れ、全員が常に集中しているよう要求することだ。わたしが言いたいのは、これはヴェンゲルも口にしたことだが、誰でも強力なイレヴンを揃えることはできるが、すべては12人から16人のプレーヤーにかかっているということだ。無論、彼らが十分に強いという前提でね。シーズン中は決まって故障者が出る。それでチームが弱くなってしまうとしたら、サブをもってくるか、さもなくば別の何かを、ってことになるよね？　我々はツイていた。ベンチにいいプレーヤーがいたんだから」

気力充実、集中したチームを維持するというのは、監督にとってもプレーヤー自身にとってもトリッキーだ。ラウレンは、いろいろな個性がハイレベルな集合的モチベーションと責任感で互いに火花をちらし合っている様子に感銘を受けた。「まさしく」と彼はきっぱりと言う。「ベンチにいるプレーヤーでさえ、同じ信念とメンタリティーを持っていたんだから。そこが肝心な点でね。ときには、デニス・ベルカンプやソル・キャンベルが不在のこともあった。でも、ベンチの誰かがいつでもこい、ちゃんとやってみせるぜ、って感じだった。そこんところの違いはでかかったね」

レイ・パーラーが強調するのは、自分が望んでいたよりもずっと低く見られていた者たちが、報われない扱われ方をすることにどう対処していたかだ。「アーセン・ヴェンゲルの胸一つ、彼がチームのメンバーを決める。それでチョン。我々はそれを受け入れるだけだった。誰それはプレーすべきだった、誰それはプレーすべきじゃなかった、とかの不平はなし。一切なかった。フットボールじゃそれが当たり前なのさ。ま、考えるやつはいるさ、おい、先週ひどいプレーをしたやつがどうしてまたチームに入れるんだ、おれはいいプレーしたのにさ、とかね。

ま、裏じゃそういうこともあったろうよ。でも、そういうのを練習で見かけたことは一度もなかった。チームスピリットこそが何よりも重要なんであって、なぜならぼくらは全員同じ船に乗ってるんだから。毎日顔を合わせる仲で、チームスピリットなんて知るかってやつがいたとしたら、そいつにチャンスなんて廻っちゃこないのさ」

チームの主力――真っ先に選ばれてしかるべき実績ゆえにレギュラーに居座るイレヴン――から外れた9名のプレーヤーは、出場機会せいぜい10回そこそこで、2004年のプレミアリーグ優勝メダルを手にしたのである。最年長の古株マーティン・キーオン、リザーヴCBパスカル・シガン、若いガエル・クリシーがディフェンスのカバー役を担い、中盤ではエドゥーとレイ・パーラーが貢献度抜群でおそろしく頼りになる存在となっていた。そして、アーセナル時代がそろそろ終焉に近づいていた二人の経験豊富なアタッカー、ヌワンコ・カヌーにシルヴァン・ヴィルトール、さらには若き希望の星、ジェレミー・アリアディエールと1月に鳴り物入りでやってきたホセ・アントニオ・レジェス。

ヴィエラは、ヴェンゲルの包括的空気を創り上げる手腕に舌を巻く。出番のないプレーヤーたちは常に臨戦態勢になければならなかった。「監督は彼らに他の誰それと同じように必要とされている意識を持たせなければならない」と彼は強調する。「どうやって？　連中により関心を向けて見せるんだよ。数年前からアーセナルを知っている人なら誰と誰がファーストイレヴンに入るのかなんて自明の理だったろう。当然、ベンチのプレーヤーたちだってそれがわかってた。その点、アーセンは実に上手くさばいたんだね。プレーヤーたちもしかりで、プレーしている連中も全員がチームのパーツなんだという意識を示した。気遣いを見せるというやり方でね」

ヴィエラは特にエドゥーとの関係を引き合いに出す。エドゥーは、状況に応じて彼かジウベルトのいずれかが外されるポジションにいた。「エドゥーとは本当に仲が良くてね。彼はそう頻繁にはプレーしなかった。よく二人で何やかやと話し合ったものだが、おれとお前の立ち位置は違うんだなんて様子を見せたことは一切なかった。アーセンが買ってくるプレーヤーは粒よりのタレント揃いだけど、ふさわしい人材でもあったんだ。さて、隣に座ってる男をどう扱ったらいいものか。それこそがアーセンにとっての最重要項目だった。いいやつにはなれても、そのためにはドレッシングルームの空気にフィットしないとね。おかげで、うちには出番がないからといって文句を言うようなプレーヤーは一人もいなかった。その手の問題が一度も起きなかったのは、うちのドレッシングルームにはいいやつ、賢い男たちばかりだったからなんだね」

エドゥーは、ちょくちょくゲームに出られなかったことが腹に据えかねるものだったとはいえ、彼とジウベルトなしに「インヴィンシブルズ」は成し得なかったという理屈をじっと噛みしめ、「その通りさ！」とほくそ笑む。

フィットネス十分なのにスタメンを保証されない、それでやる気と集中力を維持するのはしんどかったんじゃ？

「何よりも、自分と同じポジションでプレーするやつに敬意を払わなきゃね」と彼は言う。「決めるのはアーセン・ヴェンゲルなんだし、チームには優れたプレーヤーがわんさかいる。もちろん、誰だってできる限り多く試合には出たい。わかりきったことさ。ぼくに言わせてもらえば、あの頃の一番の違いってやつは、お互いへの敬意、全員がクラブのためにとガチンコになってたってことだ。アーセン・ヴェンゲルって人は、あまりプレーする機会がないプレーヤーにどう話しかけて世話を焼いたらいいか、よくわかってた。全員がハッピーでいられるようにする。一人ひとりを人間として扱う。彼のプレーヤーの面倒を見るやり方ってのは、人生ぐるみなんだね。フットボーラーだって人間だ。感情を持ってる。辛いことも楽しいこともある。みんなの目線を同じ方向に向けさせるためには、個々のプレーヤーに何が起きてるのかを理解しなきゃいけない。彼はわかってる。誰かが怒鳴り散らして愚痴を言うってのは、ぼくら全体に問題があるんだってことをね。いつもプレーヤーに目をかける彼のやり方ってのは、すばらしかったよ」

2003—04シーズンのエドゥーは、監督期待の星だった。ヴェンゲルは彼がすばらしく洗練された才能の持ち主だとわかっていた。世が世なら、彼は易々とファーストチョイスの一員資格を保証されていただろうし、たぶん「次のベスト」になっていただろう。入団当初、彼は大変な苦痛を強いられた。偽造パスポート問題だった。某エージェントに手渡された無効書類のせいで、合法な身分であるにもかかわらず、ヒースロウで入国をはねつけられたのだ。新しいパスポートが発行されるまでには6か月を要したが、その間、故郷では痛ましい事件が起きていた。家族が銃で武装した強盗に襲われ、その災難が癒される間もなく、エドゥーの姉、ファブリシアが交通事故で亡くなったのである。やっとのことでヒースロウにたどり着いたものの、彼の心はとてもフットボールをプレーするどころの状態になかった。初出場のゲームでは、開始20分、ハムストリングを傷めてピッチを去った。一連の故障の始まりだった。「着いた頃のぼくは有り余るほどの問題を抱えていた。頭の中は何もかもがボロボロだったんだ」と彼は言う。

しかし、そこから彼は努力と運で立ち直っていく。「ぼくは常に成功に飢えていた。自分に言い聞かせ続けたよ、負けちゃだめだ、って」

生々しい記憶がよみがえる。アーセナルのシャツに身を包んだ、この、颯爽たるエレガントなミッドフィールダーが、ボックス内に侵入してゴールを叩き込んだ、あのサン・シーロの記憶。11月の末だったっけ。同大会における極め付きに並外れた成果の一つとして刻み込まれる仕事だった。エドゥーはシャツを脱ぎ捨てると、歓喜の上半身裸で遠来のサポーターたちの中に飛び込んだものだった。それほど大したことじゃない？　褒《ほ》められたことでもないって？それは違う。

あの試合はすばらしきカンフル剤だった。インテル1、アーセナル5。幾重もの意義があった。ヨーロッパを震撼させたスコアラインだった。ハイベリーで同じ相手に0－3と痛めつけられた赤っ恥を晴らす、ふてぶてしいまでのチーム力を見せつけ、絶望的に見えたチャンピオンズリーグの使命に活が入ったことを証明するものだった。アーセナルの希望に奇跡をもたらした。その夜出場不能だったティエリー・アンリに、世界で最も優れたプレーヤーの一人として、広く観衆に宣言する猶予を与えた。いや、スターを〝展示〟するのと等しく重要だったのは、アーセナルの層の厚さを最大限に見せつけたことだった。

ラウレンの不在でディフェンスは再編され、トゥーレがライトバックに動いてシガンがセンターに入った。ヴィエラとジウベルト（ベンチでサブ要員）がいなくても、エドゥーとレイ・

パーラーが中盤の心臓部ですばらしきコンビネーションを見せた。ベルカンプ抜きでも、カヌーが登場してアンリのサポートに就き、若いアリアディエールがベンチから出てきてラストゴールを生み出した。

同夜のキャプテンを務めたパーラーは、責任の重さを感じていたことを思い出す。「中盤センターがおれとエドゥーだってさ！　信じられないパフォーマンスだったね。そう、多分おれが関わった中で最高のパフォーマンスの一つだった。しかも、スキッパー（キャプテン）だったんだぜ。体調が戻ったパトリックにそのアームバンドを取り戻されたときは信じられなかったよ」と彼はにんまりする。

アンリはチームのエッセンスが発揮されたと感じていた。「人はいつもアーセナルの疑わしき（人材）を語りたがる。レイ・パーラーやエドゥーは必要な人材なんだ。わかってる、そういう名前はめったに人の口に上らない。でも、あの夜のパスカル・シガンはいいプレーをしたじゃないか」と強調する。「疑わしきはいて当然なのさ。でも、うちはいいチームだった。いつもいつも二人、三人、四人、六人、七人とかにかかってるってわけじゃない。25人が競り合いながら勝ちに行ってこそだ。それがあのシーズンにぼくらがやったことなんだよ」

『ガゼッタ・デッロ・スポルト』はインテルの悪夢について、エドヴァルド・ムンクの『叫び』を掲載して彼らなりのゲーム評価に走った。イタリア人がとりわけ呆れ驚いたのは、彼我のチーム間に感じられた鋭利な精神力の違いだったようだ。インテルは慈善家の〝あしながおじさん〟マッシモ・モラッティの代になって以来、ざっと3億5000万ポンドを費やし、8年間で監督を10名もすげかえて成功に飢えていた。そのちょうど同じ時間枠で、アーセナルはブルース・リオクを切ってヴェンゲルを招き、使った金額もインテルのそれに比べてほんのわずかだった。

それは、安定性と堅忍不抜のチーム作りの果実をうかがい知るに格好のケーススタディーだった。また、なお興味深いのは、弱点を指摘され続けてきたアーセナルの戦力拡張戦略が、実際には強化に結びついていることだった。戦力層は膨れ上がらず、ヴェンゲルもそれなりにギャンブルせざるを得なかったが、その合理化ゆえに全員が参加している意識を持ち、自分たちの貢献に誇りが持てたのだった。

先のインテル敗戦は後味の悪さを残した。コメディアン／俳優のアラン・デイヴィーズは、アーセナルのスポンサー（当時）『O2』を「0－3」のスコアにちなんでフォトショップで〝修正〟したジョーク画像を、インターネットで見たことを覚えている。「気を利かせたつもりのバカのしわざだ」と彼は顔をしかめる。リアクションはかなり〝感じのいいもの〟を引き連れてきた。リュングベリはこの逆境について皆が結束した成り行きが嬉しかった。「大切なことだよね。不信感を受けたときこそ、一つになって自分たちが何かってことを見せるってことは」と彼は言う。「ずっとハッピーなままだと、本当のチームメイトがわからなくなってしまう。そうやってチームは溶けあっていくんだし、インテルに3－0で負けてなかったら、多分こんなことは起こらなかったかもしれない。ぼくらは壁を背にしているときだって常にベストのフットボールをする。紛れもなく特別なスピリットがある、お互いへの信頼があるんだ。跳ね返してやるって最高だよね」

同夜のチームにはすばらしい雰囲気があった。結果として、ゴールの嵐がインテルを見舞い、アーセナルのプレーヤーはピッチで笑い弾けたほど、途方もないレベルで楽しんでいた。まるで恋人同士のように抱き合っていた。シーズンのその時点までずっと抱え込んできたプレッシャーから解放されたように見えた。

引き上げたドレッシングルームにて、この至福の後味に浸ってはしゃいでいる彼らに、イェンス・レーマンはしばしの静謐《せいひつ》を求めている。心からの言葉をかけたかった。入団当時の彼は、新加入者に課されるのが常の挨拶スピーチをなんとか免れ、さりげない「どうも」の一言で済ませていた。それが、荒れ模様の雨のミラノの夜、駆り立てられるように何か言わなければと思ったのだった。かつて出会ったことのない最高の絆で結ばれたチームを褒めたたえるために。

「ヴェンゲルが何か言おうとした矢先、突然イェンスがひとり、立ち上がったんだよ」とパーラーが振り返る。「こう言ったんだ。『わたしはゴールで見守っていたが、まったくもってすばらしかった。数多くの大試合を経験してきたわたしにとって、今日は最も誇らしい日だと思っている』。ヴェンゲルは笑顔を浮かべてたよ」

レーマンが詳しく補足する。「自己紹介は前にやった。けど、いい加減だったんでね。で、あのゲームの後で『いいかな、ちょっとスピーチをしても』とやって、自分が体験した中でかつてないハイレベルの、すばらしい仲間意識とチームスピリットのことを口にした。シャルケ時代にも似たような経験はあったが、ここのプレーヤーたちほどじゃなかった。ここにいるのは別格の、ワールドクラスのプレーヤーたちだった。それでいて、仲間意識もチームスピリットも信じられないくらいすばらしかった。そう思った、1週間後じゃなく、5か月経ってからね」

サン・シーロを後にするプレーヤーたちのボディーランゲージは人目を引いた。満面に笑顔をまとい、まるで、うんざりな厄介ごとを一笑に付し、ヨーロッパ・ノイローゼの解毒剤を見つけたかのようだった。彼らは大きく見えた。ピレスは言う。「サン・シーロで『インテル1―アーセナル5』を目撃した人々は『うへー、やばいぜアーセナルは』と言った。あの日、個人的意見だが、ぼくらはヨーロッパに足跡を残したんだよ」

エドゥーには、同試合の感じ方をまとめるに当たって一言で事足りる。「美しい」

アンリはミラノの噂の的だった。彼にはイタリアの地で天賦の才を垣間見せた瞬間があり、ユヴェントスで若手だった頃は常にスリルを巻き起こす存在だった。その期間は、デイヴィッド・ディーンが首尾よく、ユーヴェの担当役ロベルト・ベッテガとの交渉を仕掛けて、アーセナル史上有数の意義深い契約を取り付けたとき、短命に終わった。

ユーヴェでは、アンリも初シーズンから順調に進歩していたとはいえ、ヴェンゲルがアーセナルで築きつつあったシーンへの遠大なる憧れは、ひとしきり彼の心をとらえていた。あのフランス98――故国がワールドカップを制覇した黄金の夏の期間中、いや、彼がモナコを去ってユヴェントスに加わる以前から、彼はアーセナルを熱く語り、ヴィエラ、プティ、アネルカに、もちろんヴェンゲルも含めたフレンチパワーで花開こうとしていたチームでプレーする願望をほのめかせていた。アンリはユヴェントスで不遇だったわけではない。とりたてて出口を探していたわけでもない。だが、その機会が目の前に差し出されたとき、彼は飛びついた。

仮に、ユヴェントスがもっとしっかりしていたら、彼はセリエAに居残っただろうか。わからない。ただ、ごく自然に考えれば、わずかながらでも毛色の違うキャリアの道を歩むことにはなったかもしれない。もしも、10代の彼をモナコでデビューさせた監督、ヴェンゲルのもとに帰ることがなかったとしたら。

アンリはオーソドックスなウィンガーのままだったろうか。スピードと技巧を武器に、クラブでも代表でも左フランクを担当するプレーヤーとして、フットボール人生が終わる日まで？　かもしれない。ただし、22歳のアンリをセンターフォワードとして再プログラミングしたヴェンゲルの〝仲裁〟が、あっと驚く成功を収めたことだけは確かである。

インテル戦の流れを変えたそのゴールは、彼の技を定義し直すにふさわしい典型的一例だった。ゴール創造の際の本能的嗅覚と際立ったフィニッシュで、彼の右に出る者はいないだろうという意味で。キャッチフレーズの〝ヴァ・ヴァ・ヴーム〟は、アフターバーナーにスイッチオンする彼のセンスにちなんだものだが、キモはハイスピードを維持したままのクリーンなボール制御《コントロール》と技巧《クラフト》だった。しかも、達人級の選択肢を取り、ボールを持ちながら敵の誰よりも速く動いてアドリブを決める落ち着きがあった。

インテルナツィオナーレ　1−5　アーセナル　２００３年11月25日

誰一人として次に起こることを予期していなかった。たとえアンリの抜きんでた資質がもはや秘密でも何でもないとしたところで――。インテルのコーナーからの、いささか滑稽なペナルティーアピールだった。クリアしようとするソル・キャンベルと地面に崩れ落ちたマルコ・マテラッツィ。アンリはベストの動きを見せた。赤いブーツで自陣で拾ったボールに9秒間で7度タッチ。2度のタッチで相手ボックス内に運び込み、フェイント一つでマーカーのハヴィエル・サネッティをはぐらかし、タップ3本でアルゼンチン人を一瞬でかわすと、一気に左足でファーコーナーに叩き込んだ。２００３年の40得点目だった。逆エンドではレーマンが、おそらくはペナルティー欲しさに見せかけの威信を示すかのようにいまだのたくっているマテラッツィを見下ろしていた。「見るがいい」。ドイツ人は叫んだ。「ゴールが決まったぞ。これで3－1だ」（『オブザーヴァー』紙）

至高のセンターフォワードを創り出したヴェンゲルの再生術は、ヴェンゲル流アドリブのもう一つの完璧な一例だった。プレーヤーをボックス内に置きたくないという意味での、その柔軟性は、彼のアーセナル人生が初期の段階から幾度となく報われてきた一つの強みだった。その、プレーヤーの新生面を導き出す能力は、本人が最もふさわしいと思っている以上の実りある役割を、ほぼ第六感で目覚めさせるものだった。自身ミッドフィールダーを任じているプレーヤーに、ヴェンゲルはディフェンダーの素質を見出す。自分はウィンガーだと思っているプレーヤーに、ヴェンゲルはストライカーの資質を見出す。インヴィンシブルズの主要イレヴンのうち4人が、ヴェンゲルによって驚くべきポジション替えの恩恵を受けている。アンリ、ラウレン（入団当時はミッドフィールダー）、トゥーレ（もう一人のミッドフィールダー）、リュングベリ（元は中盤センターのプレーメイカー）。

1999年8月の契約して間もない頃、アンリはストライカーの思考様式をどうやって再発見すべきなのかと口にした。若い頃は中央でプレーしていたが、デビュー以来ほぼプロキャリアを通してワイドを受け持ってきた彼にとって、ゴールを決めるという考え方には馴染みがなかったのだ。事実、名だたる捕食性のストライカーたちでさえ、ゴールを決めるためには、執着とさほど遠くない何かが必要だと認めている。「ゴールスコアラーの本能を再発見する必要がある」と彼は言っていた。「ゴール前での無意識のリアクションがね」

それは容易《たやす》い課題ではなかった。自己疑念もしくは自意識は、そのプロセスのごく自然な一部だ。ヴェンゲルは確信していた。アンリのようなとびきりの生徒なら立派に卒業できる。

「自分の力を疑らないことだね」とアンリは言う。「ボスがもう一度ストライカーとしてプレーさせたがっている段階にいたときは、自問した。おい待てよ、おれは代表チームの一員だ、ウィンガーとしてワールドカップを勝ち取ったんだぞ、ストライカーになるために勉強し直すなんて時間の無駄じゃないのか？　そんなこんなで苛立っていた。誰の役にも立たないんじゃないかって思った。そんな力があるって忘れていた。ゴールのことなんか忘れていた。ウィンガーをやるときはゲームアシストを心がけてレフトバックを助ける必要がある、ゴールゲットは仕事じゃない。若かった頃のキラーインスティンクト（ゴール嗅覚）なんて跡形もない。ぼくは学ばなければならなかった。その、つまり、殺すことをね」

ヴィエラは、アンリがいかに集中して練習に取り組み、ヴェンゲルがいかにその適合力を強く信じていたかを振り返る。「すべてはアーセンのおかげだ。なぜって、ティエリーはいつも左サイドのプレーを愛していたし、それで成長してきたんだから。アーセナルにやってきてからの最初のいくつかのゲームや、練習セッションでも、彼は何度もチャンスをミスしてしまっていた」と彼は言う。「ぼくらはそれをあざ笑っていた。でも彼の名誉のために言っておく。あいつが、練習グラウンドでゴール前の練習に取り組んでいた時間の量のためにもね。ナンバー9のポジションに適合するためには、ここでどう走ればいいのか、ゴールを背にしたときはどうプレーすべきなのか――あいつは本当に頑張っていた。だからわたしはちっとも驚かない。その後にあいつが決めたゴールの数にね」

フランスのジュニア代表時代からともにプレーし、ともに98年のワールドカップでレ・ブルー（フランスA代表）の一員に昇格して、アンリをよく知るキャプテンは、親友の適応を手助けする責任感を感じていた。「仲が良かった。できるやつだってこともわかってた。でも、ここまでのレベルに到達するとはわからなかったけどね。アーセナルであいつが到達したレベルは信じられなかった。最高の時代だったんだ」

アーセナルは、アンリが花開こうと意欲を感じる環境を与えたのである。サポートし、しかしまた、ひとたび彼が飛翔し始めるや、崇《あが》めた。ヴィエラは精神的な栄養状態が全体像の大きな要因だと確信している。「あれでけっこう繊細な男なんだ。愛情に飢えていた。アーセナルであいつは愛を得た。それがよかったんだと思う。自分がぼくらにとって大切な存在だってわかっていてその通りに振る舞ったし、プレーヤー全員もあいつがクラブと自分たちにとって大切だってことを示した。あいつはそれを気に入っていた。そういう責任感ってやつが好きだった。我々がみんなあいつを愛しているってわかってて、だからこそ試合に出てパフォームし、プレーした。ティエリーは本当にハッピーだった」

それをベルカンプが引き継ぐ。「お世辞を言われるのが好きだったって思うね、うん、間違いなく。ティエリーは批判を受けるのが嫌なんだと思う。ときどき新聞社に電話していたもの。そんなことするなんて信じられないって思ってた。でもあいつはそりゃマジだった。誰かが何かを言うと――ぼくなら放っておくんだけどね、1週間もしないうちに消えるから――あいつは電話をして言うんだ。『いいか、おれはこう思う、これがおれの意見だ』って。強い口調でね。もちろん、お世辞だって必要だった。そんなこともいつの間にか忘れてしまっているのは、あいつがそれだけすごいってことだ」

メインマンとして認められていることを糧《かて》にしていた？

「ああ、喜んでたね、もちろん」とベルカンプ。「ある意味、ある時点では、その役回りにふさわしかったから。あそこじゃ、みんながあいつにその役割を期待してたしね。多分、その前はぼくがメインマンだった。彼が来てからは彼がメインマンになった。すごいことだと思ったね。それがよかった。あいつをおだてて手を貸したらそれであいつはもっとよくなるんだから。しかも、あいつがおだて返してきて、ぼくや他のプレーヤーにも投げてよこす。インタヴューのたびに他の誰それのことを口にする。今日だったらバック4がすばらしかったとか、デニスからのパスがすごかったとか。スポットライトを浴びたら、それを受け止める、その価値はあるんだって。あいつはそれが気に入ってた。それでチームも助けられた」

そのシーズンのリーグで最高のプレーヤーがいることは、コンスタントな安心とインスピレーションの源泉だった。「力になるんだ」とヴィエラが説明する。「いつでもあいつがゲーム（の流れ）を変えてくれるってわかってるから。インヴィンシブルをやったあの年、それが我々の強さだった。ティエリーがゴールを決めてくれる、デニスがそのゴールに結びつくパスを創ってくれるってわかってた。アンリとベルカンプがいれば、きっと何かが起きる。だとしたら、失点しないことが大切になってくる。あの二人が試合に勝たせてくれることがわかってるから。それにサポートもある。ロベール、フレディー、レイ……。たとえ0－1でリードされていても、うちがゴールを決められるってわかってた」

アンリ自身はチームでの自分の役割を真剣にピークととらえていた。彼は、好意や尊敬のみならず、チームの愉快な仲間的メンタリティーの中で自分の仕事を果たす責任感に突き動かされていた。ワン・フォー・オール、オール・フォー・ワン。「するべきことをするのが義務だと思っていた」と彼は言う。「ぼくはストライカーだ。ほとんどの時間、ぼくは動きの最後尾にいるか、他の誰かがゴールするための動きを創ったりする。そういうポジションなんだし、あの連中もそれをぼくに期待しているのがわかってたから。好きだからってだけの話じゃないさ。見ての通り、ぼくらはみんな人間だ。でしょ？　仕事をするのに周りからそういう愛情を感じていれば、ずっといい仕事ができる。それは悪くない。でも、それって自分で持ち込むってわけじゃない。あの連中の目を感じて、自分に何かを期待してるなって感じたら、持ち込まなきゃってなるんだ。ホームのチェルシー戦だろうとアウェイのワトフォード戦だろうと――失礼に聞こえたらごめん――やらなくちゃいけないんだ。

ただ、ぼくだってデニスやパトリックやラウレンやアシュリー・コールやコロ・トゥーレを見ていた。チーム全体をね。右の肩先を見て、よし、あいつは待ってる、左の方を見て、よし、あいつはその気だ、後ろを見て、あの連中は準備ＯＫだな、なんてね。自分の前にいる敵のゴールキーパーとネットを見ながら、そんなことを考える。背後にいる男たちは準備万端。あのチームが、ぼくがフィニッシュできるようにしてくれるというのは、そういう継続性の延長にすぎないってこと」

ソル・キャンベルは、アンリの気性が彼をしてベストたらんと励ませた要因だと感じていた。「ときどき、あいつは怒りっぽくなってね。ひどく繊細なやつなんだ、芸術家みたいに。ある種のピカソみたいなやつだった。それは間違いないね。プレーヤーによっては、毎日肩を組み合う必要があるやつもいれば、一度っきりでいいってのもいる。ティエリーはものすごく感じやすいんだ。でも同時に、強くてすばらしいフットボーラーでもある。彼はあそこで本当に花開いた。仕込まれるのに最適の場所だったんだ」

キーオンは、完成品に発展していくアンリの様子を驚きの目で見ていた。「ティエリー・アンリはつかみどころがなかった」と彼は言う。「言葉通りの意味じゃないよ。最初は、速いし信じられないくらいの才能を感じた。際どい場面ではけっこう雑になって、スタイルってやつがなかったし、リズムもなかった。いわば、非情さでもってゲームにスタイルを作っていた。ただ、そこにはリズムがあって、つまり彼の走り方のことだけど。それがいつの間にか目に心地よくなって、ここという場面でも感じが良くなった。で、最後にすり抜ける。動く詩人みたいに。プレーヤーに分け入ってそこから抜け出すあの様子は、子供の頃みんな遊んだあのやり方だった。でも、それを大人の世界でやるなんて見たことがなかった。まるで、夢を見てるようだったね」

アンリだけがヴェンゲルがプランを施したプレーヤーではなかった。しかし、フレディー・

リュングベリのために練ったヴェンゲルのポジションシフト計画は、深刻な疑問を引っ張り出すことになった。「自分の頭に問いかけたよ、いるべきか否かって」と彼は認める。「アーセンもわかってる。ぼくは中盤センターかナンバー10でやってきた。それで人生を終えるつもりだった。ウィンガーなんてやったこともなかったし、彼もぼくをウィンガーだとみていたなんて万に一つも思ってもみなかった。彼は、そこに行けばもっと自由になれると説明した」

その議論のベースにあったのは、センタープレーヤーに要求される身体能力に関することだった。リュングベリは自らをこびとになぞらえて笑い飛ばし、彼が最も得意とする場所がヴィエラとプティの二大パワーハウスに占領されていることを、ヴェンゲルが気遣ったのではないかと考えた。リュングベリにスペースと時間を与えて潰し役になって欲しかったのだと。「ぼくがセンターでプレーすれば他から潰しがやってくる、それだといいところがロクに出せなくなる、フィジカルがきつすぎるからね。そう諭された。で、ぼくはウィンガーになった」

だが、渋々だった。少なくとも最初の頃は。「途方に暮れた」と認めるリュングベリ。「正直、1年目はそうだったね。自分が何をやってるかさっぱりわからなかった。コーチの職にある人に聞いてみればいい。ぼくの強みは常に戦術的に抜け目がないことであって、どこに誰がいてゲームがどう動くかとか、自分の走るタイミングがどうだとかだよなって。ところが、そのタイミングはセントラルミッドフィールダーのそれであって、なぜならそれがぼくの強みなんだし、ずっとそれでやってきたんだから。ディフェンダーが向かってきたときとか、そういう小さなことやらを見極めたりとか、それにすばしっこいし。ほんと、途方に暮れちゃって、嫌で仕方がなかった。

自分の考える、こうすべきだってプレーもしないままに、1年後の夏、エージェントを呼んでミーティングを持った。『自分が何やってんだか……ぼくはウィンガーなんかじゃないんだけどなぁ』とこぼすと、オファーならいくつかある、どこか他で中盤センターをやらせてもらえるようにしようか、って。でもぼくはそれに乗る気はなかった。腹を決めたんだ、なぜってぼくはアーセナルが好きで、アーセンが好きで、チームメイトが好きなんだから。考えた。とにかくできるかどうかやってみるっきゃない。その夏、態度を改め、文句をやめて学んでみようと決めた。かくて、21歳のぼくはウィンガーになるべく勉強し直すことになった」

その、適応への心の入れ替え方は、ヴェンゲルをして、当時のその進展を「年に一度あるかないかの満足感」と言わせしめた。

リュングベリは都合9年間、クラブで過ごしたが、その終盤になって馴染みのあるポジションに返り咲くチャンスを得ている。彼が中盤センターに戻ったのは、アーセナルがチャンピオンズリーグ決勝へと邁進《まいしん》していった2006年のことだった。「アーセナルでプレーするのがあんなに心地よく感じられたことはなかったね」と彼は白状する。「あそこでのプレーに無条件で憧れていたから」。その感傷のほどは、チームのために何かを犠牲にするかのようなリュングベリの決意と心意気をよく表している。彼はよく認識していた。たとえ、必ずしも自分が一番心地よいと思える道筋ではなかったとしても、自分がチームに欠かせない存在であり、成功の一端を担ってきたことを。そしてヴェンゲルもまた認識していた。リュングベリが機能するに十分な個人的資質を持っていたことを。

ラウレンもまた、修正の余地ありと見られたひとりだった。彼はスペインでのキャリアを通してミッドフィールダーだったが、ヴェンゲルの目には将来のライトバック候補に映った。ポジションの変動をどう感じたかの問いかけに、ラウレンは弾けるように笑い出した。

「ヴェンゲルの頭の中がどうなってるかなんて誰もわからんさ」と彼は言う。「来た当初は右のウィンガーとしてプレーしていた。彼はぼくがライトバックでやれると思ってたんだが、最初ぼくは知らなかった。ある種の進化形というかね。彼はぼくに言った。『ラウレン、わたしは君のことをリー・ディクソンに代わるライトバックでプレーできると思っている』。最初の頃はちょい難しかったな」。新しいポストについて学ばねばならないだけでなく、5－2－3に慣れていたラウレンにとって、当時のアーセナルが敷いていた4－4－2の新システムのこともあったからだ。「システム、チームメイトたち、守備的な視点からの動きを、徐々に理解していった。自分が納得してというわけじゃなくて、自分をそれに合わせるというやり方でね。アーセンは新しいポジションできっとやっていけるはずだって自信を持たせてくれるんだ。ヴェンゲルについて最も重要な点は、お前ならできると信じていること。そうなると予期しているって風にね。監督が君を信じられないようじゃ、何ひとつできやしない」

ラウレンはアーセナルに入団する以前、フットボールに関して新しいことにトライした体験を持っていた。カメルーン生まれで若くしてスペインに移住した彼は、初めて故国の代表に招集されたとき、根源的なチャレンジ精神を強いられることになった。フランス語が話せなかったのだ。ゆえに、初めて会うカメルーンのチームメイトやスタッフ全員とのコミュニケーションに苦労した。彼らはこぞって、このスペインから現れた男が右も左もわからない様子に当惑を隠せなかった。ラウレンはそれに順応し、成長してチームの欠かせないメンバーの一人になった。2000年には、カメルーン代表の一員としてオリンピックとアフリカンカップ・オヴ・ネイションズ（大会最優秀プレーヤー賞受賞）の優勝を勝ち取っている。

同年は、アーセナルでの冒険が始まったこともあって、イベント満載の一年となった。「初めてここにやってきたときはびっくりしたね、すべてがしっかり組織立っていたから」と彼は思い起こす。「スペインを離れて暮らす生活に慣れねばならなかったし、アーセナルみたいな大クラブに入ること自体すごいことだった。練習、食べ物、早い時間に食べる習慣にも、それに言葉や文化とか、何もかもがショックの連続だった。でも同時に、フレンドリーな環境も見つかったし、プロ意識の高い気のいい人々が管理していることもわかった。環境に慣れるためのとか、ビッグクラブでプレーするコツなんかも教わったし」

その辺りに関してとりわけ影響力のあった、二人の新しいディフェンシヴパートナーを彼は指摘する。「ぼくにとって一番重要だったのは、ソル・キャンベルのような人とプレーすることだった。100パーセントのときの彼って信じられなかったよ。誰かがポジションを離れたらスペースをきっちりカバーするし、いつだって居てしかるべき時にそこにいるんだ。それと、当時気に入っていた男がマーティン・キーオン。クラブ外での彼に関する偏見なんかは人それぞれだけど、内じゃよく若手に話しかけてくれる人でね。あれこれとアドバイスをくれる、若手の面倒見がいい男でよく世話になったよ」

その一方で、ラウレンはコロ・トゥーレに同じことをした。「彼が奥さん同伴でアーセナルにやってきた日のことはよく覚えている。クリスマスには彼を家に招待してやってね」とラウレンは振り返る。「話をした。彼にはそれが必要だった。誰かがぼくにそうしてくれたように。

ぼくには他の誰かの世話をする義務感みたいなものがあった。一銭もかからないんだしね」

トゥーレは未知数《ワイルドカード》だった。長年アフリカのフットボールを支持してきたヴェンゲルは、この手付かずの才能の宝庫を叩くことに興味津々だった。例えば、ある友人からカメルーンリーグで将来性豊かな才能を目にしたと聞いたが最後、6か月間、毎月曜日に電話をかけて当人の進歩状況を聞き出してから直接会いに出かけたこともあった。ちなみに、その逸材こそジョージ・ウェアである。

また、ヴェンゲルは、友人がアイヴォリー・コースト（コート・ジヴォワール）で営んでいるフットボールスクールでの発展状況にも注視し続けてきた。その、1970年代のフランスを代表した元フットボーラー、ジャン＝マルク・ギルーは、アビジャンにあるASECミモーサスを切り回し、アフリカのスタンダードでは際立って強力なコーチや施設を提供することによって、最高のプレーヤーをいち早く発掘する達人だった。ヴェンゲルはコロ・トゥーレが17歳の頃から目をつけていたのである。「技術的には同世代に比べて恵まれていないとしても、彼の持つカリスマティックな姿勢には違いがある」と、彼は振り返る。

9人兄弟の6番目に生まれたコロは、14歳でASECに加わる機会を得たが、父親はごく普通の学校に通わせたかった。ギルーにはアイヴォリー・コーストからヨーロッパフットボール界への経路を確立するアイディアがあり、しかし、まだ実例が少ない状況では夢が現実になるチャンスがあると家族を説得するのがむずかしい時代だった。トゥーレ自身はまたとない機会だと察した。

「ぼくはアイヴォリー・コーストいちの幸運な少年の一人だった」と彼は言う。「このアカデミーができた頃、ぼくらにはヨーロッパに行くチャンスがめぐってくる、特にアーセナルとかモナコに、と言われた。プレーヤーはそれぞれ、このうちの一人か二人はミスター・ヴェンゲルが教えるチームのどれかに行けるはずだと知っていた。彼はこのアカデミーの質を知っていたし、アフリカから連れていけるプレーヤーをゲットする重要性をわかっていた。ぼくは自分のチームでベストの一人じゃなかった。自分に起きるとは思ってもいなかった。よくジャージーを送ってきてくれて、ぼくらはそのTシャツが当たるくじを引いたものさ。ぼくも一つ当てて、それはモナコからだった。友達の一人はアーセナルのパトリック・ヴィエラのやつを当てた。ぼくが本当に欲しかったのはそいつだった。

ヴェンゲルがロッテルダムでの大会でぼくらを見に来た。ぼくらは決勝に進んでレアル・マドリードと対戦した。彼がぼくらを見に来ることは知っていたから、皆が皆ベストを尽くそうと頑張った。でも賢いミスター・ヴェンゲルは、プレーヤーの才能だけを見つけようとしてるんじゃないんだ。何か別のものも探している。プロとしてやっていけるプレーヤーを探している。純粋な才能と本当に成功したいかどうかは違う。適応力、欲求、熱意の問題なんだ。才能ならどこでだって見つかるが、そういう資質が大切なんだ。彼は磨いて光るダイヤの原石を欲しがっている」

ドレッシングルームに初めて足を踏み入れたトゥーレはぶっ飛んだ。「ほんと、信じられなかった。びっくり仰天。もうどこにも行くもんかって気になった。よくTVで見ていたプレーヤーたちがすぐそこにいる……彼らのたたずまいに驚くばかりだった。みんないい人たちで控えめだった。気軽に声をかけるのも怖かった。アイヴォリー・コーストじゃ礼儀正しくするのが当たり前なんだ、こんにちは、こんちは、こんにちは。同じ日に三度も四度もこんにちはって言っちゃってた。すばらしい歓迎ぶりだった」

再生の名人ヴェンゲルにしてみれば、何でも言われたことにトライする自由奔放な熱意を持つプレーヤー、トゥーレの固定ポジションを探すのは、ある意味で気晴らしの旅のようなものだった。ある時期、彼はアーセナルのあらゆるアウトフィールドポジションを勧め上げ、ユーティリティープレーヤーとして重宝されたが、最適な役割（がもしあるとすれば）が何なのかは判然としなかった。インヴィンシブル・シーズンの半ば、彼を言い表すぴったりの言葉を探していたヴェンゲルは、トゥーレを「狂犬」と見立てて独りほくそ笑んでいた。

２００３―04のプレシーズン、ヴェンゲルが彼をディフェンス中央で試してみたところ、これが当たりだった。トゥーレ自身も予想だにしていなかった。センターハーフ（センターバック）のキャリアなど頭に浮かんだこともなかった。「ミスター・ヴェンゲルの真骨頂だね。彼ならではの手際というか。見方が違うんだ」とトゥーレは言う。「もちろん、ぼくは何でもこいだった。正直なところ、チャレンジだった。ポジションチェンジは生易しいことじゃないけれど、やってみせるって態度は示さなきゃ。チームのためなんだから」

トゥーレはその役回りに習熟していった。右にラウレン、左にキャンベル、背後にレーマンがいて、前にはヴィエラ。ぞくぞくするようなヴェンゲル手練のチーム構想がそこにあった。組織の妙。一人のプレーヤーを進化させるための最良の状況作り。細かい戦術は二の次だった。プレーヤーたちには自ら考えるために学び、自ら学ぶために考えてほしい。

もう一人のバック４メンバー、アシュリー・コールの成長を見守っていたリー・ディクソンは、それがいかに効果的だったかを目の当たりにした。自身の進歩過程と比べてみても、この自家製の若者がレッスンをこなしていく様子は著しく異なっていた。ディクソン自身、ジョージ・グレアムとアーセン・ヴェンゲルの対照的メソッド双方に教えを受けたことを感謝していた。片や一滴一滴ディフェンス規律の基本を染み込ませ、片やフィールド上の表現の自由をけしかける。

「ジョージは我々を訳知りの戦士に仕立て上げ、目をつぶっていてもプレーできるディフェンスを目指した。アーセンにそれができるかどうかはわからない。いや、無理だったろうね！」とディクソンは声を大にする。「彼のスタイルじゃないから。ゲームのディフェンス面について知り尽くしているってタイプじゃない。練習ピッチで人を追い立てる人じゃない、環境を創り上げるんだ。その完璧な例がアシュリー・コールだ。アーセナルのチームに入った頃のアッシュはまるっきし守備が下手くそでね、それは自分も認めている。ただし、彼には隣に立つトニー・アダムズという最高のコーチがいた。彼を鍛え上げたのはトニーだ。アーセンは一度だって（コールを）コーチしたためしがなかった。だいたい、アーセンはどこがレフトバックの正しいポジションなのかよくわかってないんだからさ！　でも、トニーがわかっていることを彼はわかっている。だから、アッシュをトニーの隣に置いてよく見させるんだ。経験のブレンドはアーセンが自分の仕事をする上での完璧なプラットフォームなんだ。つまり、そこで彼の才能は迸《ほとばし》るってわけ――プレーヤーが可能な限りベストを尽くせる環境を創り上げる才能というやつがね。それと、周囲にいる人々から学び取れる環境を与えること」

教え役はディフェンダーだけではなかった。アタッカーでさえ、有り余るレッスンを分け与えた。トゥーレは、練習で相対した彼らから学び取ったあれやこれやがあったからこそ、バック4は融合し、進化していったことを振り返る。「連日、ぼくらは4人が一つになって練習した」とトゥーレは言う。「4人のディフェンダーに7人のストライカーを立ち向かわせて、何とか対処させてみるんだ。アンリやベルカンプ、ピレスを止めるすべを見つけろ、っていうんだからさ！　ベストのプレーヤーを相手にしてやってるんだから、リーグの他のチームとやるときはずっと楽だった。なにしろ、ベストとやって経験済みなんだから。そうやって鍛えられた。ぼくらは毎日、世界一のアタッキングプレーヤーたちを向こうに回してやってきたんだよ」※

新装バック4、もしくはレーマンを入れたバック5は、2003―04シーズンに誕生した。ジョージ・グレアム時代の伝説を今に伝えるのはマーティン・キーオンただ一人で、そのキーオンもピッチ上に姿を見せる以上に、ガイド、ヘルパーとしての新しい役割が板につき始めていた。当時、彼はすでに37歳。とりわけトゥーレにアドバイスをよこすのを好み、試合中の問題解決に当たってどう頭を使えばいいかを伝授した。

「心に決めていた。いずれ誰かが自分にとって代わる日が来たら、おれがそいつらを手助けしてやるって。邪魔をするつもりはなかった」とキーオンは言う。「理由？　オヤジ（ヴェンゲル）が環境を創り上げて振る舞うカタチを整えていたから、それに従っただけさ。オヤジがおれをガイドし、今度はおれがコロ・トゥーレをガイドしておれの位置を取れるようにする。来たときのあいつは、よく笑うやせっぽちの若者だった。あいつがもう一人のガキ、ギリシアから来たスタティス・タヴラリディスと一対一をやってたことを思い出すよ。上はスタティスが大物になるって考えてたようだったが、コロとやって負けてばかりに苛々しっぱなしだったね。ボスは（コロに）ここにはデカいセンターハーフが何人もいる、フルバック（サイドバック）とかワイドポジションが一番合ってるような気がするって言ってた。けど、2年目の夏に戻ってきたあいつは2倍くらいデカくなって筋肉もついてやがった。思わず、こいつおれの手をマジで貸してやらなくちゃなって思ったね。しょっちゅう、話をした。対戦相手について、あいつのパフォーマンスについて、特にあいつのやったことで何がよかったかについて。そうやってチームでのあいつの役割を理解させるように、ね」

トゥーレ、やせっぽちの子供、狂犬、どこでもプレーできてほぼタダ同然の賭けは、必要欠くべからざるものになった。コロ・トゥーレの進化を見守ることは、ヴェンゲル一流の示唆に富んだ方法論の一実例として目を引くことにもなった。「恵まれたプレーヤーはどこだってプレーできる」とキーオンは言った。「ベルカンプがそうだった。彼が育ったアヤックスシステムでは、誰もが折に触れてあらゆるポジションでプレーすることで総合的にフットボールの理解の幅を広げていく。異なるポジションにプレーヤーをシフトするヴェンゲルの志向と共鳴してるよね。

ヨハン・クライフのことを思い出すよ。その考え方は要するに、誰と誰がベストのイレヴンかってことだろ？　そして、選ぶときは右のウィンガーが二人いたってかまやしない。一人を左ウィングに置けばいいんだし、とにかく11人のベストプレーヤーが揃ってればいい。もう一人の右ウィンガーができて頭のいいやつなら、左ウィングでも仕事ができるんだし。アーセンはそういうことを常に考えてるんだと思う。おれ自身のことを振り返っても、彼は何試合か、ヨーロッパカップ戦でもおれを右ハーフに置いた。その考え方はわかるな。とにかくそこに置いてみたいんだ。一緒に仕事をやってるんだ、そのポジションに適応させてやろうじゃないかっていう、ね。経験豊富なプレーヤーによってじゃなくても、アーセンはそういうことを若いプレーヤーに教えていた。なぜなら、それがこのチームのキャラでもあったんだから。教え合うっていうやつが」

※トゥーレ一家の他のメンバーを磨き上げる展望は一度も実現しなかった。コロの弟、ヤヤは、ちょうどコロが新しいポジション、センターハーフに取り組もうとしていた頃の2003年夏、プレシーズン・トライアルを受けている。しかし、ヤヤにはワークビザが無効だったため、アーセナルのパートナークラブの一つ『KSKベヴェーレン』（ベルギー）にも居つかず、ロンドンに戻るための書類が確定するまで、いっかな進歩も覚束ないで苛々していた。「ヤヤはすばらしいプレーヤーでミスター・ヴェンゲルも認めていた。待っていて欲しがっていた」と兄のトゥーレは振り返る。「弟は思い切ってどこか他へ行くことを決めた。ウクライナに行くという選択はぼくには面白くなかった。自分のそばにいてほしかった。あのとき彼がアーセナルでプレーできていたとしたら、キャリアのスタートはもっと早かっただろうに」ヴェンゲルにしてみれば、大きな魚を逃がしたことになる。

INVINCIBLE

第2部

NOVEMBER 2003–APRIL 2004

第5章

信頼

2013年夏、コンフェデレーション・カップが開催中のブラジルで、アーセナルに縁のある3人のフットボーラーがディナーに出かけた。話は古き良き時代に移り、ジウベルトはかつてのチームメイト、エドゥーとシルヴィーニョを見つめながらふと、彼らの世界で頂点を極めたかに思えたチームの一員として、トンネルの中に立っていたときのことを思い出していた。一続きの屈強なアスリートたち――そのほとんどがミドル級ボクサーの体軀をしている――が、脇で列を成す敵チームの、まるで恐れをぐっとこらえているかのような感覚を共有していた。ちらりと目を交わすだけで、これからともに臨まんとしていることを確かめることができた。「お互いの目をのぞき込んでたよな」とジウベルトは言う。「わかっていた。また一つ、勝利の一日が始まる。どこが相手でも関係なかった。もちろん、そこに不敬の気持ちなどなかったがね。でも、お互いに目を合わせたとき、ぼくらはそのエナジーを感じることができた」。それはまるで電気に打たれたような波動だった。

パトリック・ヴィエラはグループの社交上の幹事になった。彼は好んでディナーの席を用意した。何年も経ってあのインヴィンシブルズ創造を振り返るとき、まったくごく自然に、多くのプレーヤーがヴィエラ主催のディナーパーティーについて口にする。いや、より当を得たその理由は、それら集いの生き生きとした雰囲気に誰もが打たれたからだ。

交流といえば、昔はパブのはしご辺りが相場だった。あるいは賭けの店とかナイトクラブ。ヴィエラのそれは違っていた。彼が夕食メニューをアレンジするのである。あるときはレストランで、またあるときはプレーヤーの自宅で。妻やガールフレンド同伴が普通で、よりリラックスした社交的な場だった。つまり、フットボールとはおよそ無関係に。

「一緒に過ごす機会作りだった」とヴィエラは説明する。「おかげで、我々の大多数が今でもすごくいい友人同士なんだと思う。日中一緒に過ごしてまた夕方に一緒に出掛けるなんてしんどい。それはわかってる。もう沢山だ、って。でも、結びつきを築くのって大切だろ。外食に出かける目的はお互いをより良く知るためなんだ。いつもなら話に出ないことも話題に上がるし、隣に座っている自分と同じシャツを着た男を見てハッと気づくんだ、こいつとは若い頃からずっと人生をともにしてきたんだよな、って。で、そいつがもっと近い存在に思えてくる。ピッチに出たときはそいつが自分の背中を見ているんだ、って。こういうチームの結びつきってすごく大事なんだよ。ディナーじゃほんと、よく笑い合っていたものだ」

通常は自宅にこもりたがるベルカンプも、誘われて合流することがあった。彼はこのグループが異常なほど緊密だと感じた。チーム環境ではうまく付き合うのは当たり前だが、別段好もしく思っているわけではない。ベルカンプはこの気風を「フレンズチーム」と呼んでいた。彼は2003−04シーズンの大晦日にイタリアンレストランに出かけたことを覚えている。エドゥーやジウベルトやヴィエラらが一緒だった。真夜中に階上に上がって新年を祝ったときは、まるで顔見知りにばったり出会ったような運命的なものを感じたという。「ティエリーもそこにいたよ！」

そういうキャラが一緒にくつろぐって、運なんだろうか？

「それがキモだったんだと思う」と彼は言う。「あのチームはピッチの内外でいい関係を持っていた。ピッチの外で、というのはぼくには目新しかったけどね。待ち合わせて、食べに行ったり、自宅を訪ねたりもした。7、8人のプレーヤーとその妻たち。ぼくには初体験の関係だった。一緒にいいフットボールをやって、そこからピッチの外でも関係が育まれる。みんなフットボールが好きで今でもやってる。トレーニング後も居残って特訓をやる。ほんと、面白おかしくね。お互いにいい関係でいて一緒に楽しく……みんな承知の上だった。ピッチの内外で友情を確かめ合う。ただ、本音を言い合えるほどじゃなかったけどね」

至極生産的な空気だった。総体的に彼らは仲間であり、互いに好意を抱き、強い一体感を感じていた。それでいて、彼らは闘争心に取りつかれ、成功に飢えていたがゆえに、ときにかっとなって口論もしたが、それとて進化向上の観点からは現実に歓迎されるべきものだった。誰もが受け入れた。ジョークをかけ合い、集中し、率直にものを言い、互いを、自分たち自身を追い込む、そんな時々を。すべては共同体の善だった。

しかし、そんな誠実さもときに受け入れ難くなってしまうこともあるのでは？　周りにいるのは選り抜きの戦士たちばかりだ。

「ああ、易しくはないときもある」とベルカンプ。「経験豊富なプレーヤーたちだからね。しかも、名のある。ビッグネーム、何人かはね。その何人かは傲慢だ。ネガティヴに働かない限りは、それも良き傲慢だろうが。彼らはある種の代表者だ。意見もある。権威だね。でも、それとてときには受け入れられた。たぶん、ぼくもその役割を演じた。パトリックも演じた。パトリックは傲慢になれる。ぼくだって言いたいことがある。それでも我々は誰でももう一方の側に立って考えることもできる。一つのグループにいれば、そういうことは必ずある。誰にだってエゴはあった。でも、いつ控えるべきかも知っていた。わかった、もういい、君の言う通りにしよう」

それって、チームにいて影響力の点で下に見られていたプレーヤーたちがフットボールについて議論する効果もあると?

「良きマネージャーなら耳を貸す。良きマネージャーならチームに何が起きているのかわかっている。その点、アーセンは頭が切れた、わかっていた。ここには25歳から30歳までの、キャリアのピークにあるプレーヤーがいる、当然わたしは彼らに耳を傾けるし、彼らに言いたいことがあるのはわかっている、さもなくばわたしが黙らせる、とかね。ほとんどの時間、我々の波長はまったく同じでブレはしなかったが、異なる意見が出ることもあった」

創造的テンションのような?

「そう。自信のあるプレーヤー、フットボールについて自信を持って語れるプレーヤーであれば。もしぼくがコロ・トゥーレやソル・キャンベルについてパトリックに話をする場合は、それで話は落ち着く。ただし、同時に我々は同じことについて〝彼ら〟とも話をする。それで何かまずいことになるはずもない」

マーティン・キーオンは、ドレッシングルームでのブレインストーミング集会はフットボール的思考の温床にたとえられると言う。曰く、自称ロンドン・コルニー大学。「自分たちだけでミーティングを持つことはよくあった」と彼は説明する。「監督の登場を待つまでもなく、自分たちの間で起きていることについて話し合わねばと思ったら二、三度ミーティングを持った。徹底的に。あのときのドレッシングルームには、自由にものをいう者、チームを気遣う者らが沢山いたんだ。人は、我々がボスのために仕事をしているとか言うが、ノー、ノー、違う。彼はそういうリーダーシップを奨励するんだ。自習だ。我々がその場にいる、その真っただ中にいるんだ。グループだよ、リーダーなんてごっそりいた。自分たちでミーティングを持つ必要があったら、やるだけさ」

そんな空気を、ソル・キャンベルは、人徳のあるプレーヤーたちの間から最高のものを引き出すために設計されているのだと感じていた。彼は軋轢《あつれき》や真剣な会話の時間が好きだった。もし、チーム内で何か言うべきことがあれば、率直に口にすればいい。それが終息するや否や、全員が共有すべき視点を理解し、見解の一致点を見て比喩的に握手を交わすのである。「かっとなることはあっても、ときには練習グラウンドでそれが鎮まることもあった」とキャンベルは振り返る。「でも、それで普通なんだ。緊張感──正しい緊張感だが──や軋轢があってこそ、成長もあるんだと思う。人として、クラブとして、ただ歌って踊って言うことなし、なんてことじゃ済まされない。そんなんじゃうまくいかない。周りにいるのが誰なのか気が付かなきゃいけない。その人間がタフな試合中にマジで極端に走ったりしたら、それに気が付かなきゃいけない。人を選り分けるんだ、お楽しみでやってるのが誰で、本気で勝つためにいるのが誰かって。

ぼくらは歴史を作りたかった。人はじっとそこで待っていてはくれない、給料をもらえばそれでいいってわけじゃないんだから。一人ひとりに潜在的な敬意と友情があった。すごいことだよ。簡単には手に入らない。繰り返すのも骨が折れる。すべてがとにかく緊密に結びついていた。カネで買えるものじゃない。3年、4年、5年という積み重ねがあって起きることなんだ。クラブにやってくるプレーヤーも去っていくプレーヤーも、みんながそこに投げ込まれて、とんでもないことをしでかしたんだ。並のことじゃない」

トゥーレはそんなシーンを愛した。ピッチ外でのまとまりがピッチ内に同期して融合し、彼が言うところの「ダブルパワー」に昇華する様子を愛した。若手プレーヤーとして集いの場は重要だった。自分もその一員で信頼されていると感じさせてくれた。「ある日はパトリックの自宅で、またある日にはラウレンの家、それからデニスの家という具合に、ぼくらは妻たちを連れて一緒に過ごした。ビッグファミリーだった。ピッチじゃチームメイトを信頼しなければならない。ぼくらはよく、見方を議論するミーティングを開いて、どっちの方向へ舵を取るかを話し合った。みんなで腰を据えて話し合った。誰でも意見を出せる。監督がそれに聴き入っている。最後にはみんなが同じ見方を共有している。すばらしかったよ」

そこでトゥーレは突然、感慨深げになる。彼にとって、いかにフットボールと友情が個人的に絡み合い、収斂《しゅうれん》したかに思いをはせて。母、トゥーレ・エレーヌ・ボノンショは若くして亡くなった。彼がロンドンに来て1年も経たない頃だった。21歳で故郷を遠く離れていた。宗教的理由から、母の遺体はすぐに埋葬され、彼は葬儀にも間に合わなかった。ラウレンはできる限りのサポートを申し出た。「その週はずっと、トレーニンググラウンドで彼に話しかけた。いつも以上に何かしてやりたかった」と彼は思い起こす。

その週末、アーセナルはバーミンガムとの試合があり、トゥーレは控えだった。「ラウレンがぼくに言った。『お前のためにおれがゴールを決めてやる。絶対だ。お前のママのために』。試合が始まって、ラウレンはゴールを決めた。ほんとだ、信じられなかった。彼は空を指さした。ぼくの方にやってきた。心の中でそれを感じた。彼はぼくの男だ。だからこのチームは特別だって言うんだ」。ラウレンもそれをはっきりと記憶している。「ふってわいたようなコーナーだった。デニス・ベルカンプのクロス。まっすぐ彼（トゥーレ）のもとに行った。立場が逆だったら彼もそうしたはずだ。心がそうさせた。でもそれがフットボールなんだ」

＊

フットボール人生の途上ではチームメイトと有り余る時間を過ごす。旅から旅へ——バスに乗って、ときには列車で、飛行機で、アウェイゲームを行き来する。ホテルで一夜を明かす。プレーヤーたちは互いの性癖に慣れなければならない。

ジウベルトはよく、キャスター付きスーツケースに愛用のマンドリンをぶら下げていた。彼にとって、それは絶対に譲れないものだった。彼の行くところ、彼の楽器もついて行った。

ちょっとしたことで結束が強くなるんだ。ブラジル人とはフランス語で話してた。フランス語を話さないデニスやドイツ人選手とは英語を使っていた。それぞれ特別なつながりがあったのさ。ドイツ人のレーマンとは、ホテルのちょっとしたバーで楽しんだよ。ぼくはワインを嗜む程度で、ドイツ人はビール党だよね。ドイツでの試合後、一緒にビールを飲むのはいつも楽しみだったね」

「音楽は大好きなものの一つだ。ぼくらブラジル人とは本当にいいコンビでね、フットボールとサンバを結び付けたりとか。ときどき自分の部屋で演奏したりする。ホテルで夕食後、さらっとね。少しだけだよ、他の邪魔はしたくないから。ぼくの向かい側の部屋にいたティエリーは次の日、朝食の席につくと言ったものさ。『ああ、聞こえてたよ、あんたの演奏、ジャンジャラジャン［とアンリの鼻歌を真似る］』、ブラ～ジル、ブラ～ジル……おかしかったね。

誰にでも独特の色［ここでは「くせ」「性向」の意味］がある。化学だ。それぞれの敬意、文化、個性、プロフィールが結びついて機能する。あの頃はすごいプレーヤーばかりで、みんな国の代表だったけど、アーセナルの代表でもあった。目的は一つ。ベストを尽くしてチームのために勝つ。それればかり考えていた。こういう集合的リスペクトにパワーをもらって、毎試合勝利のために戦う。それがぼくらの日課だった」

レーマンはバスの旅の車中で繰り広げられた思い出深い絵面《えづら》を再現する。彼はベルカンプと一緒に4人掛けのテーブルに就いていて、誰かしらもそこに加わった。「何年も彼と隣り合わせだった。ドイツ人とオランダ人の間には抜き差しならない関係がある。いつもお互いをねちねちからかい合うんだ。国際色豊かなテーブルでね。デニスがいてフレディーがいてジウベルト。年長は二人、わかるね。そばにちょこんと座っている彼に、わたしはいつも『おバカなドイツ野郎』って考えてるんだろうなと思っていた」。レーマンは、彼とベルカンプが『マペット・ショウ』［指人形や着ぐるみの人形のコントヴァラエティー］の、アーセナル版ウォルドーフとスタトラー（いがみ合いながらも、絶妙な間合いでおしゃべりをする年長の男ふたり）にでもなぞらえているようだ。

1967年、セルティックは地元出身のプレーヤーで固めたチームでチャンピオンズカップを勝ち取った。後に『リスボン・ライオンズ』として語り種になる15人のメンバーのうち、一人を除いた全員がグラスゴウのセルティック・パークから半径10マイル以内で生まれた。必然的に彼らの人生経験は総体的によく似たものになっていく。躾け、育つ環境、文化の背景、もちろん訛《なま》りまで、彼らすべてが大なり小なり同じ波長を共有していた。

今、目まぐるしい変化に地平も打ち砕かれ、国際化現象爆裂の二十一世紀フットボールとその現実は、かのリスボン・ライオンズなら呆気にとられるようなドレッシングルームを創り上げている。ここにあるのはいわば、「レッド&ホワイト・キャノン」（＝アーセナル）の旗の下に生まれた連合国だ。インヴィンシブルズは、3つの大陸、10の異なる国家（ヴィエラの生国セネガルを含めれば11になる）を背景に持っている。

表面上、フットボールという連結金具を抜きにすれば、エセックス生まれのパブ経営を夢見る名うてのジョーカー、レイ・パーラーを、マンドリン演奏を愛し、強い社会正義精神を持つラゴア・ダ・プラタ出身の物静かな男、ジウベルトに紹介しようとしても、友情の絆がスパークするとはおよそ期待しにくいだろう。あるいは——今一度、フットボールを等式から外したうえで——スタンダードクラスの教育を受けた意志強固なドイツ人、イェンス・レーマンを、フットボールの夢を追うために学校を中退したアイヴォリーコーストの信心深いコロ・トゥーレに紹介してみればいい。それとも——フットボールはもうこの辺でお忘れを——ジャマイカ人の両親のもとイーストロンドンに生まれた12人兄弟の末っ子で、思慮深く激しい気性を持つソル・キャンベルを、道化のユーモアセンスを持つ、パリ郊外に生まれた反抗的なやり手、シルヴァン・ヴィルトールに？　ファッションマニアの呑気《のんき》なスウェーデン人、フレディー・リュングベリと、カメルーン生まれスペイン育ちの熱心なボクサー、ラウレンとでは？

異なるルーツ、異なるパーソナリティー、異なる関心の対象。フットボールを通せば、合わない辻褄《つじつま》も合うようになる。同じチームの一員となって、彼らはそれほど多くの共通基盤と、通じ合うための本物のぬくもりを見出したのである。彼らが仕事場を離れてのディナー交流を拡大していった事実は、お互いの生き方をもっと知るための時間と場所ができたということになる。違いとは彼らが大事に育てる何かになったのだ。

「ぼくには、本を読んで勉強するようなものだった」とリュングベリは言う。「すごいことだよね。たいていのプレーヤーは、異なる文化が機能して一緒にうまくやっていけたことが面白いって思ったみたいだ。問題になりかねなかったからね。ぼくは、そう、ぼくは旅が好きで人間が好きだから、毎日が他の人々はどうなんだって教育されている感覚だったな。それが、ぼくがロンドンにぞっこんになった理由だとも思うんだ。誰だろうと受け入れてくれるし、生きてるって実感できる気がするから。哲学的に聞こえるかもしれないけど、ぼくらはそれだけお互いから学んでいたんだ。あのクラブに価値がある以上、自分の文化をアーセナル流に合わせるのは当然だから。それってとても大事なことなんだっていつも思ってたよ。

よく思い出すのは、イングリッシュボーイたちがドレッシングルームでは英語を話してくれって言ってたことで、それはそれでけっこう大事なことだと思えた。理解するってこと。もちろん、フランスやらから来たグループはお国言葉を使えばいいんだけど、一体感ってやつがね。みんなでやろうってしてるんだもの。初めての頃は、レイ・パーラーがきついコックニーアクセントで言ってることなんてさっぱりわからなかった。でも、ぼくはそれを学んだ。みんなお互いにそれぞれの言葉で意思を通じ合おうとしてたんだから。そういうのってかなり役に立つと思った。その点、あのクラブには感謝してるよ」

アーセナルに加わった異邦の軍団にとって、パーラーのような疲れ知らずのハードワーカーが周りにいるおかげで、長い年月をかけて培われてきたクラブの文化について、それが目に見える前に、うかがい知るきっかけをもらったとも言える。パーラーは若い頃からアーセナル流を仕込まれてきた。12歳のときに見込まれたが、アーセナルにとっては彼がウェスト・ハム・テリトリーのど真ん中からやってきたことには注意が必要だった。パーラーの父親は、レイからアーセナルでやってみたいと言われて言葉をなくしたという。息子がいずれ「クラレット&ブルー」［ウェスト・ハムのチームカラー］をまとってプレーする日がくるかもしれないという夢を捨てなければならないのか、と。

当初パーラーは、付近の子供たち数人とともに、バーキングからセヴンシスターズまでの“ドサまわり”をこなしていた。トレーニングは地元の学校で行われ、体操器具を使った訓練や、ファイヴ・ア・サイド［5人チームのミニゲーム］で汗を流した。14歳になってスクールボーイ契約を結び、日曜日の朝にアーセナルのシャツを着てプレーした。順調な進歩の末、16歳の誕生日に晴れてアプレンティス（上級見習生）としての資格を取り、そこから当時のユースチームコーチ、パット・ライスから真剣なまなざしを浴びるようになる。「アプレンティスが13人、全員がプロ志望、となると、必死で自分を売り込むためにベストを尽くそうとする」とパーラーは思い起こす。「パット・ライスはできる監督だった。つまり、彼は打ち込んでいるやつが好きで仕事の効率を重んじた。で、ぼくは彼のリストのトップにいた。これ、ほんとだよ」

当時の日課と言えば、現代に生きる若手フットボーラーのそれとは劇的なコントラストを成している。ドレッシングルームの清掃、余分なトレーニングキットの整理整頓、申し送られていたファーストチームプレーヤーのブーツ磨きなどは、すべて手順の一環だった。「シミ一つあっちゃいけない、ブーツのことだけど。いつだってより大物のプレーヤーのがありがたかった。よりビッグなクリスマスのお小遣いがもらえたから」とパーラーは振り返る。「グラウンドに出て用具を全部集めたら、バスの後部に積み込んでおかなきゃならない。そしたらセント・オーバンズへ出発だ。ざっと1時間の旅だね。で、向こうに着いたら用具をそっくり運び出して、ファーストチームのためにちゃんと並べて、彼らのブーツもすぐ履けるようにしておく。金曜日はいつもドレッシングルームの掃除だ。アプレンティスシップをやってるとそれなりに度胸がつく。何とかしなきゃってやる気が増すんだね。駆り立てられるんだ。つまり、それくらいキツいってか？　ま、そういうこと。だから、ファーストチームに上がったときは、それだけのことはやったんだな、って」

パーラーのブレイクは17歳にやってきた。「あのゲームのことは忘れない。アウェイのノリッチ戦。バスには乗れなかった。落っこちた。列車に乗った。誰かが病気になったって。駅で拾ってもらってホテルに入った。今でも覚えてるのは、あの頃はみんなスピーチをしなけりゃならなかったことだね。新米プレーヤーはディナーの席で立ってそれをやらされるんだ。そわそわして落ち着かなかった。同じエセックス出身でトニー・アダムズを知ってたから、こっそり訊いてみた。『トニー、何をどうやればいい？』。彼は『ああ、ただ、ありがとうとか何とか言えばいい。そうだ、監督（ジョージ・グレアム）のタンクトップについて何か言ってやれ、いいな？』。でも、そいつははめられたんだ。グレアムとつるんでね。で、立ち上がって『えー、この場にいれてすごく、すごく光栄です、こんなすごいプレーヤーたちと一緒だなんて』。テーブルを回って挨拶した。デイヴ・ローカッスル、マイクル・トーマス、デイヴィッド・オレイリーなんかにね。うまくできたみたいだと思って、それから続けた。『ああ、ところでボス、あなたのタンクトップ、かっこいいですね』。そのときの彼の顔、っていったら！　ぼくは唐突に彼の衣服をからかっちゃったんだ。プレーヤー全員が『アチャー！』。そう、ぼくはトニーにはめられたんだ」

新人プレーヤーの入団に際して、クラブの重要な信条システムなどについてバトンを渡す役割は、クラブの古参に委ねられていた。リュングベリは入ってまだ3週間ぽっきりのとき、パット・ライスに袖を引かれてはっぱをかけられている。「彼に言われた。『いいかフレディー、アーセナルには特定のリスペクト原則があって、クラブ関係者の誰に対してもそいつを示さないといけない。誰もが平等で、誰に対しても敬意を示す。これは大切なアーセナルスピリットだからな。毎年トロフィーを勝ち取れなければそいつはどえらい失敗だ。だからわかってるな、お前がアーセナル・フットボールクラブにいて達成しなければならないことを』。武者震いしたね、そういうスタンダードを持ってるクラブの一員になったことがものすごく誇らしかった。バッジをつけるたびにそれが意味するものを誇りに思うようになった。それは今でも変わらない。だから、いまだに応援してる。バカっぽく聞こえるかもしれないけど、クラブを変えた後も、必ず（アーセナルの）清掃人に会いに行って握手をするし、受付係とかとも、ね。他のクラブじゃめったにそんなことはしない。そういうことをぼくはアーセナルで教わった。誰に対しても敬意を示す、誰にも同じ価値があって何かをもたらしてくれるから、このクラブは前に進める。そういうことって大事なことなんだなと思った」

ライスはいつしか、彼が目立とうと躍起になっていた若者だった頃に元プレーヤーたちから渡されたメッセージを、次の世代にも渡したいと思うようになった。「自分が15歳のガキの頃に言われたことを言いながら、ドレッシングルームを一周する習慣ができた」と彼は言う。メッセージはシンプルだった。「君、上にいる人々に良くするんだぞ。なぜなら、君には彼らが下りてくれることが必要なんだから」と彼は抑揚をつける。「自分が誰なのかを忘れるな、何者なのか、誰のためにいるのかを」という金言は、長年アーセナルのプレーヤーに刷り込まれてきたキモの部分にあった。「我々全員、フットボールプレーヤーとして、ピッチに出たら、保証できることはただ一つ、100パーセントを尽くすことだ。試合に勝つかどうかは君たちも保証できない。指導陣も君たちがいいプレーをするかどうか保証できない。しかし、たった一つ君たちが保証できるのは、すべてを投げ出すことだ。それでこそ、アーセナルサポーターは君たちをこよなく愛してくれる。彼らはどんなことでも許してくれる。だが、もし君たちが彼らのために戦っていないと見たら、彼らは君たちを見放すだろう」

ティエリー・アンリは、海外からやってきたプレーヤーがクラブとそれが意味するものにどっぷりと同化し、その歴史にあやかりたいと邁進した好例だ。アンリ——元より貪欲なフットボールウォッチャーできわめて抜け目のないゲーム通——は、アーセナルのすべてを知りたいと欲した。過去の物語を研究した。入団当時、デイヴィッド・ディーンはイアン・ライトのゴール集ヴィデオを、「君もこのクラブの殿堂入りを果たせるかもしれないぞ」とのメッセージ付きで、彼に進呈した。「これが君の使命だ」とディーンは予言風に言った。アンリは、何がアーセナルの歴代最多ゴールゲッターになるに必要だったかのニュアンスを吸収しようと、熱心にそれに見入った。そして大いに感心し、後にこう述べている。「思わずひとりごちた。彼はぼくよりも背が低い。速くもないし筋肉も薄い。それなのにこんなにゴールを決めている。彼をつぶさに見つめた。彼はすべてに100パーセントを捧げている。パスを要求するときは全力で叫び、持ったが最後、ネットに叩き込む。考え続けた。そうか、これがゴールを決める動きなんだな」

アーセナルカラーに身を包んだアンリがいまだファーストゴールを待っていたとき、ライトの名はチャートのトップにあった。入団から6年、アンリは記録更新のしるしとなる黄金の大砲を贈られ、ライトは誇らしくそれを祝った。

「覚えてるよ、ティエリーの言葉は。アーセナルと恋に落ちたのはわたしのせいだとさ」とライト。「実にいい気分だったね。なぜって、彼にとってアーセナルが何を意味しているのかわかってるし、彼もアーセナルがわたしにとって何を意味しているのかわかってたから。ティエリーに関することなら、彼が我々のクラブでやってきたこと、世界でやってきたことのすべてが、彼のゴールやランが本能的欲求ゆえであろうと関係なく、わたしには悔やしくてね。彼がいた頃にプレーできていたら、あるいはまだやれていたら、もう何もいらないって気分になる。わたしがまだ現役で、そこへ入ってきたティエリーに会えていたら、と心から思うよ。後

悔してもしきれない」※

ジウベルトも、新しいクラブにしっかりと根付きたいと願ってやってきた一人だった。彼は知識に飢えていた。「来た頃はいろいろと勉強したかった」と彼は言う。「アーセナルに行くまで、ぼくはイングリッシュフットボールのことをよく知らなかったから。ブラジルじゃ、イタリアやスペインのサッカーはしこたま見るんだけど、イングランドのは多くない。フーリガンのことがあるからイングリッシュフットボールには悪いイメージがあった。それだけのことでってわけじゃないけど、乱暴だってことは承知していた。来たときは思ったね、ぼくは漫然とはやらないぞ、ここはどういうところなのか学びたい、って。テレビやラジオで言ってることを聴くだけなら簡単だけど、真実は自分自身で見つけ出さないとね。現場で経験した人々の話が聞きたかった」

そんな展望を胸にしたジウベルトに、大きな役割を演じたのは仲間のプレーヤーたちだけではない。舞台裏では、練習グラウンドのスタッフが歓迎委員会の一翼を担った。キットマンのヴィク・エイカーズは、ジウベルトがごく自然に惹きつけられたひとりだ。「ヴィクは沢山のいろんなことを話せるタイプの男でね」と彼は思い起こす。「最初はクラブでの彼の体験談。長年居て、数多くのプレーヤーや異なるキャラを持つ沢山の人々と出会った。教わること多々さ。自分のやり方を通す、すごく穏やかでリラックスしていて前向きな人でね。いつもそばにくっついて、彼の言うことから沢山のことを学んだ。クラブのそれぞれ異なる年代を身をもって体感してきた人だから。人は誰からも多くのことを教わる。ヴィクはその一人だった。デイヴィッド・ディーンもその一人だった。アーセンもそうだ。それに、クラブで働くイングランド人の男たち。彼らと話をして彼らから学ぶ。ライフスタイル、文化、彼らのフットボール観。アーセナルでプロだったあの6年間は、ぼくの人生最高の体験だった。一つのクラブでプレーした最長期間だったし。彼らからは沢山のことを学んだ。イングリッシュ、フレンチ、ドイツ人のイェンス——みんなイェンスを剛毅なタフガイだっていうが、彼はすばらしい人だよ。一つ、言っておきたい事実といえば、皆が皆ウィナーだったことだね。誰にだって内にはウィナーのメンタリティーがあって、ウィナーのパーソナリティーがある。試合の負けを認めるのは辛かった。引き下がって、お互いの顔を覗き込んでは、次の試合に切り替えて今度こそ勝つぞと気を引き締める。そんなウィニングメンタリティーが、我々の文化が混ざり合ったところからみんなが学んだうえで、より合わさってすばらしい環境を作ったんだ」

ヴェンゲルのバックルームスタッフは手ずから、そんな、信頼のきわめて重要なセンスを形にしていった。一等最初からのナンバー2、パット・ライスは、ヴェンゲルが譲らなかった人材、クラブマン、アーセナルとイングリッシュフットボールの生き字引的存在であり続けた不可欠の要だった。ヴェンゲルはまた、自前のコーチで、フランス時代に知り合い、日本にも帯同したボロ・プリモラッチを引き入れていた。彼は9か国語を話し、フットボールについて的確な目を有し、何よりも、ほぼどんなことでも温かく受け止めた。

「ボロはどうしてなかなかの、監督の良き引き立て役だった」とキーオンは言う。「いつも一緒だった。どちらもフットボールを深く愛していた。いつもバスの後部に座ってプレーヤーたちとしゃべくり、ムード作りをやっていた。悪い行動じゃまるでなかった。一体感に加わるってやつだ。ボスはパットと前の方に座って、次の試合の計画を練るのが常だった」

プリモラッチのリラックスした性質と乾いたユーモアは、彼を、ヴェンゲルとプレーヤーたちの間を悠々と浮遊する人好きのする媒介者《ミドルマン》に仕立てた。どんなクラブでも重要な役割だ。キーオンが特に忘れられないのは、プリモラッチが好んだ彼一流のジョークで、そのつど彼を辟易とさせた。「彼はいつも食事の後に楊枝を使うようなんだが、その楊枝を彼の手から突き出たせたままで握手をするんだ。つまり、その楊枝でちくっとやられちゃう。もう一つのやつはブーツで、彼は靴紐をつかんでブーツをこっちに投げつける。当たると思ったそのとき、ぴんと張った靴紐がそれを止めるって寸法だ。

コーチとしてのボロはけっこうテクニック志向だった。いいテクニックを持っていて、よくデモをやってみせていたね。ボスは決してそこに加わらない。何でもボロがスタートを切る。ファーストパスのテンポが以後の基調になる。それがボロの十八番だった。彼は代表プレーヤーについての歩く辞典だ。国際試合のときにはすごく役に立った。あの知識は半端じゃない。例えばこう言ったりする。『君はあの試合に出なくて助かったな、あのモンテネグロのストライカーはワールドクラスだぞ』。でも、そんなことは聞いたこともないし、そいつを見た覚えもない。そのストライカーがイングランド代表を粉砕した後でふと思うんだ、ボロのやつ、どこで仕入れたんだ？　ボスと二人でよく、座ってディナーを摂りながら膝を乗り出して一晩中TVでフットボールを観ていたよ」

ライスは、ちょうどプレーヤーたちと同じように、スタッフが多様な質をグループに持ち込んでいると考えていた。頭の切れるフランス人、抜け目のないユーゴスラヴィア人、激しやすいアルスターマン［アルスター＝北アイルランドの一エリア］、そして物腰温厚なイングランド人。

「わたしは爆発しやすい質でね。突然、癇癪を起こしちまう」とライスは言う。「アーセンはそうじゃない。ボロは思ってることをそのまま口に出す、もたもたしたりはしない。わたしたちはみんな違っていて、アーセンは物静かでボロもそれなりに物静か、わたしときたらぺらぺら一方的にしゃべる。それにもちろん、フィジオのギャリー・ルーインがいる。とても穏やかな男だ。アーセン、ボロ、ギャリーとわたしに関する限り、監督がチームをピックアップして我々が異論を述べる木曜、金曜辺りまで、あれこれと話をする。議論は戦わせるが、最後に監督が腹を決めた瞬間にお開きにして、以降は一切文句なしで、監督の指示に従う。彼が試合に臨む、彼の決断が最終、我々がそれをバックアップする。監督の頭の中に優柔不断があって欲しくはなかった」

それはちょうど、信頼の巨大なヴェン図［ベン図：集合の相互関係を見やすく図式したもの］にも似て、ヴェンゲルとそのスタッフの相互信頼がすべてにオーバーラップする様子を思わせる。ヴェンゲルはプレーヤーを信じ、彼らは彼を、そしてお互いを信じる。卓越。彼らが行ったすべての話し合い、すべての実戦練習を通して、それらすべての信頼のらせん構造が深まっていったのである。

マーティン・キーオンがコーチングコースでルイス・ボア・モルテとばったり出会ったのはさほど古い出来事ではないが、二人の会話はチームメイトの相互信頼性がいかに機能するかを、まざまざと呼び起こすものだ。ボア・モルテがアーセナルに在籍したのはヴェンゲル時代初期の2年ほどにすぎず、その間一度もチームプレーヤーとレギュラー常連の境目にあるハードルを飛び越えられなかったとはいえ、たまのカメオ出場程度には彼も重用されていた。キーオンが発展途上の若いプレーヤーだったときの心の内について問うと、ボア・モルテは、ヴェンゲルが他の全員と等しく大切にされていると感じさせてくれたことを口にした。キーオンの要約によると――

「なるほど、それで君はあのFAカップの準々決勝、アウェイのウェスト・ハム戦で大事なペナルティーを蹴ったんだったな」

「そうだったね」

キーオンが、確かあのときは君も驚いてたよなと訊ねると、ボア・モルテは「その通り」。

「勝負の行方は君に委ねられた。でも、それは君を信じたゆえのことだ。監督が君を信じ、ぼくを信じたという……つまり、彼が君を信じるつもりなら、我々だって君を信じようということなんだな。で、それは報われた」

「気遣いはお互い様だ。そこにはお互いへの愛がある。そういう言葉を人はめったに使いたがらないものだが、ヴェンゲルはその影響をおよぼそうとしたんだと思った。なぜなら、君を信じてくれようとする監督がいて、知識も豊富なんだが、必ずしも気遣いまであるとは限らない。しかし彼（ヴェンゲル）はそういう、こちらが与えられる以上の気遣いをしてくれた。示したんだ。彼は確かにそれをぼくに示した。感じたんだ、ぼくはより気遣われている、もしくは、彼がそうしたおかげで他の人々にも救いになった。あのボスには、そういう習慣とか習性があるんだと思った」

ヴェンゲルがプレーヤーを信頼するやり方は、ある意味で並外れている――ピッチ上の戦略という観点ではなおさらだ。近年、監督のカルトがかなりクローズアップされるようになったおかげで、ヴェンゲルもかなり落ち着いてプレーヤーの信頼の上に何をすべきか考えられるようになったかもしれない。一般的に、コーチはできる限り指示を出そうとするし、プレーヤー側も具体的にどうプレーするか指示が欲しいと思うものだろう。ヴェンゲルのアプローチはより微妙で繊細だ。彼はプレーヤーに自分たちで考えてやってみることを奨励する。ロボットと仕事をしたくはない。彼はフットボールのあれもこれもが前もって計画されているという考え方を嫌う。目隠しをしてもできるようになるまでのルーティンワークを嫌う。一時期、彼のチームがより入念に組織化された相手に裸にされてしまったときなどは、そこが弱点に見えたこともあった。しかし、機能すれば、彼がシンプルに「the game we love」と定義した哲学に従ってゲームを解釈するチーム以上に、価値を認めるものは何一つない。理想的には、一人ひとりが自発的にチームのフレームワーク内で自己表現をし、それらが一貫してともに結びつき、それでいて自由に想像力を働かせてプレーできればいい。それは、数多くの監督たちがあえて試みようとした以上の自由な形《フリーフォーム》であり、なぜならばチャンスが生まれる確率がぐんと増えるからだ。

年が変わり、2003年が2004年に移行するうちに、彼らの「game they love」は盛んな賞賛の的とはなっていたものの、やるべきことはまだあった。いまだリーグで無敗を堅持する彼らだったが、お馴染みの仇敵《きゅうてき》、マンチェスター・ユナイテッドの方は、すでに3敗を喫しながらも、元日の時点で首位に立っていた。ちょうどシーズンの折り返し地点、19試合を消化して、オールド・トラッフォードの男たちは1ポイントのリードを保っていた。1月が来て、異変が発生した。ほぼ3か月ぶりにアーセナルが敗れたのである。とはいえ、それもたかがカーリングカップ、ミドゥルズブラに1－0の敗退、しかも3日前のプレミアリーグマッチでプレーしたチームの大半が休養しての結果だったとすれば、何も世界の終わりと騒ぐほどのこともなかった。

ところがそれからまもなくして、アーセナルはセカンドレッグも落としてしまう。マーティン・キーオンに退場処分、ホセ・アントニオ・レジェスの敗戦を決定づける終盤のオウンゴール。確かに、受け止めるには心地よくない出来事だった。それに、いかに影の薄いカーリングカップとはいえ、まだ準決勝だったのだから。

ローテーション――リーグとカップ戦に適切な戦力調整を施すためのそれは、ときに戦略的な頭痛をもたらす。ヴェンゲルは今こそ、改めて真剣に思考のための栄養を取り入れるべきときに差し掛かっていた。

※ライトは、なにゆえに、彼がこの新しいストライカーに望んだほどの影響力を持ちえないとヴェンゲルが考えたかについて、詳細に述べている。「おそらく、わたしは1998年に心の中ではフットボールプレーをやめていた。アーセンはまるで外科医か臨床医のような考え方をするから、わたしの元気はつらつ的な気性から、それを嫌ったのだろう。プランに悪影響をおよぼしかねないと考えてたのかもしれない。ただし、すべてはすばらしく機能したんだがね」

第6章 激動

２０１０年の南アフリカ・ワールドカップ――アーセン・ヴェンゲルはテレビ放送の解説者としての仕事を兼ねて、プレーヤーおよびフットボール界のトレンドを研究する目的で出向いていた。大会を通じて彼を強く印象付けたのは、はるばる遠国からやってきた人々が、イングリッシュフットボールについて広範な知識と情熱を持って彼に接触してきたことだった。ある朝、ヨハネスブルクのラディソン・ブルー・ホテルで朝食を摂っていると、一人のケニア人が近づいてきて写真撮影を所望した。二人はしばし言葉を交わした。「そのですね」と男は言った。「わたしの国では何かというとマン・ユナイテッドとアーセナルなんです」。愛想よく受け答えするヴェンゲルにケニア人が続ける。「あなたがたがマン・ユナイテッドに負けたときなんか、わたしの従兄弟は試合後に自殺してしまったくらいでしてね」――ヴェンゲルは面食らった。長年この仕事に就いているが、こんなにも眩暈を起こしそうな話に出くわすなんてそうはなかった。「最初は冗談なのかと思った」とヴェンゲルは振り返る。「すると彼と一緒にいた二人の男性が『いいえ、本当なんです、我々も葬儀に出たんですから』。想像を絶する話だった。イズリントン（ロンドン郊外の町）から車で帰宅する間もそのことが頭を離れなかった。この世界のどこかで、誰かが自殺する？ 試合に負けただけで？ その責任を一体誰がとるんだろうか……」

脚光を浴びるフットボールチームの毎日は、一つのバブルの内に存在しがちである。これが監督ともなればとりわけ、そのバブルから一歩外に出てフットボールに無関係の暇つぶしにのめり込もうとした日には、一刻も早く戻らねばと責め苛まれてしまうのがオチだ。おそらくヴェンゲルにはそれがぴったり当てはまる。フットボール以外に捧げるものなどなく、どうしたら今の戦力から最大限の結果を引き出せるかと考えてばかりいる印象を与える人物にとって、片時のゆるみも無駄なのだ。

パット・ライスは、ヴェンゲルを知り始めた頃、これほどフットボールにまるごと没頭している誰かさんにはついぞお目にかかったことはないと思い知った記憶をたどる。「そもそも、彼のことは聞いたこともなかった、まるっきし本音で言えば。ま、彼の方もわたしのことを聞いたことがあるかといったら怪しいものだから、おあいこだね。その頃、彼はウェスト・ロッジ・パーク・ホテルに滞在していて、よく、そこで彼を拾ってハイベリーや練習グラウンドまで送っていってね、まだ右も左もわからないような時期だったから。でも、彼の部屋にお邪魔するたびに、おっと思ったことがあってね――たいていは着替えをしながら声をかけてくる、『いいから、入って、その辺に座って待っていてくれないか』。見ると、さっきまで誰かがいて彼の部屋にＤＶＤをばらまいたような有様でね。四方の壁はどこもかしこも、テープやらＤＶＤやらで埋まっている始末。一度だって出歩かずに、ホテルの部屋にこもってヴィデオを観るのが習慣だったんだ」

デイヴィッド・ディーンは、ヴェンゲルがいかに彼の天職に全霊を捧げているかの例証の一つが彼の愛車だという。ディーンによると「究極のセコハン」なんだとか。「ほとんど走ってない」と彼はからかう。「ウィークデイの夜はほとんど、世界中のフットボールを観ている。日中は毎日、ほんの数マイル離れた練習グラウンドに行ってまた戻る」。トタリッジのヴェンゲルの自宅からシェンリーにある練習グラウンドまでの通勤距離は、かかってもざっと15分程度のものだ。それ以外で唯一の日常的な旅といえば、マッチデイ当日のハイベリーまでで、気が向けばそのウェットストーン経由の帰り道に、近くの大衆向け飲食店で夕食を摂る程度だ。「言っておくが、負けた日は付き合いにくい男になる」とディーンは言う。「会話が一方通行でね、落ち込んじゃってるから。情念と緊張と感情と情熱のスポーツなのさ。気に病む質なんだ。かといってどうしようもないんだが」

二人がフットボールについて語り合う時間は、ほとんどノンストップだった。フットボールクラブによくある〝ポリシードライバー〟2名の通常の関係に比べて、彼らのそれは、そこに生まれる化学反応が二人のパートナーシップを2倍強化するという点で、並外れていた。友人として、また同僚として。ディーンは彼が行程のいかなる段階でもともにあることをヴェンゲルに知っておいて欲しかった。マッチデイには、試合の前後、結果にかかわらず、彼を探し出すのが大切だった。「習慣だよ」とディーン。「ドレッシングルームに顔を出して連中に声をかける、握手をして幸運を祈る。ただし、ゲームの前後1時間以内は、監督のプライベートタイムだ。試合終了から20分以内にドレッシングルームに入ることはない。感情をクールダウンさせてやらないとね。しかし、監督は上の誰かが気を遣ってることを知っておく必要がある。良い時も悪い時も、彼はファミリーの一部なんだと、我々は一つだと。彼が傷ついているなら、わたしもそうなんだと知っていて欲しかった」

ヴェンゲルのアーセナルキャリアもセカンドハーフに入って、トロフィーはつかまえにくくなり、問題もより複雑化し、シーズンも同時多発的な様相を呈していた。複数の大会がぶつかりあい、故障や疲労に噛みつかれて、アーセナルに祟《たた》っていた。毎年のように、ヴェンゲルはジレンマの山積に直面するようになった。一定のプレーヤーを休ませていい試合はどれとどれだ？ 最も信頼できるマッチウィナーたちから最大限引き出す優先順位の付け方は？ 猛襲するチャレンジに耐えて生き残り、ベストプレーヤーの頑張りを心身ともに保つためには、どのボールをジャグルすべきなのか、その頻度は？

ヴェンゲルがパット・ライスをチームコーチとしてそばに座らせてから16年、もしこの忠実なるアシスタントが、1971年にダブルを達成したときのアーセナルがいかに少数のプレーヤーでやってのけたかを監督に話して聞かせたとしたら、そのコントラストたるや呆気にとられるものがあったろう。トータルたったの16名、しかも内2名の驚くべきはぐれ馬、ピーター・マリネッロと温厚な地元出身のレフトバック、サミー・ネルソンは、それぞれほんの数試合しか出番がなく、つまり現実的戦力は14名しかいなかった。それでリーグとＦＡカップを勝ち取ったのである。

ご存知の通り、当時はチャンピオンズリーグなどない。ヨーロピアンカップ［ＵＫでは旧チャンピオンズカップのことをこう呼ぶのが習い］はさほど重くのしかかる事件というほどでもなかった。さして熱い注目を引き出すような意義もなく、ほんのたまにシーズン中、国内を離れるだけで済んでいた。とはいえ、アーセナルは同年、もう一つの国際トーナメントにやむなく巻き込まれていた。１９７０年、感激した観衆のピッチ乱入にも刺激されてスリリングな制覇を成し遂げたインターフェアーズカップ、そのディフェンディングチャンピオンとしてである。春が訪れる頃、彼らは三冠を目指していた。

それらがはっきり目に見えてきた１９７１年、アーセナルのスケジュールは度を越していた。22日間にぎっしりと7試合！

3月9日	FCケルン（H）	フェアーズカップ4回戦
13日	クリスタル・パレス（A）	ディヴィジョン1（現：プレミアリーグ）
15日	レスター（H）	FAカップ6回戦リプレー
20日	ブラックプール（H）	ディヴィジョン1
23日	FCケルン（A）	フェアーズカップ4回戦
27日	ストーク（ヒルズボロ）	FAカップ準決勝
31日	ストーク（ヴィラ・パーク）	FAカップ準決勝リプレー

試しに、当時の監督バーティー・ミーが、この期間のスターティングイレヴン構築に当たって、何人変更を施したかご想像いただきたい。実際、パット・ライスは一度、ドライヴ中のおしゃべりでこの質問をヴェンゲルに投げかけている。さて、答えは？

ゼロ。一人の変更もなし。メンバー表はすべて同じ。ボブ・ウィルソン、パット・ライス、ボブ・マクナブ、ピーター・ストーリー、フランク・マクリントック、ピーター・シンプソン、ジョージ・アームストロング、ジョージ・グレアム、ジョン・ラドフォード、レイ・ケネディー、チャーリー・ジョージ。

＊

2004年の春、ヴェンゲルはあれやこれやと頭を絞っていた。目標粗上には三つのトロフィー、1週間以内にいずれも強敵相手の3試合を控えていた。リーグでは30試合を消化して首位（いまだ無敗）、2位に7ポイントの悠々たる差をつけていた。まずFAカップ準決勝、相手はマンチェスター・ユナイテッド。その先に待っているのはチャンピオンズリーグ準々決勝ファーストレッグ、このところ負ける気がしないチェルシーが相手だった。その後、リヴァプールとのリーグ戦。アーセナルに悲観的になる理由はなさそうだった。本音から言っても、ヨーロッパ中を見渡してどこと比べてみても、少なくとも引けは取らない——おそらくは〝上〟にいる。

彼らがFAカップ準決勝でヴィラ・パークを訪れた当日、発表されたチームシートにちょっとした騒ぎが起こった。アンリの名前がない。ヴェンゲルは最も強力な武器を休ませることにしていた。楽な決断ではなかった（そんなはずがない）が、常日頃から自分の選択を支える化学とロジックに信を置く監督は、アンリのフィジカルが6日間に三つものヘビーウェイト級勝負でベストをキープしきれないと考えていた。アンリは、アーセナルが敵地オールド・トラッフォードでタイトルを勝ち取った2002年のゲームでプレーしていなかった。

あなたはいったいどれだけ多くに責任を負っているのか……？

そう考えても不思議ではない。頭がどうにかなってしまいかねないほどに。ヴェンゲルが直接負う責任の対象は、彼のチーム、彼のスクウォド（全プレーヤー）、彼のクラブだ。泡沫の人生。目前の使命は、この3試合シリーズとこのトリプルチャレンジを慎重に取り計らい、勢いに乗り、スピードを引き寄せ、フィニッシュまでのスプリントを仕込むことだ。ヴェンゲルはアンリをスタメンから外し、代わりにジェレミー・アリアディエールを選んだ。アンリの若き同胞はまだ21歳になったばかりだった。同シーズンのリーグカップではよくやってきていた。そして突然、めったにないビッグゲーム先発の機会を与えられてスポットライトを浴びることになった。それが裏目に出た。

マンチェスター・ユナイテッド　1−0　アーセナル　　2004年4月3日

ホップ、ステップ、ジャンプ——ファイナルホイッスルでポルト監督ジョゼ・モウリーニョの私家版を演じて見せたサー・アレックス・ファーガソンの顔たるや、最高のホイップクリームを死ぬまでもらえる権利を勝ち取ったネコのそれだった。トリニティーロード・スタンドから断続して聞こえる「あんたのトレブル（三冠）今いずこ？」のサウンドトラックに、彼は戦術的に、感情的なる勝利を味わっていた。

ユナイテッドにとっては二重の意味での充足感だった。FAカップという形であれ、不本意なシーズンに慰めの境地を見出したのみならず、あの1999年に達成したものを神聖に保ち得たままにしたという意味で。首尾よくコンテストをものにしたファーストハーフのポール・スコールズによるゴールは、オールド・トラッフォードの男たちによるスピリットと決意をより顕著にぶつけたものだった。これが彼らのシーズンだということを、彼らは知り、そして、証明した。

かくしてアーセナルは、今季真剣に受け止めてきた国内大会の一つで初の敗戦を喫した。カーリングカップ準決勝で勝利をもぎ取ったミドゥルズブラに万感の敬意を示す意味でも、アーセナルはこの屈辱を割引して受け取るわけにはいくまい。

とはいえ、どの程度深刻に？　噂の通りティエリー・アンリ休養が確認されたチームシートを見る限り、アーセン・ヴェンゲルがチャンピオンズリーグを優先したのは明らかだ。代役は驚いたことに、膝のトラブルで3か月間戦列を離れて以来の初出場となる新人、ジェレミー・アリアディエール。この激烈な戦いにあって彼の姿はいずことも知れず、ピッチにいた58分間、ろくにキックもままならず、ベンチのトップマンに地団太を踏ませた。

このシーズン、ディフェンスの危機を耐え忍び、デイヴィッド・ベッカムとファン・セバスチャン・ヴェロンに任せた中盤のクリエイティヴィティーに疑問を抱えてきたユナイテッドでは、この日のアタック陣は最弱だった。ファーガソンはトップストライカー3名を奪われていた。ルート・ファン・ニステルローイは故障、ルイ・サハはカップタイド［同一シーズンに他のクラブで出場経験があるとプレー不可］、ディエゴ・フォーランは南アフリカの代表戦から戻って疲労がたまっていた模様。

それでも彼らは、全ユナイテッドプレーヤーの支えで培われてきた巧みなゲームプランを駆使してその穴を埋めた。その引き受け頭こそ、全開の努力と英知を捧げた単騎トップのオーレ・グンナー・スールシャール。ワイドポジションからのサポートも特に効果的で、眼を釘付けにするクリスティアーノ・ロナウドは、たびたびライアン・ギグスの漂流するランにアシストされて、絶えず脅威を引き起こしていた。ファーガソンは18歳のガエル・クリシーを弱点と見なし、そのサイドを集中的に攻める指示を出していたようでもあった。

報われたのは32分。ギャリー・ネヴィルがクリシーを欺くパスをギグスに送ると、そのままボックス内に侵入、カットバックしてボールを拾ったスコールズが、イェンス・レーマンをかわしてゴールイン。迅速で断固たるパスワークが棒立ち同然のアーセナルディフェンスを掻《か》き分け、ユナイテッドは歓喜に躍り上がった。

ワンチャンスをものにしたと言っても過言ではない。アーセナルは開始から猛烈なペースで攻め立てたが、デニス・ベルカンプはロイ・キャロルのブロックに阻まれ、次いでウェズ・ブラウンがライン上でクリアした。エドゥーのチップシュートはクロスバーを叩き、コロ・トゥーレのヘディングは北アイルランドのキーパーに掻き出されてしまう。

息もつかせぬ攻防。が、それはアーセナルにとっての急速な下り坂だった。次にチャンスをつかんだのはロベール・ピレス。そのフリーヘッダーは、チャンピオンズリーグのチェルシー戦で見せた〝わかりやすい頷き〟を彷彿とさせるものであった。パトリック・ヴィエラのヘディングがポストをかすめたとき、ファーストハーフ終了。アーセナルはまたも不運を呪うことに。

インターバル後、ユナイテッドはかつても体験したアーセナルのいや増す死に物狂いの攻撃、その二つのサインにも持ちこたえていく。ベルカンプがボックス内でジョン・オシェイの足首に躓いて倒れ、大げさに蹲《うずくま》れば、次にレーマンがオフボールのロナウドを押し倒す。もはやギャンブルは失敗と認めたヴェンゲルは、60分直前になって攻撃の機甲部隊、アンリとホセ・アントニオ・レジェスを投入する。できればそれは避けたかったに違いない。アンリはそれこそ〝腰に手を当てて彼方から見守り〟ムードだった。レジェスはダイナミックでこれぞアーセナルを救うに足るプレーヤーに映ったものの、その効験もスコールズの背後からの悪質なタックルに断たれてしまった。「敗れただけではなく、プレーヤーを失ったことも大きな痛手だ」と厳《いか》めしい表情のヴェンゲルは嘆いた。「こんな手薄なチームにとって、途方もない失望だ」(『オブザーヴァー』紙)

アーセナルは失意のままにヴィラ・パークから南へ駆け戻った。だが、二個の主要目標はまだ手中にあった。アンリが戻ってきた。チームは手厳しい罰を受け、チャンピオンズリーグでチェルシーがハイベリーに到着したときの空気は、期待に重々しく膨らんでいた。スタンフォード・ブリッジの準々決勝ファーストレッグは首尾よく運び、1-1の引き分けで手にしたアウェイゴールはホームでの糧になるはずだった。にもかかわらず、何かがもどかしかった。アーセナルはそれほどに圧倒し、うぬぼれてさえいたが、第一幕の終盤、機会を逸した感があった。チェルシーのディフェンダー、マルセル・デサイーが残り10分で退場になり、今一押しの非情さがあったなら、1-1のスコアは1-2の勝利に変わっていたかもしれない。自慢の種になったはずの、貴重なアウェイゴールをもう1点。

パトリック・ヴィエラは、スタンフォード・ブリッジの試合が終わったとき、軽い不快感を感じたという。「楽に勝ってしかるべきゲームだった――チェルシーで叩きつぶしておけたのに！」と彼は声を荒らげる。「これはあたらチャンスを逃しちゃったかなって。仕留めるチャンスを逃したんだよ。チェルシー側は運をとりつけた。10人相手の引き分けじゃ、精神的アプローチがそっくり変わっちまった。我々に不安がよぎり、自信は彼らに乗り移った」

ヴェンゲルは慎重に事態を測定した。「敗戦の心理学的な影響がチームに何を及ぼすかなんて誰にもわからない」と彼は言う。そしてキックオフとなったこのロンドン勢同士の対決は、アーセナル優勢で始まり、レジェスの一撃がチームの自信を押し上げるリードを与えた。だが、チェルシーも撃ち返した。それも二度。ウェイン・ブリッジの逆転弾は、致命的なことに終盤に訪れ、アーセナルは粉砕されて呆然自失、今やチェルシーが享受するアウェイゴールのアドバンテージをひっくり返すに必要な2得点を復旧する気配はどこにも見当たらなかった。アーセナルの、対チェルシー17試合の魔法は最悪のタイミングでとけてしまったのだった。

4日間に二つの大会が消えうせた。トレブルからテリブル（三冠からひどい事態に）。酔いは醒め、何年も経ってからでさえ、厳しい凝視と悲し気な首振りの中で、逃がした公約の魚の大きさを悔やみ続けた。「我々はチャンピオンズリーグでマズった」とヴィエラ。レイ・パーラーも同意する。「みんなマジで考えてた、今年はチャンピオンズリーグの年だ、おれたちの年になるんだって……」。ベルカンプはいまだに相応の説明に窮するばかりで「多分、あの手のゲームに臨むにはもっと自信が必要だったんだろう」とほのめかす。「それが実のところは、やっていけるのかな、あのレベルに届くんだろうか、自分たちには手に余るんじゃ、辺りだったんだよ。多分、もうちょっとばかしの自信を欠いていた。でも、あのチームほどの資質なら、もっとうまくできた、できるはずだったのに。特に、あのチェルシー戦はね。不名誉だった」

イェンス・レーマンははっきりと、ひどくがっかりしたと言い、陰謀説すら頭に浮かんだと言う。あの前後のリーグ戦日程でアーセナルが強敵と当たるように仕組まれていたんじゃないか、と。「FAの愚かさだったんだと思うね、多分意図的に。2週間の間にリーグとカップでマン・ユナイテッド、チェルシーに二度、リヴァプール、ニューカッスルだからね」と舌打ちするのだ。「イングランドのベスト4チームと3日ごとにプレーしなければならなかったなんて。心ん中じゃ、普通に我々はチェルシーに楽勝できたはずだったんだ、こっちが優勢だったんだから。なのに、そのチャンピオンズ戦の終盤で疲れ果ててしまっていた。ほとほとがっかりしたよ、なにせ、あのときの我々はチャンピオンズリーグで優勝する価値が十分にあったんだから。それが、このおバカなスケジュールのおかげでとにかく疲れ果てちゃって、立ち戻れなかった。あれは未だにわたしの最大の失意の一つだ。おそらく我々は世界一だったにもかかわらず、3日ごとに最強チームとの連戦を強いられ、チャンピオンズリーグでノックアウトされてしまったんだよ」

＊

現実逃避の見方をする時間などない。プレミアきってのたくましさを目指すチェルシーは、アーセナルがFAカップ準決勝でけつまずいている間に、さらに3ポイントを拾い上げる。首位との差が4に刈り取られる。アーセナルはいまだプレミアで無敗だとはいえ、手厳しい打撃を2発受けて、自信が揺らいでいる。

ハイベリーに旅したリヴァプールが早速に攻め立てる。ハイベリーの絶叫がハイピッチで轟き、あるファンの叫び声が、敵の今しもゴールを決めんとする危機を知らせてつんざくうち、マイクル・オーウェンが舵を取って彼のチームに2－1のリードをもたらし、ハーフタイムの笛が鳴る。アーセナルは動顛《どうてん》するばかり。まるで、誰もが——プレーヤーたち、指導陣、サポーターたちが、長閑な航海から一転、傷つき、砕け散る避けようのない瀑布にもっていかれつつあるかのように。

アンリは絶望感と差し迫る破滅のセンスを、絶妙に思い起こす。「スタジアムが息を止めたような気がした」と彼は言う。「ぼくらはすばらしいシーズンを送っていた、人々の間ではトレブルの噂で持ち切りだった。それが1週間で、ぼくらはすべてを失った……」

ヴィエラはめったにそんな感じ方をした経験がなかった。「どう説明すればいいのかな、えらく奇妙だったね」と、言葉と取っ組み合うように彼は言う。「異なる感情と付き合ってやっている。シーズンを通してプレッシャーは有り余るばかり。乗り越えなければめいっぱい突っ込みが入る。精神衛生上、あれは一番きつい時期の一つだったね」

ジウベルトの感想も同じだ。「リヴァプール戦の状況には誰しも動揺していた」と彼は振り返る。「リーグは優勝へまっしぐらだったのに、皆が皆この試合は負けるのかもしれないと考えていた。そんなのごめんだった」

ソル・キャンベルは起きていることを推し量ろうとしていたと記憶する。「今、何が起きてるんだ？　これからどうなるんだ？　ただ、抵抗をやめちゃうのか、このままシーズンを」。そこで彼は風船が萎んでいくような音を立てる。「終わらせてもいいのか？」

さて、ならば一体、どうしたらいいのか？

ハーフタイムのドレッシングルームが、声一つ上がらず、物思いに沈んだように集中した雰囲気になってしまうことなどそうはない。このときばかりは、プレーレベルがそっくり通常より落ちてしまい、充電しようにもすべきことに再集中しようにも手こずってしまっていたのだ。これら重要きわまりない3試合で控えに回っていたマーティン・キーオンは不安だった。同時期、あらゆる局面で、サイドライン脇から、チームバスやドレッシングルームでも、チームをつぶさに見守ってきた彼も、シーズンがコントロール不能にもつれて解けていくように見えて、心を痛めるばかりだった。ハーフタイム、彼は周りを見渡し、誰もがこの状況にほとんどトラウマ化しているのを感じて危機感を覚えた。

「ワールドカップや、ヨーロッパのカップ戦の優勝メンバーもいて、これはマジでやばいと思ったね。なにしろ、たった1週間ですべてがひっくり返ったんだから。心理学的にも」と彼は振り返る。「週の頭は三つともやっちゃうぞっていうのが、突然、週末にはリーグ一本になってしまった……もうリーグしかないのかよって？　待ってくれよ！」

キーオンは声を上げる必要を感じた。なんとかしないと。この、予想外で打ちひしがれた惰性を一掃するために。

「みんなの気持ちは痛いほどわかっていた。監督とパットのそれも。ハーフタイムに我々がいったん引き上げてきたとき、考えた。このグループを持ち上げてやるにはどうしたらいい？　お互いに申し訳なさそうな雰囲気が漂っていて、何もかもむだになってしまいそうな気さえした」

チーム最年長者はヴェンゲルに問うた。二言三言、言ってもいいか？

「いつも話しかけるのは試合前で、ハーフタイムに話をしたことは一度もなかった。みんな落ち込んでいた。わたしは許可を得て心から口を開いた」とキーオン。「よし、みんな。お前たち、どうやらみんなにすまないと思ってるようだな。このチームはおれが一緒にプレーしてきた中でも最高のグループなんだぞ。先にゴールを取れば足場ができる。この観衆だ、みんなおれたちを待ってる。やるだけのことはやろうぜ」

キーオンがチームメイトたちを促した概念――もしくは、彼が必要だと感じた〝異議申し立て〟――は、とりわけ試合前ならごく普通の決まり文句だ。「ドレッシングルームじゃよく言ったもんだ。『おい、そこのみんな。誰も軽視するわけじゃないが、おれは一生かかってこのグループに出会ったんだからな。おれならあえて一緒にプレーしようとは思わないくらいにな』。それから手短に一人ひとりが持ってる才能を思い出させて、敵のプレーヤーは誰を相手にするのかわかってブルってるだろうよ、と言ってやる。『どうしてって、おれは週の間ずっとお前たちと練習してきてお前たちのことがわかってる。おれならお前たちよりあっちの連中を相手にしたいもんだ』。そう言ってきかせる必要があったんだ。で、やつら、わたしの言ったことにくすくす笑う。お褒めの言葉にこりゃもう決まりが悪いってわけだ。でも、それでやつらは出て行って仕事をする」

ベルカンプは、キーオンの手織りの動機づけトークが実際にはまちまちの反応を引き出したといえ、感服したと振り返っている。「誰かは関係ない。彼は言いたいことを言う。彼に無礼の念は一切ない。相手がデニス・ベルカンプやティエリー・アンリだろうと、レイ・パーラーだろうと、彼はまっすぐにこっちの目を見て思いをぶつけてくる」とベルカンプは言う。「うるさいなってときもあった。でも、すごく助かってもいた。イングランドに来て他のプレーヤーからお世辞を言われるのって、変な気がしたものだけどね。オランダじゃ、同僚のプレーヤーを褒めるなんてことはしないから。おい、お前今日はすんばらしかったな……絶対にない！だから、誰かがそうやったら――マーティンがその一人だね――わたしは彼を見る……「そこで彼はややぎょっとした表情を作る」あんた、おちょくってんのか？ なんてまさか言わなかったよ！ でもそれで彼は、試合でもっと頑張って働けって言いたかったんだね。今日こそは違いを見せてもらいたいもんだな、頼むぜって。彼は純粋だよ、真っ正直だ」

キーオンはよく、彼が始めると目をきょろきょろさせるプレーヤーがいたら、遠まわしの罰を与えるクセがあった。〝違い〟のパーセンテージがほんのわずかしかないと彼が思ったら最後、それを胸にしまうよりもいっそう声を荒らげるのが常だった。「多分、連中うんざりしてたろうね、わたしには」と彼は告白する。「口が多い、いつも耳元でね、って。ピッチではいつも何かしら気になっちゃうんだ。『お前ら、スタッドを変えたほうがいいんじゃないか』とか。すると『うっせーな、おれたちのスタッドは大丈夫でござんすよ！』。でも、何だろうと連中にしてやれること、言えることは加えちゃうんだね。故障中のときだって、ボスはわたしにドレッシングルームに入ってこさせて、二言三言言わせるんだ。連中を元気づけてやるだけなんだから」

アーセナルは、状況を正確に把握した上で、リヴァプール戦のピッチに立ち戻る。シーズンは十字路に立っている。どの道を取るかで行方は決まる。

「失望したら自分を奮起させなきゃ」とジウベルト。「とにかく前を見て目標を定める。ぼくらもそうした。がっかりはしていたけど、消滅ってわけじゃなかった。達成したいことがあるのにフルフォーカスを無くしちゃうなんて？　ぼくらはすごく前向きに立ち直った。振る舞い方をそっくり変えた。ぐずぐずしてないでまったく違う何かをするために自らを押し上げないといけなかった。一丸となって、みんなのためにより大きな問題を取り除いた。方法を見つけたんだ」

その「方法」とは、麗しくも、ベストを尽くすアーセナルという形を取った。滑らかなパスワークが、ハーフタイム直後から彼らに格をもたらす。アンリが左タッチラインから流れるように躍り出て一突きしたボールを、フレディー・リュングベリがボレーでロベール・ピレスのやってくる道筋へ。ピレスにはどんぴしゃの位置に間に合ってどんぴしゃのタイミングでボールにガツンとくれる「ナック」がある。完璧なるワンタッチ・フットボール。タッチは3つ、アンリ、リュングベリ、ピレス。子供が小荷物を手渡して遊んでいるように、簡単に。それでチーム全体が蘇る。アーセナルの頬に明るさが戻り、全プレーヤーに血が注ぎ込まれ、火花が彼らのゲームに感電する。

数年後、ピレスとの対談で、彼は自分がゴールを決める際の「ナック」という言葉にこだわった。

「ナック？　それってどういう意味だよ、ナックって」

翻訳には少々むずかしい言葉だ。英語とフランス語双方を理解する3人が、テーブルを囲んで適切な訳語の発見に、ああでもないこうでもない。嗅覚とでもいうのか、突然現れてドカン！

「フィーリングだ」とピレス。「それで沢山のゴールを決めてきた。実際、前もって予期したことはいっぱいあった。いつも期待するのは、ディフェンダーがコントロールを、パスをミスしてくれて、そこへぼくが突っ込む。エラーを待ってるんだ」

つまり、常に前もって考えているってこと？

「わかったぞ、答え（言葉）が」。ピレスが声を上げる。「より本能的なものだったんだ。本能だったんだ」

リヴァプール戦に戻ろう。アーセナルの探索はポイント1（引き分け）から3（勝利）へと移り、それで彼らのシーズンも息を吹き返す。そして前に進める。アンリがシーンをもぎ取ると、何か予期せぬことが起きる。アンリはそれを「ゴール以上の何か」と呼ぶ。リヴァプールは自陣ボックス周辺にたむろし、アーセナルの試みにディフェンスの数を増やす。ジウベルトがアンリにボールをフリックする。ほぼセンターサークル上。その前にはそこかしこにプレーヤーたちの壁がある。10人のリヴァプールプレーヤーが、彼とゴールの間に立ちはだかる。10人の敵が崩壊の時を待っている。アンリはエンジンを吹かす。ディディ・ハマンが追う。体を投げ出し、虚空にタックルし、倒れる。アンリの突進、ボックスめがけて。ダミーを入れる、あちらと思えばまたこちら。ジェイミー・カラガーがかわされてバランスを崩す。アンリはさらに加速する。今や射程内、左にピレス、右にはリュングベリ。二人のチームメイトがデコイ（囮《おとり》）となり、アンリは仰々しい匠のサルサ流フィニッシュでシュートをベンドし、イェルジー・デュデクをかわす。彼は回転する。くるくると、絶叫しながら。チームメイトたちが後を追うが、彼は自分の世界に浸りきって彼らに見向きもしない。ハイベリーでコークが弾け、辺り一面が発泡し、観客一人ひとり同時発生的に爆発して、鬱積した緊張を解き放つ。

「あれはゴール以上のゴールの一つだったね。あれを見るたびにあの日あのスタジアムであったことが今でも実感できる」とアンリは思い起こす。「ぼくの人生でたった一度、スタジアムが息を吹き返したな、って思えたときだった。後にも先にもあんな感動は一度もなかった。あの瞬間は、ぼくらがどこにいるのかわからなかった。ぼくらは敗色濃厚で、そこから盛り返して「両手で目の周りにブリンカーの形を作る」、こんな風にシーズンを終えた」

振り返るにつけ、彼はほのめかす。あのとき感じた何かほとんど神話的なものを。あの絶対的なシーズンの絶対的なゲームの絶対的な瞬間、彼はしり込みしていた。らしくなく、どっぷりと。「あのプレーを見るとね、自分がジウベルトのそばで何をやってたんだかすらわからないんだ」と彼は言う。「そう、ぼくらは攻めていた。クロスがあってクリアされた。ジウベルトに言ったことを覚えてるよ、『ボールをよこせ』って。チームの願いっていうのか、チームがぼくに抱いていた自信っていうかね――毎試合、自分がやらなくちゃって思ってた。そんな感じでプレーしていたってことなんだよ」

スタンドにいたニック・ホーンビーは、シーズンの仕事があの一瞬に凝縮された成り行きに感動していた。「ティエリーがドリブルで抜きまくって決めたあのゴールは、わたしにとって、シーズン最重要モーメント賞ものだったよ」と彼は振り返る。「水曜日にチェルシーに負け、ユナイテッドにも負けて二つ（のタイトル）が吹っ飛んで、リーグじゃハーフタイム時点で負けている。これで全部パーになっちゃうのか？　ハーフタイムじゃ気が気でなかった。まったく、不安で身がちぎれそうだったよ。そこから、彼のあれを見た。ひょいとボールを取ってジョージ・ベストばりのゴールを決めやがった」

アラン・デイヴィーズは今でも恐れ多い。「何度観たことか、さあね、百回かな。いつものゴールの話をする。見ろや、ジェイミー・カラガー。哀れなやつだぜ！　ずたずたにされちったろ、アンリが鼻先で二つダミーを入れただけでさ。しかも、両方に反応してだぜ。いいディフェンダーなら、最初のダミーくらい受けて立つほどは速くなくちゃな。まるで『アクション・マン』【商標】兵士のフィギュア人形」だよな、体の上半分があらぬ方向に向いたやつみたいに。アンリが撃ってデュデクをかわしたときは、ただただ嬉しかったね」

アンリの驚くべき突進についての自己洞察は、リヴァプールに対する深い個人的な決意のセンスを彼が育んできた辺りに窺える。遡って２００１年のＦＡカップ決勝は、今日もなお、プレーヤーたちを呪いと不信の渦に巻き込む「勝利の顎門《あぎと》から奪い去られた敗戦」だった。アーセナルは優位にゲームを進め、リヴァプールは運に恵まれた。ペナルティーどころか、入ったと思われたゴール（決まっていればアンリの得点だった）をライン上でハンドで阻止したステファン・アンショズの退場まで免れたのである。そして終盤、オーウェンの２発の〝不意討ちゴール《サッカーパンチ》〟にアーセナルはよろけてしまった。「あの試合はジョークだった」とアンリ。「呆然自失だったね。帰宅してからも、こんな負け方ってあるのかよ、さ。割り切れなかった。自分に言い聞かせたよ、特にあのリヴァプール戦後はプレーしていても何か特別な思いが……リヴァプールとやるたびに、ぼくはあのＦＡカップ・ファイナルを思い出して、今度こそ痛い目に遭わせてやる、こっちは二度とごめんだからな、って」

アンリはその日３ゴール目で試合を決める。ベルカンプのアシストが完璧にアンリの来たところに落ち、シュートはゴールキーパーに跳弾、そのすねから跳ね返ってピュンとネットインする。ショウマンはシャツをまくり上げ、両手を高く掲げて、神の導きに浴す。ハットトリックの完成はまるで交響曲のクライマックスにも似て、トーンは美しく、祈るように、不協和音からシフトしていく。ムードはむかつくような緊張から露骨な安堵に変容していく。心は空を駆けていく。

アンリは思う。特定のゴールにきわどく執着してしまうのは仕方がない、いわば一本のダイナマイトが壁を破壊して道を開くようなものだから、ただしそのゴール以外のすべてが肝心なのだ、と。「あのゴールは語り種になってるが、その前のピレスのゴールがなかったら3―2にはならなかった」と彼は言う。「そういう状況に自分たちで追い込んでしまったんだし、ゲームをひっくり返したのがたまたまぼくのゴールだったってだけのことでね。あの試合の思い出話はよく聞くが、いわゆる格下のチームとやるときでもゴールは決めないと。リーグで首位をキープしていける状況に自分たちを追い込まないといけない。ならば、ぼくはフィールドにいる限り、ぼくが引っ張っていかなくちゃと思うだけだった。もっとも、ロベールだって同じことを考えていたとは思うけど。パトリックも同じことを考えていた」

キャプテン、ヴィエラは、閃きを待っている気分だったと振り返る。崖っぷちに指でぶらさがっている状態から何としてもチームを引き上げねばという、その最中に。このときの〝閃き〟こそ、まさにアンリだった。「誰かが魔法をかけてくれるのを期待していたとき、それが起こった」と彼は言う。「我々はそれを彼に望んだ。彼は我々とともにそこにいた。もがいているときは、彼が、あるいはデニスが頼りだった。ティエリーとデニスが前にいればなんとでもなる」

このチームの美点は、ヴィエラがアンリとベルカンプのことを仮にそう考えていたとして、彼らの方も彼を同じように頼りにしていたことなのだ。「お互いの力量はわかってたからね」とヴィエラは続ける。

リュングベリは、そんなチームの信頼の絆が道を開いたと発展解釈する。「カッコいいだろ」と彼は振り返る。「でも、ぼくだっていつもチームメイトたちに信を置いてた。彼らができることはわかってたし、いいキャラの持ち主だってこともね。正直言って、ぼくらがセカンドハーフに巻き返すだろうなんて思ってもみなかったのに、やってのけた。ゴールラッシュが始まったときは夢みたいだったね。力が体に蘇ってくるのを感じた。今でもあのゲームのここぞという要素は描いてみせられるくらいだ。そんなことができるゲームなんてめったにない。それはとりもなおさず、めいっぱいのプレッシャーがあのゲームにはあって、プレーヤーたちが存在を示すことが重要だったからだ。うまく言えないけどね。そう思ったんだ。潮目が変わったぞ、さあもう一丁いこうぜって」

2004年4月9日

アーセナル　4―2　リヴァプール

アーセナルよ、お前は何でできている？　それこそが、苦悩に苛まれたハイベリーがリヴァプール戦のハーフタイムで問いかけたクエスチョンだった。マンチェスター・ユナイテッドとチェルシーの手によって始まった崩壊への道がさらに続こうとしていた、まさにそのときの。その危うさたるや、説明の必要もなかった。分かれ道だった。一方が指さすのは大洪水へ、もう一方はカタルシスへ。

金曜日、マイクル・オーウェンがリヴァプールを2―1のリードに解き放ったとき、アーセナルはロープダウン寸前のボクサーがこれ以上どんな罰を受けなきゃいけないんだ、腹の穴のどこかにリカバリーを呼び覚ます何らかの抵抗はもう残っちゃいないのかと、訝しんでいるボクサーのように見えた。モラルは地に堕ち、二度に及ぶ追撃への巻き返しに求められていたのは、アーセナルの某コーチ言うところの〝きんたま〟（不適切な表現だが他に思いつかない）……。

猛烈なせめぎ合いとそれなりに拮抗したカップ戦2試合を落としたのはともかくも、リーグ戦9か月間のすばらしい成果を投げ出してしまうなど、正気の沙汰ではない。それを百も承知のアーセナルは堂々と返礼した。いや、率直に言おう。一刻も早くアヴネル・ロードから這い出て、この、まさにはち切れんばかりの観衆の激しいプレッシャーから逃れたいと欲したのも無理からぬことだったろう。

ティエリー・アンリはカップ戦敗退を「世界の終わりに等しい感覚」と言った。彼とていつもいつも大舞台に腰が引けないとも限らない――批評家たちは、この偉大なるフォワードのエゴが去勢され、彼が頭上1インチにホバリングするどデカい漫画の黒雲でも従えてプレーしていたかのような、一連の重要なゲームを引用したりする――が、プレミアシップでも最も重大なこの日、彼は抜群の説得力でもって主張を果たし、マッチボールともども、ジェラール・ウリエがノミネートした月間最優秀ゴール賞を持ち帰ったのだった。「勝者なら迷いは一切ない」とアンリは言った。「迷いがあったらハーフタイムでの2－1をひっくり返せるわけがない。我々は渇望とともに出でた。こんなにもヴァイブするチームはかつてお目にかかったことがない。我々はハートで応えた。並外れていた」（『オブザーヴァー』紙）

ピレスは、この一連の出来事について過度に分析するのをあまり好まない。リヴァプール戦のハーフタイムで何があったのかと訊ねても、彼はのんびりと椅子にもたれかかるだけだ。

「で、最後には?」とあてつけっぽく問い返す。

そう、しかし、プレッシャーに圧倒されながら、チームがハーフタイムで引き上げたとき、何があった?

「だから、最後は?」と彼は笑い始める。

真面目に行こう。タフに見えるときはどんな風に反応する?

「ハーフタイムで、リヴァプールの2―1。こっちはまだ終わっちゃいなかった。だから4―2で勝った」

なるほど。

砕け散る滝は消散する。不安は遠のく。タイトルは無条件で、明々白々に、手に戻る。そう言えば、その週以降、アーセナルはプレミアリーグで無敗を通すことになるんだっけな。

第7章 統率

新しい冒険の初日は渦を巻く感情を引き連れてくるものだ──予感、熱意、興奮、ぞくぞくするようなスリル。1996年秋、パトリック・ヴィエラはレミ・ガルデを伴って、まだ右も左もわからないまま、アーセナルのトレーニンググラウンドに到着した。英語をそこそこに使える老練のプロ、ガルデは、ヴィエラと同じ日にクラブと契約した。ある意味での付き添い《シャペロン》として。「何がなんだかまあよくわからなかった」とヴィエラは振り返る。「初のトレーニングセッションで、トニー・アダムズからアル中だと告げられた。何のことだかよく理解できなかった。英語がだめでレミに翻訳してもらった。自分は一体どこに迷い込んでしまったのかと思った「著しく失望したように声を落として」……いいだろう、さてこれから何が起きるんだろうな？」

ごくごく稀に、プレーヤーのキャリアのカーテンが上がるとき、観衆はその瞬間、わけもなくうろたえてしまうことがある。アーセナルカラーを身に着けたヴィエラの序曲は、記憶に残るほど印象的だった。

ピッチ外の不安定な空気——監督（交代）やら、トニー・アダムズがアルコール中毒を告白したそのわずか2日後に全メディアが報じたことやら——に加えて、月並みなパフォーマンスが続いていたこともあって、1996年の9月、シェフィールド・ウェンズデイをホームに迎えたアーセナルはピリピリ緊張の糸を張っていた。順位は10位。すぐ上にはダービー・カウンティーとウィンブルドンがいた。ヴィエラにとっては必ずしも幸先の良い状況とは言えない中、彼はマーブル・ホールズを抜けて自軍ドレッシングルームに入り、着替えを済ませ、初めてアーセナルの控えベンチに居場所を見つけた。

開始から20分ほどの間、芝目の詰んだイングランドのグラウンドの香りに襲われ、ピッチ両脇をびっしり埋めた観客の立てる騒音に好奇心をそそられていたヴィエラは、試合そのものにフォーカスしきれないでいた。「正直、ゲームには集中してなかったね」と彼は告白する。「ファンや、スタジアムの雰囲気にばかり気を取られていた」

シェフィールド・ウェンズデイは早々にリードを奪った。スタンドからはガヤガヤと不満の雑音。数分後、レイ・パーラーが負傷して、突然、ヴィエラは座席から案内に促され、手早くストレッチを命じられて、登場となる。それが、この新人のアーセナルファンへの初お目見えであり、ひいては、ヴェンゲルの意思の初のお披露目でもあった。彼は速足で芝に上がった。長身、ひょろ長いが強靱そのもの、優雅で空中戦も自信満々、四肢はありそうもなく長い。純粋に身体的な見地からして、彼は当代ありきたりのミッドフィールダー、まもなく交代退場を促されることになるデイヴィッド・ヒラーやスティーヴ・モロウのような、より短軀でよりがっしりしたハードワーキングランナーのタイプと、目に見えてコントラストを成していた。「あのときはろくに考える余裕もなかったね。プレッシャーを感じる暇もなかった。ただプレーした。それで望んでいた通りになった」とほほ笑むヴィエラ。

早速、スイッチを入れたがごとく、アーセナルのゲームは変貌した。様式的に、それはジョージ・グレアム時代の名残が取り払われ、そこにアーセン・ヴェンゲルのパレットが転がり落ちてきたかのようだった。ムードが変わっていた。ピッチ中央のヴィエラとともに、チームは喉を鳴らし始め、パスワークはカチカチ音を立て始め、ゲームのペースが加速する。アーセナルは0－1から巻き返し、4－1でウェンズデイを叩きのめした。そして、ヘッドラインの主役こそ、ハットトリックとクラブ通算150得点を達成したイアン・ライトに回ったものの、グラウンドを後にする人々の口に上った名前は、デビューゴールを飾った新人のそれだった。アーセナルサポーターは畏敬の念に打たれていた。

「彼のあの姿は今でも忘れられない」とアラン・デイヴィーズは言う。「あの瞬間から、我らがバック4からのボールはヴィエラの足元に来るようになった。続く5、6シーズンもそのままだった。それまでだったら、行く先はナンバー9のアラン・スミスかジョン・ハートソンだった。あれはまるで1・5人分のプレーヤーだ、ヴィエラがね。あれはいい。ボールを足元においてナ々を巧みにかわす、あっさりとかわしてしまう。誰かが取りに来たら来たで、待ってましただ。彼は怪物だよ。ボールを持つや否や動いてパスの宛てを探す」

ヴィエラの加入はさざ波のような効果をもたらした。その存在とプレースタイルは大いに周囲にインパンクトを及ぼしたようだった。ディフェンダーはもはや、中盤を無視してさっさと前線の〝のっぽ〟めがけてボールを送り出す必要がなくなった。実際、オールドファッションのごついイングリッシュストライカーのタイプは、まもなく用済みになる運命にあった。ハートソンは4か月も経たないうちに売り払われ、天分に恵まれた競走犬並みに速いニコラ・アネルカが代わりにやってきた。中盤の心臓部に求められる役目は、今やディフェンスの保護と創造的ハブの二つになった。

ニュースタイルの初期の受益者、ライトは、ヴィエラに驚かされた。「あんな中盤のプレーヤーは見たためしがなかった。動きはまるでネコ科の動物だし、のっぽで品がある。歩く姿がまたカッコよくて、そのままの風情でプレーする。会ったとき、まず最初に思ったのは、こりゃイングランドのミッドフィールダーどもに食い物にされるな、どうしてってきゃしゃで痩せてっからって。それがだ。練習が始まると誰もあいつのそばに行けやしないんだ。ボールをもって誰も近寄らせない。驚いたぜ。見た目はよそよそしいんだが、プレミアにすぐ馴染んじまったから、うちにはワールドクラスが一人いるんだって思い知ったね。あいつがここに居た頃って、そりゃもうマジでトップクウォリティーだったろ。おれたちは、見たこともないってタイプの中盤のプレーヤーを見てたんだ」

デニス・ベルカンプはヴィエラがデビューした夜、プレーしていなかった。故障中で観戦に回っていた彼は、精密フットボールに適応したプレーヤーならではの直感で、この容易には信じがたいウェーブを見守っていた。まったく新しい、まるで予想外の、なんともアイキャッチングな〝何か〟を。「彼が入ってきてゲームは変わった。そっくりゲームを変えちまった！ スタジアムにいた誰もがそう思っていたと思う。今何が起きてるんだ、自分の目は確かか、って。周りから話しかけられたのを覚えてるよ。いたなと思ったらボールをコントロールして、ボールを失ったかと思いきや、パスしただけでちゃんとそいつが通ってる。別次元のプレーヤーだった。最先端のミッドフィールダーの一人だった。とにかく目立っていた。ミッドフィールダーは二人いたんだが、彼は二人のセンターバックの前のエリアでひとりだけ目立っていた。それが我々のシステムにはすごく効いていた。それに、誰一人として超えられなかった。で、彼は前線へ加速してストライカーをアシストした」

渦中にいたマーティン・キーオンは、魔法がチーム中に広がるのを感じた。「なぜって、彼の最初のパスは30～40ヤードのクロスパスだったんだ、それも何でもないことのようにね」とキーオンは解説する。確かにそれはハイベリーでは見慣れない類のことだった。「彼がレミと一緒にクラブに姿を見せたとき、誤解しないでもらいたいが、まるで代表プレーヤーについてきた迷子の子ネコみたいに見えたんだ」

キーオンは練習グラウンドでの会話を思い出す。「レミ・ガルデって何者だ？ へえ、フランスの代表キャップを二つほど持ってるのか、なるほど。で、一緒にいるガキの方は？ やせっぽちの？ 知らんよ、プレーヤーだとか誰かが言ってたが……かくして、迷子の子ネコはワールドクラスのプレーヤー、真正のワールドクラスのプレーヤーに変身する。実際は、ワールドクラスのヒューマンビーイングでもあるんだが、それがまた愉快でね」

ニック・ホーンビーは、ヴェンゲルが監督として正式に就任する以前から、ヴィエラのデビユーは思案のうちにあったと言う。「アーセナルファンなら誰でもヴィエラのデビューは目に焼き付いている。彼の登場に思わず口走ったさ、ひぇー、何なんだ、これ？　そして試合の流れはガラリ変わった。負け組から勝ち組へ。それも彼はまだ子供だったのに。考えたね、アーセンって、これこれのポジションにプレーヤーが必要だなってたびに、こういうことやっちゃえるのかな、つまり、聞いたこともない誰かを天才に仕立て上げてしまえるんだろうか、って。もちろん、やっちゃったよ、2、3年の間くらいは。ま、おかしなのもいくつかはあったけど」

あの夜、シェフィールド・ウェンズデイ相手の鬱陶《うっとう》しいゲームが始まって28分、まるで月よりの使者よろしく忽然《こつぜん》とセンターサークルに現れ、アーセナルに新機軸を披露した……そんな意見にヴィエラは腹の底から笑いこける。何年も経って彼は、ニヤリとつぶやいた。「あのゲームは今でもここ（胸の内）にあるよ、もちろん」

＊

始まりの頃に巻き戻してみよう。ヴィエラがピッチに送り出されて鮮烈な印象を残したあの夜から遡って2週間。静かに、自分の周囲で何が行われようとしているのかを観察していると、典型的なアーセナルの特徴がわかってきた。初の練習セッション、アダムズがチームメイトを集めておしゃべりを始めたあの瞬間を思い起こす。男たちの大半は、知り尽くしているキャプテンから、この人が新しい監督だ、と告げられるのに薄々気づいていた頃。ブルース・リオクが去ってアーセン・ヴェンゲルが到来するまでの亡失《リンボー》の期間。プレーヤーの多くがひとまずアダムズを「ボス」と呼ぶことにし、彼一流の支配的やり方で仕切って引っ張っていた頃。

当時、アダムズがチームメイトたちに向けたスピーチを翻訳したガルデが当てにならなかった(何よりも重要なワード『アルコール中毒』を誤訳してしまったため、少し経ってその意味が明らかになるまで、両名とも困惑していた)せいで、ヴィエラが必要以上にうろたえはしたものの、彼は飛び込んだ場所の雰囲気に感銘した。「驚いたのは、彼がそれを告げたとき、全員が拍手をしたことだった」と彼は思い起こす。その、支持を表明する称賛の輪は、チームの親密度といかに互いに敬意を抱いているかを彼に教えたのである。「彼らはトニーを独りにしておかなかった。彼らの間の関係は――トニー、レイ・パーラー、ポール・マーソン、スティーヴ・ボウルド、デイヴィッド・シーマン、ナイジェル・ウィンタバーン、リー・ディクソン、マーティン・キーオン――本当に強いものだった。イングランド人はまさに一つになってトニーを支えようとした。数か月経って、彼らがいかにクラブを愛しているかを思い知り、アーセナルの何たるかを理解した。毎日、毎週、毎月、このチームは本当に緊密なんだなと思った。時とともに、彼らが一体化しているのがわかってきた。実に力強かった」

やってきた頃のヴィエラの最優先事項はフットボールをプレーすることだったため、彼はフランスで行われる予定だった1998年ワールドカップの代表入りに気を取られていた。ACミランでは若手プレーヤーの一人としてなかなか食い込んでいけず、可能性は保証されていたものの、確定済みの先輩、マルセル・デサイーの前には、それも限定されていた。ヴィエラは主にミランのリザーヴでボールを蹴っていたが、プレーすらもどかしいばかりだった。待機中の監督にとってそれは願ってもないサインであり、そしてヴェンゲルはディーンを差し向けて、彼をイタリアから連れ出すことにしたのだった。

「最初の頃の練習セッションじゃ、気が急いてびくびくしてたね、なぜって、すぐに試合に出られると思ってたのにできなかったから」とヴィエラは振り返る。「練習は何もかもが目新しくて、思っていた通りにいかなかった。むずかしかった。わかってたからね、自分を順応させるためにも、練習で違いを見せてこそ、って。大勢いる中で、何ができるのか見せつけてやらなきゃならなかった」

ライトは、彼らがお互いをからかい合いながら付き合い始めたと振り返る。「おれたちはいつも遊び半分でお互いをけなし合うってのをやってたから」と笑う。「あいつ（ヴィエラ）はしょっちゅう、感情を逆撫《さかな》でするようなからかい言葉をかけられていて、おれも毎朝あいつに絡んでた。フランスでもおはようって言うはずだから、『ル・マタン』って新聞があったんで、おれはよく『ボン・マタン』って声をかけた。間違ってるのを承知の上でね。あいつはえらく気を悪くして『それって言葉ですらないんだけど！』ってさ。でも、おれは毎朝それを繰り返すんだ。ボン・マタン！」

ヴィエラは、自らアーセナルを愛そうと努め、その絶対不可欠な一部になろうとする度合いを過小評価していた。まもなく、ただフットボールをプレーすることや定着することだけではなく、何かを主張することまでみくびっていた。

その過程では悶着の種もあった。自分が標的にされているという感覚は、マーティン・キーオンに個人的世話係を演じる必要があると感じさせたほど、純粋に意気阻喪させられるものだった。1999年のウェスト・ハムで起こったある不快な事件では、彼に報復の唾を吐いて挑発した古風な乱暴者、ニール・ラドックとの口論に巻き込まれて退場処分になった。翌シーズンが始まってまもない頃には、72時間中に二度のレッドカードを受けてほとほと落ち込み、自分はイングリッシュフットボールに向いていないのだろうかと自問までした。だが、自分が信じていた何かから逃げ出すのは、とうていヴィエラのスタイルではなかった。彼はクールダウンし、プレーに打ち込んだ。2001年、彼はアーセナルの副キャプテンになった。が、それは同シーズン末に引退するアダムズから正キャプテンシーを引き継ぐ前振りの意味があった。

その名誉は、いくつかの内輪喧嘩でチリチリする痛みを伴った。少年期のクラブ、カンヌでは、10代でキャプテンを務めたこともあるヴィエラも、アーセナルではふさわしいことなのかどうか、まるで納得がいかなかった。アダムズの超絶断固たる、声を出して鼓舞するスタイルのリーダーシップを見てきた。違う、自分はそのタイプじゃない、言葉ではなく行動で引っ張っていく方がいい、それに、周りに群がる百戦錬磨のプロは自分よりも優に年上、端から打ち解けない風でどんと構えている。

「アーセンからキャプテンになれと言われたときは自信がなかった」とヴィエラは認める。「周りにいるプレーヤーたち、例えばリー・ディクソンなんかを見て、これは話をする必要があると思った。そのことでデイヴィッド・シーマンに声をかけた。少しでも彼らからの承認が欲しかった。トニー・アダムズとはまったく別口のキャプテンになるってことはわかっていた。トニーはずっと弁が立つ。わたしは生来無口な男だ。しかし、アーセンがわたしにキャプテンシーを渡したということは、ピッチで違うやり方をするリーダーになれということだ。声を出すんじゃなくて自分のプレーでチームをまとめあげるという」

アンリは、フランス・アンダー21代表時代、およびシニアチームで肩を並べてプレーしてきた親友が、必然にして異質なスキッパー（キャプテン）に進化する様子を見守っていた。「試合を見ていればわかるが、パトリックは誰に対しても怒鳴らない。というか、パトリックが上手くて目立ってるもんだから怒鳴る必要もないんだが」と彼は言う。「彼がプレーしている様子だけでぼくらには事足りる……さあ目を覚まさないとな、彼がビジネスだぞって、彼に従おう。あいつが独り中盤でプレーしていたゲームをいくつか思い出すよ。誰をけなすわけでもないが、彼ならボールを奪えるのがわかっていた。アーセナルのファンもそれを知ってる、敵のチームも、プレスも、誰もかもがわかってる。とにかくいいヤツなんだ、つるんでても楽しい。でもフィールドにいるときは話は別だ。目を覚まして自分にも戦う気があるのか確かめないといけなくなる。

ときどき、アウェイでつまんないチームと（ああ、悪気は全然ないんだけど）やるときなんか、しかも雨だったりすると、最初の10分間はちっとも気が乗らない。そんなとき突然、パトリックが誰かにスライドタックルを見舞ってぶっ飛ばし、ボールを分捕っていつものように突進また突進、ボックス・トゥ・ボックスのドリブルランを目の当たりにする。そしたら、おや、わかった、行こうぜ、てな具合さ」

キャプテンシーについては、ヴェンゲルの持つ特異性の一つが重要になってくる。歴史的に、チームスポーツにおけるアームバンドを崇め奉るイングランドのような国にあって、ヴェンゲルが好んで口にするのが、彼呼ぶところの「リーダーシップのシェア」だ。彼は、キャプテンシー自体、象徴以上の何物でもないと信じ、理想を言えば、チームに相互に刺激し合える複数のリーダーシップがいるべきだと考えている。インヴィンシブルのチームの屋台骨を構築した何人かのキャラに思いをはせれば、リーダーシップの観点でのごく自然な貢献度がわかるはずだ。誰に言われるまでもなく、それは彼らの天性の資質の一部だった。レーマン、キャンベル、キーオン、ヴィエラ、ベルカンプ、アンリ。彼らはそれぞれ多様なリーダーシップの素質をもっていた。お堅い語り部もいれば、しつけのいい励まし役もいて、味方でいてくれてよかったと思わせる、じわじわと自信の空気をにじませる者もいて、また、烈火のごときリアリズムの塊もいた。

その他については、おそらく信ずべきリーダーシップ的キャラを持ち合わせるほど恵まれてはいなかったとしても、ファイター揃いだった。ラウレン、コール、トゥーレ、リュングベリ、そしてミスター・ナイスガイのピレスも。彼はファイターじゃない？　状況の如何を問わず、成功に駆り立てられるようなタイプじゃないって？　彼は単に違う種類のファイターだっただけだ。テクニカルな勝ち方を望むこともないし、イングランドでのセカンドシーズンで年間最優秀フットボーラーに票決されるに足るほど順応していたわけでもなかった。

成功に自ら浴するにはタフネスが要る。特に、チャレンジが抗しがたいときには。そもそもの時点でピレスがそうだったように。忘れもしない、デビューの頃、彼はベンチに座ってじれったく見守っていた。ヴェンゲルに言われていた。飛び込んでいく前にここで何が求められているのかを自分の目で確かめておくのがベストだから、と。より粗暴なフットボールはカルチャーショックだった。ふーん、これほど異質な環境をマスターするには確かにガッツが要りそうだ。「人は、ただの厳しい試合なだけじゃないかと言うが、毎日だからね」と彼は言う。「日々の練習というのが込み入っていてね、骨が折れる。トニー・アダムズやマーティン・キーオン、デイヴィッド・シーマン、レイ・パーラーらとの練習では、いやでも勉強になる。成長だ。ぼくにとっちゃ、フィジカル、メンタルの両面で重要だった」

タックルは好きじゃなかったと彼は認める。が、ベースのすべてをカバーするにはチームが肩を組む必要があった。「例えば、やむを得ず決闘の場面になったら、ぼくは行かなかった。トニー・アダムズ、マーティン・キーオン、レイ・パーラー、パトリック・ヴィエラの出番だった。連中が代わりにやってくれた」とピレスは説明する。「ぼくにはその資質がなかった。一つのスキルだからね。ぼくには別のスキルがある。ぼくらはすごく強力な混合物《ミックス》だった。技術的にぼくより強くないプレーヤーは身体的にずっと強かった」

そうはいっても、ヒートアップしたときのピレスの貢献度を、キャンベルは好もしく思う。「めちゃ落ち着いているくせに、ピッチでは好んで騒ぎを起こすんだからな」と手厳しい。「押し合いへし合いが起きるたびに、あいつは必ずその渦中にいて、で、ほうほうの態で逃げ戻る。笑っちゃうよな！」

そんなチーム内のギヴ&テイクが、リーダーシップに発展拡張した。キャプテンだったくせに、ヴィエラは実際、必要に応じて自分を怒鳴りつけ叱りつけてくれればいいと、特定のプレーヤーたちに頼んでいた。イェンス・レーマンによると「パトリックはときどき、ケツを蹴り上げてやる必要があるやつだった。まったくこだわらないタイプで、それにわかってたからね、ああ、でも自分は最高だから、って。最高でいることは必ずしも役に立つとは限らない、ってことかな」

ヴィエラはとりわけキャンベルと仲が良く、ヴィエラの背後から密集をさばくのを得意とするキャンベルは、ヴィエラに口で叱咤する頼れる存在だった。「パトリックはいつもおれに怒鳴りつけてもらいたがってた。目を覚ませよ、って」とキャンベルは振り返る。「『ソル、あんたがおれを怒鳴りつけてくれればいい、それで気が入るから』とかね。パトリックはそりゃジェントルマンだったが、あいつの力ってのはそのプレー、マンネリズム、ボールを奪う決断力、攻撃の分断、ボールを前に運んできっちりパスを出す、ゴールを決めるところにあった。あいつはそれをピッチ上の器量でこなした。ミスター・アーセナルだよ。チームを仕切るキャプテンにもいろんなタイプがいる。怒鳴ってなんぼのだっているさ。でも、あいつは穏やかで、ここぞってときにピッチでこれという仕事をする男だったんだ」

ヴィエラは、試合中、道を誤りそうなとき警告を発してくれるキャンベルの恩恵の事実に、何ら痛痒を感じなかった。嬉しかった。「世代差が良かったってことだね、ぼくらは正直になれたから」と言う。「彼にはよく言ったものでね、楽な試合だとどうしたって怠けがちになる、すぐにスイッチが切れたりしてしまう、するとおバカなミスをし始めちゃうんだ、って。集中力の欠如ってやつだね。ソルは本当にいいヤツで、わたしがミスを犯すと怒鳴りつけてくれた。叫ぶんだ、『パトリック、頼むぜ！』。おかげで（プレーも）少しは良くなる。ストレートにわたしのスイッチをオンにしてくれたんだ」

確かにそれはよく機能していたようだ。お互いを良く知り、お互いのプレーのくせを良く知り、そして、どういう形にしろお互いが助け合うことに誰もが意欲的だったという、好例である。強力な個性をもつチームメイトに恵まれたヴィエラは、傑出したキャプテンだった。そして、2003－04シーズンの冬、苦戦が続く中での一連の激しいパフォーマンスは、ヴェンゲルをはたと思案させることになる。期待をかけた中盤の闘士の成長とその役目をいかによく果たしているかについて。

嬉しかった。ヴィエラがイングリッシュフットボールは手に余るのではと感じ始めていたそれまでのシーズンに、辞めてしまいたい誘惑に抵抗し続けてこられたことが。

「出ていくんじゃないかと心配だった」。当時ヴェンゲルはそう述べている。「不安定な時期で、岐路に立っていた彼は生贄《いけにえ》にされている気分だった。しかしいつも、数日後には戻ってきてくれて『いいえ、自分が悪いんです。行いと態度を改めないと』と言った。彼の自己批判的な見方が自ら乗り越える力になった。今考えると、彼は事件を糧にして山を越えたんじゃないかな。シーズン開幕からの我々の安定感を見るにつけ、その理由はもちろんチーム全体の姿勢のおかげなんだが、パトリックがプレーヤーたちとやってきてくれた仕事も大きいと思う。彼はメンタルな相互理解を行き渡らせてくれている。きっとそれは彼が以前にトニー・アダムズから見倣《なら》ってきたことなんだろうね」

*

ヴィエラのミッドフィールドの相棒のひとり、エドゥーは、リーダーシップの分担がよく機能することにヒントをくれている。彼にとって、グループ最強のリーダーといえば、それはアンリだった。もし、イングランド流ステレオタイプのキャプテンシーの文脈において、ヴィエラがアダムズから一歩抜け出したのだとすれば、アンリはそのヴィエラからさらに一歩踏み出したと言える。エドゥーがアーセナルの至高のゴールスコアラーに見たものは、永遠に頭に焼き付いたイメージとなったようだ。

現在、少年期のクラブ、コリンチャンスでダイレクター・オヴ・フットボールの職に就いているエドゥーは、常日頃からチームの中のアンリのような存在を探している。「いつも言うんだ、あの頃にわたしが見たティエリーのもつメンタリティーをもちたいものだと。彼は常に勝利を望んだ。毎試合、毎練習、何もかも。カード遊びでも彼には勝つメンタリティーが働いていた。常に全試合に勝つつもりで男たちの背中を押し、自分自身を駆り立てるような誰かがチームにいたら、いうことはない。ま、ときには、ちとしつこいってこともあるんだが、それもまたティエリーなんだ。とにかく、勝利へ後押しをしてくれる誰かってのは、チームにとってすごく意味がある。彼のメンタリティーったら信じられないほどだった。もしもチームごとにティエリーがいたら、そのチームはもっとよくなる。コリンチャンスにも彼のような男が一人欲しいといつも思うんだが、そう簡単にはみつからない。あれだけの才能があってあんなにどっさりゴールを決めてしまうんだから、ティエリーは完璧なフットボーラーだったね」

これらしたたかなキャラクターが互いを強くした。レーマンは練習でベストのみを尽くすよう駆り立てた。キーオンは絶えず誰もかもの耳元に吹き込んだ。キャンベルはヴィエラを臨戦態勢に保ち、ベルカンプは皆のお手本となるわざを最高度に披露した。パーラーは肉体の限界まで自分を押し上げた。ジウベルトはスーパープロフェッショナルたらんと努力した。リュングベリ、コール、ラウレン、トゥーレはチーク材並みにタフな闘士だった。アンリは負けるのが大嫌い、それがすべて。ヴィエラはアームバンドをつけて胸を張った。どんな敵も、これは楽にはいかないぞ、と肝に銘じた。受けて立つなんてご苦労様。

トニー・アダムズには、チームの強さに関する彼の考えを要約した金言があった。「必要なのは7人」。彼は信じていた。チームをざっと眺め渡した上で、少なくとも7人、何があろうと全力で彼をバックアップする者を確認するのがキモなのだ、と。残りはたぶん自分が引っ張っていける。インヴィンシブルズの場合は何ら問題がなかった。そのマジックナンバーを優に超える数に達していたのだから。

どこを見ても頼りになる協力者がいた。例えば、キーオンは、一見して比較的物静かなグループメンバーで必ずしも真っ先に上がるわけでもない約2名を、褒めちぎっている。「ジウベルトはすばらしい男だった。偉大なリーダーでそれはもう謙虚な人間でね。ワールドカップ優勝メンバーのひとりとしてドレッシングルームにやってきて、それをまるで申し訳なさそうにしていたが、プレーの方は申し訳程度でも何でもなかった。こいつは只者じゃないぞ、バーを上げてくれたな、と思った。フランス人プレーヤーたちも一目見てできるやつだと思ったらしい。努力家で自分じゃなく常にチームのためを考えてプレーしていたね。

ラウレンは非常にしっかりした人間で、きっぱりと自分の目標を持っていて、こっちが何かしてやる必要はさらさらなかった。ただ、ウィンガーなのにサイドバックをやらされて、最初の頃は、ちゃんと評価されてるのかな、と訝っていた。多分それは、全員イングランド人のバックラインに、そうじゃない自分が放り込まれたからだったんじゃないかな。まあでも、本当にタフで抜け目のない男でそのうち別格のプレーヤーになった。もう一人の勝ち組だ。あっという間に頼りになるやつだってわかった。端から自信を持ってやっていた。こういうプレーヤーがいると助かるよね。

このグループにはいろんなプレーヤーがいて、それぞれが自らの領分で勝ち組なんだなって気が本当にしたものさ。オーラのあるやつがいっぱいいって感じで、アンリ、ヴィエラとか、今だってそれがわかるように、確かな流儀みたいなのがあるよね、大したカリスマってやつが」

*

最低レベルの勝利欲、その基本的資質という点で、物足りないメンバーは一人もいなかった。この勝利への加重は、練習グラウンドから試合へとチームに付随した。そんな雰囲気は、どこにいようと、大なり小なり行き渡っていた。パーラーは、別のクラブとのメインイベントに臨んだときよりも、大抵練習マッチの方がずっときつかったと言う。「金曜日の練習じゃ、よく8対8をやった。アーセン・ヴェンゲルにしてみれば気が気でなかったろうね。なんせ、16人がマジでがつがつ蹴り合ってんだから。故障でも出たら最悪だ」と彼は言う。「勝ちたいという意思が高じてのことなんだけど、まあ、真剣勝負並みだったからね。タックルなんかでも手を抜かないし。形だけでやっててもよかったんだろうけど、ヴェンゲルも一言も言わなかったし、ま、どんなチームにだってあるマジになっちゃう性質っていうかね。そんな、金曜日の午後のウィニングスピリットを土曜日のフィールドに持っていけるってのがいいんだ。というわけで、16人の生まれつきのウィナーが一つになったチームの出来上がり、という寸法さ」

ヴィエラを先頭に、チームはハイベリーのドレッシングルームを出て狭いトンネルスペースへ、どんづまりには光の抜け穴と芝と騒音があり、アーセナルは彼らの敵が縮み上がっているのを様子を感じ取る。アーセナルはウィナーたちのビッグチーム、ビッグメンのウィニングチームだ。畏縮させてしまうのも無理はない。マーティン・キーオンは、囁きながら天を仰ぐビジターの様子をよく覚えている。

パーラーがそのテーマを引き取る。「ハイベリーはそれはもう引き攣ってた。トンネルの中のことだ。相手チームの気おくれが手に取るようにわかった。ちらっと見ると連中は、おい、アンリだ、ベルカンプも……。偉大なるプレーヤーが彼らのそばに勢ぞろいしてる。直感的に連中はバスを停める気だ、つまり、できる限り守りに徹する気だなってわかる。それで1－0や2－0の負け程度ならまあ良しとしよう、なんてね。よく話してたものさ、『連中、もう負けるつもりでいるみたいだから、がっかりさせちゃ悪いよな』。いい気なもんだったよ」

さほど上背のないリュングベリやコールらにとって、そんな集合体の一役を担うのは、比喩的に余分な背丈をもらうことだった。リュングベリは「ぼくらがそれほどビッグだったたってわけじゃなくて、みんなが勝利を意識して、みんなが必死で練習して、口喧嘩もあったし、それやこれやで勝つためなんだとか、で、だからトンネルの中に立ってると、このチームは勝つためなら何だってやるだろうな、ってわかってたんだ。

そして、もし喧嘩にでもなったら――マン・ユナイテッドじゃこっちが悪かったたって言うけど、あっちはいつもぼくらとやるときは威張り散らすんだから――その瞬間、お互いを守ろうと立ち上がったんだ。他のチームはどこも、あら探しをやってくるみたいだが、ぼくらはお互いを守るために立ち上がる。チームなんだから、個人的にそれでよかったと思う。誰かを問わず、お互いをプロテクトするんだからなって見せつけたんだ。それが、トンネルの中に立っているときにいつも考えていたことだった」

ヴィエラは、チームメイトたちと一列に並んでいたあの当時の心境を、完璧に説明し得る言葉を探して、まったく意外な答えを引き出す。「ぼくらは……」しばしの熟考、そしてそれに思い当たってほほ笑む。「……怪物どもだった」

第8章

ヴェンゲルボール

ジョージ・グレアム時代の末期、行き詰まりを見せていたアーセナルのスタイルをからかうのに、わざわざコメディアンを引っ張り出す必要はなかった。そこで展開されていたのは、超のつく立ち直りの早さをベースにした戦法であり、ほぼ、彼らの誇る、爆発性の一匹狼ストライカー、イアン・ライトに、できる限り迅速にボールを上げることに尽きたからだ。カップ戦には完璧な戦術で、実際アーセナルは1993年から1994年にかけて3つの異なるカップ戦を勝ち取ったが、それでいつも良しというわけではなかった。アラン・デイヴィーズとその友人たちはよく、ハイベリーの退屈しのぎにおバカな気晴らしの種を探していたものだった。「中休みというやつでね」と彼は言う。「よく、ウェストロウアー——おれたちはその最前列にいた——で目の前に小さな壁を作ったな。で、コインを一枚その壁の上に置いてから、角にくるまで、あるいは落っこちるまで動かすんだ。そんなことで喜んでたというのも、それだけフットボールが耐えられなかったからさ。あの頃、ジョージはジョン・ジェンセンやらシュテファン・シュワルツやらエディー・マッゴールドリックを獲ったっけね。よく野次ってた、『ヘイズ……グロウヴズ……パパン！』とか。そのココロってのは、パパンみたいなのが現れてチームにいるってのがお笑い種だったからさ。70年代か80年代には、ルディ・クロルが来るはずだったんだが結局来やしなかった」

デニス・ベルカンプの生家からすぐ角を曲がったところに広い運河がある。風景は典型的なアムステルダム郊外のそれだ。きれいな水の運河は通りを分けて流れ、アパートのブロック壁には自転車が何台か寄りかかっている。いやに静かだ。このビルの壁に向かって、少年時代の彼は何時間も繰り返しボールを蹴って過ごした。タッチ、タッチ、タッチ。インステップ、アウトステップ、つま先、紐、より強く、よりそっと、左、右、バウンド入り、バウンドなし。タッチ、タッチ、タッチ。たいていの少年がただのボール壁当て遊びで満足するところを、ベルカンプはさらに、どう接触すればボールがどう反応するか、その科学を分析するまでキックアウトを続けた。彼はそれに心を奪われた。

そのスタイリスティックな視野において、アーセナルの再生はベルカンプとともに始まった。彼がオーケストラの最初の音を弾いた。オーボエ奏者の彼が、そのクリアで一分の隙も無い「A」の音が、周りの他のミュージシャンすべてを調律する。彼が始め、残りが応える。新しいアイデンティティーの創造という意味で、彼は到来し、スタンダードを上げ、テクニカルで創意に富んで集合的なオランダ式トータルフットボールの理想をひとしきり組み込んだ。何より、彼を見ていると楽しかった。その到来から1年もしないうちに、このアイディアを受け入れる強力な個性が次々にやってきて、しかるべくソロが交響曲に変わり、そしてすべてが花開き始めた。

ライトは、ベルカンプがアーセナル史上最も重要な契約だったと認める。「デニスは我々のゲームの、そのDNAを変えた」と彼は指摘する。「変わるしかなかったんだ、彼を無視するわけにはいかなかったから。それからアーセン・ヴェンゲルが彼ならではのトータルフットボールを引っ提げてやってきた。してやったりだ。自分がせめてもう4つ若かったらなって思ったよ。すごい時代がやってくるのはお見通しだった」

ちょっとした口上である――数々のメダルを勝ち取り、ゴールスコアリング記録を塗り替え、大海のうねり以前にクラブと恋に落ちてしまっていた、この男からにしては。

「すべてはベルカンプとともに始まった、本当だ」とヴィエラも評価する。「デニス・ベルカンプがいるチームでキック&ラッシュなんてのはもうできない。アーセナルにはすべてがあった。テクニック、デニス・ベルカンプが導いたとでも言うべき頭脳、ペース、だから機能した。一緒にプレーして本当に楽しかった。それもアーセンがくれた自由だ。我々は、勝つのみならず、スタイルと、我々がプレーするフットボール満載で存分に楽しめたこのチームにいて、本当に幸運だった。ヴィジョンだよ。監督に哲学があり、その哲学と彼が求めるフットボールの形に基づいて、適切なプレーヤーを連れてくるという」

いちサポーターとして、ニック・ホーンビーはその進化のほどを、まったく予期せずに、目の当たりにしてきた。人々に対するアーセナルの意義をヴェンゲルが完璧に再定義した様子を見極め、好奇心をそそられた。「実際、ブランドを持ってるフットボールクラブなんてそうは思いつかない」と彼は言う。「現実のブランドに対抗するくらいに有名だってことだ。多分それはバルセロナとアーセナルの二つくらいだろう。で、アーセナルはそれを一人の人間を通してやってのけた。バルサじゃ、ある特定のやり方でプレーしなけりゃならないが、あそこにはそれをやってしまうだけの蓄積がある。だから、一人の人間がある意味を持つ何かを、その正反対の意味を持つ何かに変えたというのは、実に驚くべきことなんだ。6年、7年も経たないうちに、誰もが古いアーセナルを忘れてしまった。そして今や、アーセナル、もしくはアーセナルのプレースタイルは、外国人の間で持ち切りだし、それが意味するものをみんなが知っている。これはちょっとした近代の発明だよ」

ベルカンプの到来は、彼がごく自然にヴェンゲルに先行して変化を煽動するぴったりのコマになったと言う意味で、思わぬ拾い物だった。彼がアヤックスで吸収した哲学は、本来彼が考えていたフットボールの流儀であり、未来のコーチとともにほどよくブレンドした。若年層の教育法で音に聞こえたフットボールスクール、アヤックス・アカデミーの教え方は、現在同アカデミーが呼ぶところの『TIPSモデル』に即している。テクニック、インサイト（洞察力）、パーソナリティー、スピードの頭文字を取ったものだ。この4つはまさにヴェンゲルのフットボール教義と共鳴する。

アーセナルスタイルの展開を振り返るにつけ、ベルカンプは、今やチームにすっかり馴染んだこれら構成要素を、彼らが独自の流儀を形成したカギだとみなしている。例えば、ベルカンプ、アンリ、ピレス間の、おそらくは本能的なやり取りの爆裂で折り紙付きになった相互作用は、純粋なテクニックと並んで洞察力がベースになっていた。「一度アーセンに言われた言葉をいつもコピーするようにしている。ボールは常にチーム内の聡明なプレーヤーたちを介して動く」とベルカンプ。「じゃあ誰と誰かっていうと、全員が聡明なプレーヤーで、彼らはゲーム（の流れ）を読んで、突破口を見出した。

理解力は申し分なかった。なぜって？　それはお互いの強みに沿ってプレーしていたからさ。ティエリーの、あるいはパトリックやロベールの強みが何なのかは正確にわかっていた。それがあのチームのパワーだったんだし、ピッチにいてどこで連携するべきかも正確にわかっていた。同時に、プレーヤーたちの弱点もわかっていた。だからいつも、アーセンが言うように、正確なパスを出してそのプレーヤーの強みを引き出そうとしていた。ティエリーとなら、彼がやりたいことは正確にわかったし、彼もわたしが彼にしてやれることを正確に知っていた。ピッチではそういう連携がどこにいてもできていた。ひょっとしたら、二人か三人くらい、我々と同じレベルじゃないプレーヤーがいたかもしれない。それでも、彼らには別に何か提供できるものがあった。チームへのパワーだとか、ディフェンディングだとか。彼らにも聡明さがあって――ボールをもったらパトリックかティエリー、デニスに渡すんだって。彼らとて愚かな真似をしたくはない。それがアーセンの狙いだった」

新しいプレーヤーが来たら、即、彼らの聡明さがわかってしまうとか？

「ああ。彼らはいつだって最初の内は、自分たちを証明しようとして頑張りすぎてしまう。でも、そういうピッチでの動きだとか、ボールコントロールのしぐさとかから見えてくるものなんだ、よし、こいつは使えるな、こいつとならやっていける、とかね。ロベールはワンタッチ、ツータッチのプレーをしたがった。パトリックもしかり。ティエリーは違う。あいつはプレーさせてやらないといけない、というか、一対一でプレーできるようなポジションにあいつを行かせてやる必要がある。ディフェンスの背後のときもあれば、その真っただ中ってこともある。時間はそうかからなかった。練習セッションの一つや二つこなせば、プレーヤーの強みも弱みも、チームにどう貢献できそうかも、ばっちりわかった」

そんな、お互いについてのハイレベルな直感を養えるチームにいるって、そうそうあることじゃないと思うけど？

「めったにないだろうね。同じ種類の感覚はアヤックスでもあったけど、あそこではみんなこれからのプレーヤーで、若いプレーヤーばかりだった。もちろん、プレーはそこそこできるが、若いのはアップダウンがつきものでね、『あいつ、すごいぞ』と言った翌週に『なんだ、ダメだ』。アーセナルでラッキーだったのは、みんなそれなりの歳で一番いい時期にいたことだね。ぼくにとってアーセナルコネクションは別格で、文字通りにスペシャル。なぜって、一緒にプレーして2年も経てばお互いを良く知るようになって、ピッチ内外で本音でものを言えたし、裏表なく付き合えたんだから。それがあったから、成長できるってわかってたしね」

多くのプレーヤーたちが、ボールを持ったときまず最初に探すのはベルカンプだったと認めている。その習慣ははるか彼方のゴールキーパーにまで及んでいた。「いつも」とレーマン。「ティエリーじゃなく、彼だった。変換装置《コンヴァーター》だったから。もしくは指揮者《コンダクター》。ぼくにはラストパスは出せないが、彼はできる。テクニック的に彼はすごく上手かったし、いつでもボールを彼に渡せばよかった。たとえ、36歳とかそんな歳になっていたってね」

彼がチームにもたらした影響は、それ自体、数多くのさまざまな形で現れた。そのトレーニング法は、優に三十路に入ってすっかり出来上がったクラブアイコンとなってからも、徹底した集中力でもって繰り返された。楽をしたことは一度もなかった。内に潜む完全主義者の気質が、ほんのわずかな量だろうと、日々、改善の機会を提供した。このスポーツに対する彼の考え方が、バーを上げたのだ。とりわけピッチの上では、常に前向き志向で形を取る動きを見据え、流れがどこからやってくるかを察し、すべてを統合しようとした。インヴィンシブルズ最年長のレギュラーは、必ずしも最速ではなかったかもしれない。が、他の者たちは彼よりも速く考えることに汲々としていた。

チームのスピード——動きのみならず考えるスピード——は、当時、他のどこよりもシャープに映った。「我々は違うレベルにあった、そう思う」とベルカンプ。「アスリート、あるいはフットボーラーとして、どこかへ出て行ってやることをやる、しかし当日成果をものにするのはもうわかっている、ってすごいよね。自信満々、クウォリティーとタレントは満載なら、違いを見せられるのは自明の理だ。我々はチームとして同じ感覚を持っていた。いくつかのゴール、そのタイミング、一方から反対側へいかに速く……カウンターアタックのチームだと勘違いされたら困るよ。とにかく、そういう瞬間、前線の4人ないし5人は、直後の10秒、12秒間に何が起きるかが正確にわかっていたんだ。それってすごいことだろ。で、そこから最高度のクウォリティーと最高度のペースで何かが起きる。レッツゴー」

リュングベリは、思考の集合的スピードが、グループが長い時間をかけてゲームを分析した結果の産物だったと考えている。「ぼくらはみんなフットボールを考えるのが好きだった。まったくもってね。どんな風にプレーしたかと聞かれて、例えば、テクニック満載ありきの縮小版だとか、でもパスのスピードや、それがお互いをびしばし回ってどうのこうのなんて、言いようがない。トップチームならそれをやる、フィールドがけっこうウェットなら、ワンタッチでがんがんやっつける。ボールを持つ前に考える必要がある、このあと、ボールはどっちへ行く？　なぜならボールはすごいスピードでやってくる。そんなボールスピードでも、ぼくらはしっかりコントロールできてしまう。誰よりも速く走ったとかの話じゃないんだ、ボールがそれ以上に速く動いてるんだから。みんなそこを取り違えてるんだな、敵方を出し抜くためにより早く、だなんて」

レーマンも、スピードが決定的だったと同意する。「フットボールピッチで一番速いものってな〜んだ？」何やらひっかけがありそうな問いかけ。「ボールじゃない」と彼は訳知り顔でにんまりする。「ピッチじゃ誰一人、思考より速いやつはいない。そのあとにボールがくる。で、プレーヤー。だから、速く考えるのは死活問題なんだ。わたしはまだ、我々が今のチームよりずっと速いフットボールをやってたと確信してる。ワンタッチ、ツータッチ。今のチームを見てると、スリーかフォーだ。普通、フットボールはどんどん速くなってきているとか言うよね。でも掛け値なしに言うけど、2003年から2006年の我々はとんでもなく速いフットボールをやってた。始まったと思ったらフィニッシュ」

インヴィンシブルのシーズン中、ゴールキーパーがきわめて特権的なポジションだった時期があった。その頃のアーセナルは、音を立ててフルスロットルで前線に殺到し、目指す方向へ一直線に、敵方をぶった切るようにかいくぐっていた。「めいっぱいの数のゲームで、わたしは後方に立ったまま、ただ見守っていた。我々はたっぷりのポゼッションで、それはもう速いプレーで、チクタクカチコチやってたからね。ワンタッチだよ。すごい光景だったね。独りごちてたもの、なんてすごいグループなんだ、って」

いかにアーセナルのニュースタイルが、彼ら自身のファミリーを飛び出して強烈な印象を醸したかを物語るエピソードがある。2004年3月、FAカップ準々決勝でポーツマスに乗り込んだ彼らが演じた、たまらなく魅力的なショウたるや、敵方のサポーターがホームの地にいながら、矢も楯もたまらずアウェイチームに耳障りな喝采を送ったほどだった。

2004年3月6日

ポーツマス　1-5　アーセナル

「毎週相手してもらえるかな?」。5-0になった時点でポーツマスのファンは朗らかに問いかけた。さて、それはほろ酔い気分の皮肉か、はたまた、すばらしき忠実なるポンピーファンの、アーセナルとなら別世界のフットボールが観戦できると胸がいっぱいになったゆえの賞賛からだったのか。

尋常ではない何かがここで、71分、発生した。アーセン・ヴェンゲルが一度に3名の交代の挙に出たのだ。去りゆくは傲然としたパトリック・ヴィエラ、制しきれないティエリー・アンリ、やんちゃでお茶目なフレディー・リュングベリ、そして、彼らはフラトン・パークの信徒たちからのスタンディングオベーションに浴した。「すばらしいファンだったね、5―0になってもだよ、ああいうファンがいる限り、ポーツマスが降格するいわれはないな」。アンリはそう語って、この予想だにせぬラヴ・イン〔ヒッピーの愛の集会〕に心和ませた。ヴェンゲルは前代未聞だとまで言った。

順位差17、途方もなく長い年月が二つのチームを分かっていた。「ヨーロッパ一、ひょっとしたら世界一のチームだよ」と喘ぐようにハリー・レドナップ。「別次元に行っちまってると思う。5点取られて思ったね、『なんとでもなれ』」

勘定書こそ忘れるにしかずだったとはいえ、開始20分間のポンピーはけっこううまくやっていた。が、アーセナルは美女と野獣の一人二役。行進が始まる前の道掃除へと……。

怖気《おじけ》づかされようと、狭くてちっぽけなフラトンは、ポーツマスの何よりの拠り所だ。割れるような騒音、風に舞う雨、滑りやすい地表、ズシンと響くコミットメント――すべての構成要素が、ガナーズをへこませるべくそこにあった。

しかし、アーセナルの鼻はそう易々と接合部から外れやしない。知覚分別は、ポンピーが勝ち抜けるには激烈きわまりないゲームに持ち込むしかなかろうと教え、片やアーセナルは骨を砕かんばかりの適正なシェア以上を調達した（ただ、コロ・トゥーレとアンリは無謀なチャレンジでの警告を幸運にも免れた）。もし彼らが美しくプレーするために激しくプレーしなければならないなら、彼らにはズバリそうするにふさわしい紋章があった。恐るべき模範をもってリードするヴィエラ麾下、アーセナルは確実にバレエが始まる前にフィジカルバトルを勝ち進む。

アンリ灼熱のペースのみでは物足りないかのごとく、そのパートナー、ホセ・アントニオ・レジェスは電光のようなランでポーツマスを翻弄した。「彼のランの物量はまったくもって信じられない」とヴェンゲルは述べた。「彼とアンリのペースは向こうのディフェンスを甚だしく困らせていた」。レジェスはファーストチャンスにハーフボレーでクロスバーを叩いた。アンリはそれよりもうまくやった。ペトリ・パサネンの締まりのないクリアに乗じて、アーセナルのトップスコアラーは震動し、カットバックからシャカ・ヒズロップを交わして痛烈に叩き込む。

そこからのアーセナルの相互作用たるや否応もなかった。優位を背にした追加点は、ハーフタイム直前、見目麗しきスタイルで到来した。ルースボールを拾ったエドゥーが、ヴィエラと繊細なワンツーを交換。ブラジリアンがそこから芸術的パスの弧を描くと、エネルギッシュなリュングベリが2点目をゲットした。さらに、終了間際、ポーツマスがアーセナルのコーナーに対処しきれないまま、トゥーレがボックスエッジから撃ち込んでナンバー3。ジェフ・ウィンターがホイッスルを鳴らす頃には、ポンピーのプレーヤーたちはまるで竜巻に巻き込まれたような有様に。

どうする？　レドナップはエヤル・ベルコヴィッチに代えてスティーヴ・ストーンを送り出したが、はっきり言ってこの人選はもはや的外れだった。圧倒するアーセナルに、ポーツマスはボールに触れこそすれ、ミートしようにももがくだけ。およそパス100本にも思えた動きを張り巡らして収斂したあげく、レジェスがリュングベリを見つけ、そこから渡ったボールを、アンリが精密なフィニッシュでファーコーナーに落ち着けた……。

「カモン、ポンピー、ゴールを決めろ！」。誰かが叫んだ。そしてゴール枠からリバウンドした二度の試みの末、それはついに終了1分前、アーセナルの旧敵テディー・シェリンガムによって果たされた。おやおや、彼らとてまるで完璧というわけではないらしい。（『オブザーヴァー』紙）

それはあまねく、ロンドン・コルニーでのお勧めがマッチデイ・パフォーマンスにもろ移し変えられたと承認された。メッセージは高らかに伝播する。「練習した通りにプレーする。しっかり練習すれば、概して試合でもうまくいく」とピレスは言う。「練習は練習、試合は試合なんていってたら、試合に負ける」。ジウベルトが補足する。「お互いケガしないよう気を付ける必要があったとはいえ、練習は真剣にやらねばいけなかった。アーセンにはそれが何より重要なことだった。誰に対しても、練習セッションに真剣に取り組むことが大切だと言い聞かせた。たまに誰かがやったことが彼の考えにそぐわないと見たら、彼は練習を中断させてプレーヤーたちに話をした。みんな彼のメンタリティーとアプローチの仕方がわかっていた」

年月が過ぎ去ってもなお、ほとんどのプレーヤーが忘れることのない要《かなめ》の瞬間とは、ヴェンゲルがプレーを止め、それぞれと差し向かいになって、ある特別なメッセージを伝えたときのことである。それは、いかにして彼らがアーセナルのプレーヤーになるべく自らを形成し、アーセナルシステムにより良く適応するうえでの、試金石というべきものだった。

ジウベルトはそれをよく覚えている。「アーセンはひどく丁寧に、ぼくにどうプレーしてもらいたいのか、チームにどうプレーさせたいのかを示した。よく覚えているのは最初の頃の何試合かだ。ブラジルだと、ぼくがプレーしていたポジションではボールをサイドにパスして、それを今度はまた逆サイドに、というのがごく普通なんだね。ぼくもそれに慣れていた。それがある日突然、練習グラウンドで彼がぼくのところにやってきて、ぼくにどうして欲しいか話しかけてきたんだ。『うん、君のやってることは悪くない、いいぞ。ただ、わたしは君に前へプレーして欲しいんだ。それがイングランドのやり方で、イングリッシュフットボールの何たるかなんだから』。ぼくは了解した。それをぼくに言うときのアプローチの仕方がすごく丁寧だったから。なら、こっちだって耳を傾けないとね。前へプレーする大切さはみんなわかってる。チームに入るためにシステムに合わせていかないといけなかった。彼らじゃなく、ぼくがね。だから、ぼくはメッセージを受け取った」

リュングベリも初期のレッスンのインパクトにほだされた一人だ。「トレーニング中にあることがあってね、入ってそうは経ってない頃だった。中にいたマーカーをちょいとかわして、角度のあるところからアウトサイドキックできっちりコーナーにシュートを決めた。ナイスゴール、ありがとさん。そこで、彼（ヴェンゲル）がストップをかけた。で、大目玉。はあ？ゴールを決めたじゃないか。腐ってそこから離れようとしたら彼に言われた。『フレディー、ストライカーがあそこに立っていたんだ、彼にパスしたら無人のゴールに転がすだけでよかったのに、なぜ君はシュートに行った？　このディフェンダーをかわしたのは上出来だった。しかし君はストライカーにパスする必要がある』。以前のコーチからはそんなこと言われたためしがなかった。ふん、あいつ決めやがった、で、一言も言わない。彼がゲームを止めてぼくを叱りつけたあのシーンは頭に焼き付いている。『次からは必ずパスだ。パス、パス、パス……』いい勉強になったよ」

それこそがヴェンゲルボールのトレードマークだった。例えば、リュングベリがドリブルからカットバックしてボールをアンリに送る、アンリはボックス内をかきまわしてピレスへ横パス、飛んできたピレスが折り返したパスを突っ込んできたヴィエラへ。それでよかった、とリュングベリは言う、なぜなら、わがままは許されなかったから。

アンリはそれをチームの「喜びの種」だと説明する。「わかるだろ、ぼくらはよくお互いをセットアップし合ってた。誰かが決められる状況があっても、いや違う、もっといいポジションにいるやつにクロスをする。そういうのをフィールドのどこかしこでもやってた。とにかく、ボールをパスするんだ。二つ、三つ、ときには四つ、パス、パス、パス。そのときにはもう向こうのボックスに入っていてあとはフィニッシュだ。誰一人ボールをずっとなんかキープしない。言うは易く行うは難し。わがままを捨てるってことはお互いを助け合うこと。守りの視点からだけじゃなく、攻めの視点からも。名誉に逆らうってのはむずかしい。ぼくらはみんな人間だ。だからときには、いいポジションにいたら、よし、撃てるぞ、とか。でも、撃っちゃいけない。アーセナルが決めなければならないんだ」

しかし、それってゴールスコアラーの本能に反するのでは？

「ぼくはアラン・シアラーでもマイクル・オーウェンでもない。彼らは生まれつきのスコアラー、ぼくはまるっきし違う。そういうタイプのストライカーじゃなかった。そう、確かにぼくはゴールを決めちゃあいたけれど、うちのチームにいる限り誰だって、たとえ絶好のシュートポジションにいたって、もっといいポジションにいる誰かにパスを出してたんだ。それがぼくらの第二の天性ってやつだった」

リュングベリにとっては、彼ら全員が同じ哲学を共有することが必須だった。「ぼくらは皆、まったく同じ見方でフットボールをとらえていた。大事なのは勝つことでゴールを決めることじゃない」と彼は力説する。「たまにコメンテイターが言ってるのを聞いたことがある、『そこでシュートすべきだった！』とか。でも、そいつはうちのチームが持っていた哲学じゃなかった。うぬぼれてるって意味じゃなくて、ぼくらのチームはプレーヤーとしてそれをやってのけたんだ。何人かはそのポジションじゃ世界のトップ3に入ってたろうさ。彼らには何も証明する必要はなかったし、このゴールを決めなきゃ明日はない、なんてこともなかった。そういうのがぼくらを寛大な気持ちにさせたこともある。エゴなんて影も形もなかった。あのチームにいてそれがよくわかったんだ。それらすべての裏に、アーセンがいたってことだ。まあ、でも、ぼくら自身が育んだんだとは思うね、なぜってぼくらはお互いに敬意を示してたし、友人同士だったから。人は言うんだ、君は今日ゴールを決めたっけ？　知るもんか、勝ったんだ、それでいい。そういうのってすばらしい感覚だった。よく言ってたものでね、『3-0で勝った、ソルがすばらしかった』。ソルはゴールを決めなかったんだが、言ってることはわかるよね」

パーラーは、ヴェンゲルの下で練習が始まった当初は何を期待していいのか不安だったことを思い出す。「でもね、デイヴィッド・ディーンが言ったのを思い出すよ、『この人が我々を前進させてくれる』。初日から、トレーニングの管理統率がすばらしかった」と彼は言う。「まず、ボールを置くことから始まった。おれはジョージ・グレアムが大好きだった。偉大な人だったと思う。けど、守りに傾きすぎていて、1―0で勝つばっかじゃ、いいフットボールとは、ね。突然、ぼくらは自由を得たんだ」

練習が楽しかった？

「ああ、そうさ。ばっちりね。集中はしないといけなかったが、いっつもめっちゃ楽しかった。他の監督たちを悪く言うつもりは毛頭ないけど、ま、ちょいと言い古されたあれだけど、その45分間ってやつだ。つまり、おい、もううんざりだぜ、ってなると、集中力なんて飛んじまう。15分も20分もおんなじことばっかやってた日には、ね。ヴェンゲルはそれがよくわかっていて、別のまったく違う何かにもっていく。すると、仕事やってる感はそのままだ。すべてがいつも時計通りに動いてたのも、そこに理由があったんだ。彼はいつもわかってた。人の集中力が続くタイムスパンってやつを。

ぼくがアーセン・ヴェンゲルの何に感じ入ったか教えようか。彼は毎日欠かさず練習フィールドにやってきていた。休日は一切なし。一度だけ練習にやってこなかったことがあって、言ったのは『ファーストチームがジムにいてゲーム後のウォームダウン中だ。わざわざ出ていくこともない』。それなのに、彼は他のプレーヤーと一緒に、若手に教えを授けたりして、誰彼なしにだよ、練習フィールドにいたんだ。大したもんじゃないか。監督がだよ、ファーストチームがどこか別にところにいるんなら、帰ったってかまやしないのに。なのに、彼は練習フィールドにいて必要に応じて他のプレーヤーの面倒を見ていたんだ」

パット・ライスにとって、何よりも印象的だった点は、何もかもが几帳面だったことだ。

「実際のトレーニングシステムやそのやり方は、それまで我々がやっていたのとはまるで違っていた」と彼は言う。「わたしがゲームのレフェリーをやっているとそのつど――ああ、セッションの締めに15分間のミニゲームをやるのが習慣でね――アーセンがわたしに大声で叫ぶんだ、『パット、時計を見ろ、7分半だ』。で、こっちにやってきて『わたしが15分と言ったら、それは各7分半という意味で、7分でも8分でもない。7分半なんだ』。つまり、すべてにおいて分刻みに、ってね」。当初、ライスは少々困惑した。そこまできっちりプレーヤーに強いる必要はないんじゃないのか。しかしまもなく、彼はそれが劇的なメリットを及ぼすことに納得し、プレーヤーたちを励ましてミニゲーム中の仕事に目標を持って集中させるようになった。ヴェンゲルがゲームを止めてプレーヤーたちにダッシュをさせ、そのあとすぐにセカンドハーフに入らせることもあった。「スイッチオンとオフができるか、見るためだったんだね」とライスは説明する。

ときおり、ヴェンゲルはゴールをピッチの角のところに動かして、角度のあるクロスパスの練習に集中できる状況をつくったりもした。あるいは、敵ハーフ内で10本パスを成功させたら、みごとなポゼッションとボールアタッキング賞として1ゴールがプレゼントされたりした。すべてが、このスマートで如才のないアプローチを実現するために収斂していた。「そういうセッションを積んでると、気が付けば土曜日の実戦にそのまま持ち込んじゃってるってわけ」とライス。「辺り一面で敵方をひっかきまわして、ね」

チームのディフェンダーたちにとって、この新しいシステムと目新しい自由度に適応するというのは、いつもの《デフォルト》メカニズム――十分に磨き上げられたディフェンス様式――がそっくり咎められた気分で、わくわくすると同時にびくびくものでもあったろう。フルバック陣は急に解放されて補助ウィンガーになった。リー・ディクソンはそれを「とてつもなくエキサイティング」と記憶し、ルックアップから目の前のオプションを見据えて、攻撃を組み立てるための正しい選択をするよう、仕向けられたという。マーティン・キーオンの方は、当初半信半疑だった。「フルバックがすっ飛んでいくってのは、カバーを期待してってことで、間に合わない場合もあるだろうし」。が、彼も悟ったように、練習が事実上の解決になっていったのである。

「最近テレビでプスカシュがいた頃のハンガリーの試合を観たんだが、連中、この、フルバックが前へすっ飛んでいくシステムでやっていて、ポーズをかけて見てみると、相手のボックス内に6人入り込んでやがったからね」と彼は声を大にする。「それをアーセナルでやったら、まんまだ。ヴェンゲルがやってきた頃、わたしはしょっちゅう、うちのフルバックに『マジかよ』って言ってたもんだよ」。返ってくるのは、ボスが前へ行けと言ってるから……。しかし、キーオンはすぐには気を許さなかったという。「『たまにはじっとしていられないのか?』ってね。思い切ったことをしてるってわけじゃないんだよ、おれたちは。でも、フルバックのポジションにいる人間が喜び勇んで前に上がるってことは、フルバックがウィンガーみたいにプレーするってことになっちまう」。必然的に、一続きのプレーヤーがポジションをシフトして互いに埋め合わせることになっていった。

フルバックの両名、ラウレンとアシュリー・コールがアスレティックで俊足で、キャリア初期にウィンガーとしてのプレー経験があったのは、決して偶然ではなかった。また、彼らの前のプレーヤー（ピレスとリュングベリ）が自らを適応させていく賢さを備えていたのも何ら偶然ではなかった。さらに、ヴィエラ、ジウベルト、エドゥーのアンカーミッドフィールダーらが、ゲームを読むに長け、自在にピッチを動いて悠々とギャップを埋めていたのも偶然ではあり得ない。

ラウレンは、彼とコールが攻撃参加に入る際の〝番〟の取り決め方を、滑車の動きを真似たジェスチャーで説明する。「どっちが行く？　どっちが残る？」と彼は言う。「アシュリー・コールが上がると、同時に上がるわけにはいかないよね。一方が行ったら、もう一方は残る。バランスの問題だよ」

ディフェンスの鎖におけるソル・キャンベルの役割はきわめて重要だった。かくて、彼は自分の周囲にいる者たちを統率する仕事を喜んで引き受けた。「ピッチの外のおれはぐっと物静かだった、ピッチに出たときはまるで別のアニマルになった」と彼は言う。「口やかましい、非常にできるオーガナイザーだ。問題になる前に人をしかるべきポジションに動かす」

ピッチのいたるところで、絵柄が見えてきた。核となるディフェンスのトライアングルは、レーマンと二人のセンターハーフ。リンクするフルバックとウィンガー。アタッキングプレーヤーらの流れるような動き。セントラルミッドフィールダーはそれらエリアのどこでもオーバーラップ可能な柔軟性を持っている。これらパターンが、ハートフォードシャーの田園にて積み重ねた練習セッションのおかげで、直感的に機能していったのだ。

「我々が相手にしてやってたのは、マネキン仕様のいろんなタイプのチームっていうのかな」とキーオンは説明する。「土曜日のプレーは即興でやれる。週を通して、相手も無しにマネキンと練習してると、土曜日が楽しくてね。わたしが中盤に斜め方向のパスを出したとしたら、そいつは週の間やってたのとまったく同じだって話だ。チームが自然にそう動くんだ。何年も経ってパトリックと話をしたとき、言ったっけ、『おれがボールをもったら事実上パスの行先は三つだったな。お前に行くか、さもなきゃデニス、それともアンリ』。そしたらあいつは『わたしだったらデニスだったよ』。今度はデニスに話をもっていくと、あいつは『ぼくはアンリに渡すか、でなければ自分でゴールネットにぶち込んでたよ』ときた。それくらいにシンプルだったたってことだ。チーム内で梯子を上るのさ、一刻も早く敵のゴールに迫るために。で、目の前にいる自分よりもすぐれたプレーヤーに渡すだけでいい」

ベルカンプにとっては、トレーニングのエッセンスはそれらパターンの質の向上にあった。「パターンを練習し続けるんだ」。彼は言う。「パスを練習し続ける。ダッシュをやった、駆け引きやポジション取り志向のゲーム練習もやった。ただ、パターンを知り抜いていて、お互いの力量もわかっているチームとやるときは、ペースを最高に上げてやらないと。言ってみれば、他のチームがバカに見えるようにね。レベルが違うってやつだよ」

2004年、あの不確かな週がしかるべく元の状態に戻った後、勢いは再構築され、アーセナルは順調にリーグタイトル目指して突っ走っていった。「マシンだった、機関車みたいな」とピレス。「実際、その機関車は独り歩きした」。そして彼は笑い出す。「運転手が乗ってなかったんだぜ！」

＊

2004年のグッド・フライデイ［「受難の日」：復活祭の前の金曜日でキリストの磔を記念する祭日］。

タイトルは目前だ。ハイベリーにやってきたのはリーズ・ユナイテッド。期待は実体となる。チームは力強さに満ちている。観衆は興奮状態。歌が弾ける。アーセナルが敵を撫で斬りにするまで、わずか6分。ヴィエラがぐいとボールを前に、ヴィルトールがそれをきっちりベルカンプへ、ベルカンプの見事なほど計算ずくの優しいパスがピレスへ、ピレスはさっと自信たっぷりにフィニッシュ。ばかばかしいほど簡単に、パターンは完遂する。「We shall not be moved」。アーセナルファンのコーラスだ。

そこからアンリが引き継ぐ。その匠のほどはハットトリックの一つ上を行く。4得点。ナンバー4はおよそ滑稽なタッチ。あまりの高速ドリブルに実際、自分から躓いてあわや転倒か。が、驚異的バランスで持ち直してみせると、撃った先は無慈悲にもゴールど真ん中。アシストは2本、ジウベルトとピレスから。ベルカンプはペナルティーを稼ぐ。その日は、少々のローテーションあり。リュングベリとコールに代わってヴィルトールとクリシーが継ぎ目要らずの入場。チームのメンバー全員が、ただひたすら、このフットボールを愛している。「レフ（エリー）に笛を吹いてもらうまでもない」。アンリが言う。「一生涯プレーしていたいものだ」ニック・ホーンビーはいちサポーターとして似たような感慨を抱いていた。「ティエリーについて思い起こすゲームは星の数ほどあるが、あのシーズンの記憶トップ2は、一つがあのリヴァプール戦でもう一つがこのリーズ戦だ。リーズ戦当日はちょうどある友人の40回目の誕生日で、当時はちと申し訳ない気がしたんだが、君のパーティーには行かないよと言った。友達の40回目の誕生日のためにホームゲームをパスする手もないじゃないが、あのシーズンは、あの彼らのときだけはさすがにね。ティエリーはセンセーショナルだった。思い出すよ、あそこに座って思った、ここ以外のどこにも居られるもんか。友達の40回目の誕生日になんか行けるもんか」

遡って1996年、ヴェンゲルを指して「この人が君たちを前進させてくれる」と、ブリティッシュプレーヤーの一大グループを安心させようとしたデイヴィッド・ディーンは、ダイレクターズボックスの彼の〝止まり木〟からずっと見守っている。何年もの間、数えきれない会話をヴェンゲルと交わし、友人、親友、あてになるディールメイカーとしてのヴェンゲルが、そのヴィジョンが、並外れたものを手繰り寄せるのを眺めながら。

「アーセンの哲学を理解するにあたって言っておきたいことがある」とディーンは言う。「まず、彼は教師だ。人は彼を教授と呼んできたがね。彼は才能の育成によって仕事に満足を得る。平凡なプレーヤーは優れたプレーヤーに、優れたプレーヤーはより優れたプレーヤーに、より優れたプレーヤーはワールドクラスのプレーヤーに。それが彼のすることだ。いつもトレーニンググラウンドに誰よりも早く姿を見せ、最後に後にする。一番最初に身に着ける道具はストップウォッチだ。すべてが精密に進められる。心底、才能を見出し、それが花開くのを見守るのを喜びとしている。スタイルという観点で、アーセンは二つの表現を使う。「進化はボール支配から(Progression with possession)」と「爆発的なペース(Explosive pace)」だ。二つが一つになって、ディフェンスを脅かす。それを見ていると、まるで動く詩のようだ。我々は別の惑星からきたフットボールを観てきたんだ」

グッド・フライデイが終わって投光照明の灯が落とされた頃、アーセナルは10ポイント差をつけてプレミアリーグの首位に立っていた。残すはあと5試合。再び彼らがプレーするその前に、眼下の敵チェルシーが事実上の白旗を上げた。ホームでエヴァートンにやっとのことで引き分けると、続くニューカッスルの地で敗れたのだ。

かくてアーセナルは、焦《じ》れったいほどのホーム間近でタイトルを確定するチャンスを手にした。その間の距離、わずか4マイル。彼らに最も近く、最も親愛ならざる隣人たち、トテナム・ホットスパーのホームにて。

第9章 聖域

携帯電話のかん高い呼び出し音が、濃密な仕事の礎石たるアーセン・ヴェンゲルの評価にまつわる話の腰を折る。「彼はぼくらを叱りつけているところだった。けど、そんな柄じゃなかったんだ、ほんとのところはね」とレイ・パーラーは思い起こす。そのとき完璧にコミカルなタイミングで、チャイム音がコーラス音に変わった。「ざっと4台の携帯が鳴り出してね、そんな調子で、しかも一斉に。で、彼はこう言ったんだ、『よし、そこまで！ 電話はもう無しだ！ 次に鳴ったら罰金1万ポンド』。マジだったよ」とパーラー。2日後、チームのホテルにて、プレーヤーたちの日課が始まった。散歩、戻って20分間のストレッチ体操、それからランチ。ストレッチ中はいつも静かで、おしゃべりもなく、心身を癒す時間だ。突然、電話が鳴り出した。呼び出し音が鳴りやまない。電子音に立ちすくむプレーヤーたちが、そわそわしながら顔を見合わせる。「誰の電話だ?」。いかめしい顔のヴェンゲルが問い質す。しかし、それは彼らの中の誰のでもなかった。「なるほど」。そう言って、彼は自分のバッグに歩み寄ると「きっとわたしのだ」。破顔一笑、しわを寄せて過ちを認めたように「これで1万ポンドはわたしのものだな！」。パーラーは再び、由緒正しきわんぱく坊主の精神で、続きを語り出す。「それで空気がほぐれた。えらくひょうきんな男だった。人はそういうところを見ないけど、彼ってそりゃもう愉快でね。一生分惚れちゃった」

──────

雑音はフットボールを取り巻く環境の欠かせない一部だ。そもそもが、サウンドエフェクトとともに演じられるスポーツなのだ。マッチデイには、観衆の伴奏が、不満たらたらもしくは悪罵《あくば》のガヤガヤであろうと、ゴールに対する大津波のようなどよめきだろうと、初歩的な体験の一部になる。練習グラウンドでは、せめてもの、レザーブーツがボールをビシバシ叩く音、チームメイト間の怒声、指示の声、口笛、からかい声、無駄話と笑い声。

アーセナルを初めて訪れたとき、ヴェンゲルはドレッシングルームの雰囲気《アンビエンス》に少々面食らってしまった。音楽──イアン・ライトの断固たる歌と、自らの威勢のいいトーンを掻き立てる踊りを伴うそれに、目を剝《む》いたのである。彼はパトリック・ヴィエラの袖を引いて聞いた。

「いつもこんななのか？」

ライトは、ヴェンゲルからどっと浴びせられる訝し気な視線をよく覚えている。「このおれをどうやって扱ったものか、わかってたとは思えないね。規律もくそもない子供みたいだったから」と彼は告白する。

行き過ぎた〝熱中症〟を抑えたくはなかった一方で、ヴェンゲルは普段の環境にもっと平穏と熟慮を少しずつでも染み込ませたいと考えていた。新しい練習グラウンドの環境は著しく静かで、明らかにヴェンゲルが日本で習慣づけられた考え方の影響を受けていた。一時期、日本の某ホテルで暮らしていた彼は、西洋では取るに足らないとみなされがちな業務の遂行、例えば、整頓やロビーを彩るフラワーアレンジメントなどに注意が行き届いていることに気づいて、胸を打たれた。「誰にしろ、心のこもったその仕事に敬意を抱くのはごく自然なことだ」と彼は言う。「自分はいい仕事をしているつもりでも、彼らの仕事ぶりを目の当たりにすると、自分がちっぽけに見えてくる。彼らは一枚の木の葉をまるで人間のように扱う。そこに敬意がある。すばらしい体験だよ」

ロンドン・コルニーでは誰でも、室内に入る前に一種の緩衝地帯で外履きを脱がねばならない。泥や汚物を外に残して中をシミ一つないクリーンな状態にしておくためである。デザインの大半は、風水の法則に照らした光と空間の感性を最大限に生かしたものだ。ちょっとした意匠、例えば、ジムでワークアウトしている人の目線に合わせた庭の落水なども、気が利いている。「全体の流れというやつがすばらしい」とキャンベルは言う。「フットボールなんておよそいかれたスポーツだ。落ち着ける、ただぼうっとしていられる場所があるってのは本当にありがたい。で、ゲームに気持ちを集中させて、また狂気の世界に戻るんだ。いいかい、ピッチでさんざ血迷ったあげく、それで練習グラウンドに戻ってもまた血迷うって、いったいいつ終わるんだ？　考える時間はどこにある？　すばらしきチームを創造して毎年のようにリーグやカップ戦を勝ち取ってやろうなんて考える時間は、いつ来るんだ？」

仲間から規律に厳しい人間だと見られていた節はまるでなかった割りに、キャンベルにはお互いとその環境にポジティヴな雰囲気《ヴァイブズ》を持ち込もうとするところがあった。「簡単なルールがあった。例えば、部屋に入ったらこんちはと言え、とかね」とラウレンは言う。「バカにする人もいるかもね。でも、やらないといけない、チームメイトに、掃除をしている男からダイレクターたちにまで、誰にでも。分け隔てはなし。みんなにリスペクトを示す。それが結びつきなんだ。一つになるとより強くなる。人間としても、プロフェッショナルの視点からも、大事なことなんだ」

レーマンは即座に、ドイツサッカーで経験したこととのコントラストを感知した。「まず、ピッチで果たさなきゃならないことがあった――言い訳なし、弁解もなし、何もない。練習でも集中していないとだめだし、ジムでもしかり。ただ、それ以外じゃ、日常的にはえらくリラックスしていた」と彼は言う。「ドイツだと、ストレスの連続だからね」。イングランドに来て初試合に臨む前、彼はパニックに襲われたことがある。ロンドンの交通事情の判断を誤ってチームミーティングに遅刻したのだ。しかしそれさえも、罰を覚悟していたのに寛容に受け入れられたことで、違いを嚙みしめる便《よすが》となったのである。

ヴェンゲルは、より澄んで地に足の着いた雰囲気のシーンを仕立てた。その変化のほどは、マッチデイ当日にさらに際立って感じられた。そう、イングランドの試合って昔から、ステレオタイプの監督どもが、大目玉で叱りつけたりとか、かの有名なティーカップ投げで、効果もリアクションも、監視誘導してしまえる事実に寄りかかっているのが常なのだからして。ヴェンゲルはめったに声を上げなかった。試合前のチームトークは簡潔に、ロジックをベースに、非感情的に、そしてすべてアーセナルについて（敵方についてではなく）。ハーフタイムでは皆のクールダウンと再フォーカスを期して沈黙の時間を提唱し、それからおもむろに何かしら特定の指示を出す。その頃にはプレーヤーたちもまともに耳を傾け、メッセージを胸に刻み込めるという寸法。試合直後も、彼は〝ビッグスピーチ〟を好まなかった。

「彼は本当に穏やかでクールだった」とベルカンプ。「一度か二度くらいは怒鳴ることがあったかもしれない。でも、思うに、監督は戦術面でこそ違いをみせられるはずじゃないかな。だからもし、ファーストハーフに問題があったら、ハーフタイムでそいつを変えてやればいい。君は10ヤード左へ動け……ストライカーをもっと生かすようにしろ……君はあのプレーヤーにもっと寄せていかないと……とか何とかね。もしも『もっとどうにかできるだろうが！　気が入っとらんぞ。１００パーセント出し切ってみやがれ！』なんて怒鳴るしか能のないコーチがいたら、25人から30人のプレーヤーとじゃうまく行きっこない。『ハイ、ハイ、ハイ』が関の山だからね。道理をわきまえたレベルで話をしないと。『これはアウトサイドからで、いいか諸君、するとこうなって……』とか。戦術的に一つ二つ変更を指示しておしまい、それで十分対処していける。というのがアーセンなんだ。一度か二度、マジで不機嫌だったことがあって、それはチームとして大して機能していないときのことだった。60パーセント程度でしかやってないと、彼は本気で言ってくる。当たり前だがね」

キーオンは当初、荒れたゲームの後で監督が意見を胸に秘めていたことに気づいて驚いたものだったが、ほどなくその意図を察知した。「ゲームの後、一言もなかったんだ」と彼は思い起こす。「おそらくアーセンは試合後にダメージをきたすだけだろうと察したんだね、それにヴィデオで見たら言うほど悪くはない、ならじっくり振り返る時間を、と考えたんだと思うよ。そう、人間ってのは一旦落ち着いてみた後の方が、得られる情報の中身もより良くなるものだからね。つまりそういうことなんだ、理由は。納得したかって？　最後にはね。環境としてはずっと良かったと思う。どやしつける必要はなかったと思う」

プレーヤーの多くは、ヴェンゲルが絶えず話しかけてはこないことを歓迎した。ただし、注目に値する例外が約1名……監督の口数の少なさを余計なプレッシャーと解釈したレーマンである。

「アーセンはわたしを心理的に大変なプレッシャーの下に置いた。ろくに話もしないくせにね」と彼は言う。「来た頃、わたしにはトレーニング後にいつもシュート練習をする習慣があった。ペナルティーボックスの周りに集まってきたプレーヤーたちが見守る中で、別のキーパーと交代してやっていたんだが、しばらくして彼（ヴェンゲル）がいつもゴール裏に立っているのに気付いたんだ。キーパーがゴールを許すたびに彼の方を見るんだが、何も言わない。でも、そのこっちを見ている様子ってのが［軽蔑的なジェスチャーを模写して］——ああ、まいったね！　——彼がいかに人の心理を見抜こうとしているかがよ〜くわかったよ。ミスしてる暇なんかないぞ、って」

レーマンのケースにおけるそのプレッシャーは、後の彼のアーセナルキャリアにて要約されることになった。ヴェンゲルが彼を外したとき——プレーヤーがその責務を問われる根源的なチャレンジと受け止める日が来たときのことである。それは2005年のFAカップ決勝が大詰めを迎えていたときだった。折しも、アーセナルは新しいゴールキーパーを探しているとの噂が立っていた。「アーセナルでは自分の限界を探りながらやっていた」と彼は説明する。「もし新しいキーパーが入ったら、わたしは自分の方がそいつより使えると示さねばならなくなる。あの試合のプレッシャーったらなかった。このFAカップだけは何としても勝ちたかった。延長に入ってロングボールが来た。ギグスと一対一になった。わたしはボールを弾き、彼はわたしを打った。それからのPK戦を含めた半時間、すぐに復帰したわたしはプレーを続行し、ピッチでの祝典が終わってから、これがまた半時間ほどかかったんだが、ドレッシングルームに入って全部脱いでシャワー室に入った。と、突然、確かレイだったと思うが、わたしに叫ぶ声がした。『おい、何があった?』。ひどい打撲傷で、フットボールサイズのでかいアザができていた。『それどうした、折れてないのか?』。痛みはまったくなかった。アドレナリンが充満してたからね。テンション真っ盛り。プレッシャーがきつかった。わかってたから。自分がこの試合でミスでもしたら、アーセナルは別の誰かを連れてこようとする。そんなのはごめんだった。それがよかった。自分を限界まで押し上げてくれた」

監督というものは誰でも、配下のプレーヤーからすると、何がしかの近寄りがたい神秘的な雰囲気がある。ならば、超然としてどこかアンタッチャブルなままのボスとしての側面と、プレーヤーの支えになる存在で紛れもなく彼らの側にいる友人としての側面との間に、適切なポイントを突き止めることが重要になってくる。

アーセナルに来た初日からヴェンゲルがマネージャー/プレーヤーの関係をさばく様子をつぶさに観察し、現在は評論家として彼を見守っているリー・ディクソンのような存在にとって興味が尽きないのは、合意の上での感嘆と親愛の情がいかに不可欠だったかであり、ただしそここには、ヴェンゲルが越えるのを好まなかった一線もあったという。「彼にはよくわからないところがある。何年も一緒にいたわりにはね」とディクソン。「アーセンのことは大好きだ。実にクールなユーモアのセンスを持っているし、ひょうきんにもなれるし、自らをからかったりもする。ときに気難しくもなる。対峙《たいじ》ってやつが苦手なんだね。彼の立場じゃそうするのが当然のはずなんだが。面と向かって外した理由を言うときなんてほんと辛そうでね、相手のことを気遣うもんだから。だから、眼を合わせていられない。権力のある立場にいる割には、ひどくぎこちなくなることもけっこうあった。

そのおかげかな、わたしも丸くなった。テーマが何でも、彼とはよく膝詰めで話し込んだものだ。彼は何だって話す。知り尽くした風に、知ったかぶりはしない。教養人なんだよ。だから、複層ガラスはどうだとか、ダウンジャケットの上にあったかいコートを着るのがどうだとかを知りたければ、彼に聞くといいぜ！」

プレーヤーに近づきすぎないよう意識してはいたとはいえ、ヴェンゲルは常に彼らにベストを求め、彼らの一般的な暮らしぶりにも配慮を怠らなかった。監督には容赦のなさが求められる昨今、ヴェンゲルは努めて、パーソン・ファースト、プレーヤー・セカンドを心がけた。おそらくそれを誰よりも強く実感したのは、入団して間もない頃に姉の事件に心を痛め、個人的にもプロフェッショナルとしても、人生を儚《はかな》んで崖っぷちの状態にあったエドゥーだろう。

「アーセン・ヴェンゲルはロンドンのぼくの父だ」と彼は言う。「スタートはよくなかったのに、彼はぼくがピッチでいいプレーをしようが悪かろうが、おかまいなしだった。彼はぼくの人生を気遣ってくれていた。ぼくの親父を、ママを、弟のことを、大丈夫なのかい、と気遣ってくれていた。例えば『テクニカルな面は気にしなくていい、君と君の家族が元気で、ロンドンとクラブに腰を据えていられたら言うことはないし、そのうち君もうまくやっていける、請け合うよ』とか。彼は当時のぼくとぼくの家族がどんなに辛い思いをしてたか、わかってくれていた。何でも、ぼくのニーズも、ぼくの悲しみも、わかってくれていた。本当によくしてくれた。

アーセナルは、人生で最も辛い時期にぼくを助けてくれたクラブだ。アーセン・ヴェンゲルとクラブは、ほんと、我慢してぼくを立ち直らせてくれた。自分自身を見つめ直す時間をくれた。本当にそう思う。入団して、問題が起きて、するとクラブから『いいか、ブラジルに帰れ、1年はそこにいろ、それからまた君がやれるかどうか考えてみることにしよう』って言われていたかもしれない。でも、彼らはそうはしなかった。ぼくを留め置いて、時間をくれて、自分を取り戻すのを手助けしてくれた。ぼくの人生でかけがえのないクラブなんだ。今こうして言っている言葉の一つひとつは、まるっきり真実だからね。想像してみてよ、ぼくのママ、親父のことを。誰一人知り合いのいないロンドンで英語も話せないでいた――。アーセン・ヴェンゲルとクラブはすばらしかった。両親はまだ、そのことを忘れない。クラブはいつも、いつでも、ぼくの家族のことを考えてくれていた。そのことは決して忘れない。ただのフットボールクラブなんかじゃない。それが、ぼくが常にアーセナルとともにある理由だよ」

INVINCIBLE

第3部

APRIL 2004–MAY 2014

第10章 71―2004

デニス・ベルカンプが、テーブルの向こうから真剣なまなざしを向ける。「あの試合について、イェンスはなんと?」。有体《ありてい》に答えるしかなかった。ひどくむかついていたと言っていました。「優勝を逃したと思ったからだね」。ベルカンプは、リーグ優勝の陶酔という幸福のもやのなかに一片の嵐雲が浮かぶシュールな現実に、今も当惑している。脳裏にありありとよみがえるのは、レーマンがホワイト・ハート・レインで憤怒に我を忘れる姿。それはトテナムの終盤のゴールによってアーセナルが追い求めてきたものに手が届かなかったことで、突然の思考停止に陥っていたせいだった。「現役時代に二度あったんだ」。その事実によって特異な出来事の異常さがさらに際立つかのように、ベルカンプは言う。最初は17歳、アヤックスで人生初のヨーロッパカップ戦に出ていたとき――UEFAカップウィナーズカップの準々決勝、対マルメ戦だった。アヤックスのゴールキーパー、スタンリー・メンゾがアウェイゴール・ルールに幻惑されたのか、マルメによる唯一のゴールが2点とカウントされると思い込み、アヤックスの勝ち上がりが明らかだというのに、アムステルダムで唯ひとり、敗退を観念したのだった。「あの人はやたらむかついていた。『ちくしょう、してやられた』って」。その思い出に、ベルカンプは苦笑する。「ぼくらは『おいおい、点を取ってばっかりじゃいられないんだぜ、スタン！』と言ったのに、かっかきてたからね。イェンスがあんな風だったとき、そいつが蘇ってね。イェンスはそれはもう腐ってたから。みんながお祭り騒ぎなのに苛立っていた。『でもイェンス、優勝したんだぞ！』。イェンスが振り向いた。『ほんとに？』。じつに奇妙なシーンだった」

２００４年4月25日、ホワイト・ハート・レイン行きのバスに乗り込んだパット・ライスは、アーセン・ヴェンゲルの隣に席を占めた折、独自の視点からものごとを見ていた。これほど異様な状況で、そんな特殊な旅をした経験があるのはライスだけだった。１９７１年5月3日、生え抜きのライトバック、パットを含むアーセナルの一行は、その日の獲物の大きさを意識しながら、セヴンシスターズ・ロードをのんびり進んでいた。どこよりも感情が揺すぶられる舞台で、リーグ優勝を遂げるかもしれなかったからだ。

スタジアムに終日群れ集う者たちの、大一番への緊張感が漂っていた（なんとか入場できた者と少なくとも同じくらいの人数が外に屯《たむろ》していたらしく、一帯で推定10万人を超えた）。トテナムの見解は、キャプテンのアラン・マラリーの言葉に簡潔にまとめられていた。「アーセナルがスパーズを下して王者となる確率は、わたしが英国王の称号を授けられる確率並みだよ」ライスはトテナムという単語を口にすることすら嫌がる。2014年春、重い病と闘った末に、エミレイツ・スタジアムで長年の定位置であるタッチライン沿いに感動の復帰を果たしたとき、次週の試合について問われて思わず、ポストコードN17のあの場所を「暗黒面《ダークサイド》」と呼んだほどに。習慣とは恐ろしいものだ。本人にとっては、別して口にしてはならぬ名前だったのだ。

「わたしに言わせれば、あれこそが（因縁の）戦いだったのさ」とライス。「肝心なのはリーグ優勝じゃなくて、トテナムを負かすことだった。ソルも同じだった。『トテナムのどこがそんなに嫌いなんだ？』と人から問われたら、こう答える。プレーヤーじゃなく、トテナムで仕事をしているやつらでもない、トテナムそのもの（が嫌い）なんだって。自分がガキの頃のアーセナルはとびきりの状態じゃなかったんだが、あっちの1960－61シーズンはボビー・スミスやらジョニー・ホワイトやらがいたせいで、いい目を見ていた。だからトテナムのサポーターどもがアーセナルのサポーターを容赦なくいじめたんだが、まあ当然の話だな。根っこはそこにある。子供の頃から引きずってるものがある。忘れられるもんじゃない。

2004年にあそこに行くにあたって、うちのプレーヤーはやるべきことを心得ていた。その日チェルシーがニューカッスルで、うちより早い時間にプレーしていることは知っていたが、うちはうちできっちりやらにゃいかんとわかってた。そういう必要があったってわけじゃなくて、プレーヤーを試合に専念させなきゃ、とね。何しろニューカッスルの戦況が刻々と入ってくるもんだから、観客の様子からもそれがわかった。プレーヤーを試合に専念させられさえすれば、あとはなんの問題もなかった」

バスの車内の空気が33年前の遠足時とは微妙に異なっていたのは、この特殊な対戦の空気が、時を追うごとに毒気をはらんでいったからだ。アーセナル側とトテナム側の観客の割合が半々とみられた１９７１年のケースでは、特に問題が生じたという記録はないが、今回はアーセナル側用に、厳重な警備と隔離地帯が設けられている。全席指定のスタジアム、最高レベルの警備態勢、この対立が制御不能になりかねないという事実への過敏さから、もしアーセナルが望みの結果を得た日には、人々の心情が複雑な、場合によっては警戒を要するものになりかねないという、暗黙の了解がうかがえた。

プレーヤー自身も一触即発の状況を意識していた。「もちろん、みんなソルのことがちょっと心配だったのは確かだ」とベルカンプは言う。ソル・キャンベルがノースロンドンの境界線を越えて移籍した後、初めてホワイト・ハート・レインに出向いたときの生々しい記憶が今も癒《い》えていないのは、ベルカンプだけではなかった。２００１年11月17日。ベルカンプはその日見たものに首を振る。「ウォームアップでピッチを走るのが恒例だった。タッチラインからタッチラインまで。ソルが脇を走っていて、口笛やら何やらが聞こえてきた。ちょっと怖かったね。あんな経験をしたことがなくて、ソルがピッチに出ると、憎しみが――真正の憎しみが観衆の目に宿っていた。ソルに何か手出しをしかねなかった」

キーオンは、キャンベルがアーセナルのプレーヤーになったときの経緯を、自身の立場から解説する。ソルの衝撃的な移籍から数か月後のことである。アーセン・ヴェンゲルがトニー・アダムズとキーオンを呼び出し、キャンベルは今後を担うプレーヤーとして試合に出る、ベテラン両名はキャンベルの傍らで任を分け合うことになる、と告げた。その種の話をするのはけっして容易ではないが、ヴェンゲルは誠意を尽くそうとし、アダムズもキーオンもそういう状況を受け入れるだけの経験は十分積んでいた。キーオンは新しいチームメイトの資質を評価するようになっていた。「ソルはいったん動き出したら止められなかった」。キーオンが言う。「トテナム戦に臨んで、ソルがピッチに歩み出たときは、何ていうか導火線にバチッと火がついたような気がした。移動のバスの窓が割られたり、あんな怒りが向けられるのを見るのは初めてだったし、ピッチに出たら出たで観衆が罵りまくっていた。裏切られたって感じが募ってたんだろうね。で、ソルはそれに応えるように、すばらしい動きで一切を振り払った。我々もそれを共有したし、トテナムのファンが気に入らなかった。仲間が憎悪の的になっていたら団結するものなんだ」

あの日をキャンベル自身の言葉で表すと? 「野蛮の一言。おれがあの試合を乗り切るのがどれだけたいへんだったか、連中もわかっていたと思う」

＊

2004年、ホワイト・ハート・レインでの戦いを週末に見据えて、ベルカンプは腹を決めた。キャンベルにとっての容易ならざる場面に万全を期すには、明るい空気をつくること。練習中、センターハーフのキャンベルがボールを持つたびに、ベルカンプは派手にブーイングをする。「週末までに君がこういうのに慣れておくためだからな」と説く。キャンベルは皆と一緒に笑い声をあげる。

試合当日。無論、空気は張りつめている。その分、興奮も急上昇。こちらより2時間前キックオフのチェルシーがニューカッスルでしくじったというニュースが漏れ伝わってきて、さらに盛り上がる。計算が単純になった。必要なのはあと1点。タイトルをつかむには、トテナムと引き分け以上の結果に収めれば良し。

陽気な日だった。きらめく春の陽光の下、プレーヤーたちは落ち着き払って決意に満ち、見るからに何かに突き動かされているようだ。言うまでもなく、トンネルで視線を交わしながら、何か月もかけて醸成した感染性の勝利の感覚を分かち合う。チームがアリーナに姿を現す。プロテクトされた屋内から白い光へ、白い熱気の中へ、白いノイズの真っただ中へ。ふと、アンリが赤い一角を見やる。味方のいる場所を確認するために。スタジアムのその一角から、もう視線を逸らせそうにない。狂熱の拍手喝采。アンリは両手を掲げて手を叩き、返礼する。そして、アーセナルファンを見つめる。あたかもそのサポートをそっくり吸収して、己の四肢のパワーに変えてしまおうとするかのように。

アンリのキックオフ。最初の15秒――ワンタッチ、あるいはツータッチで、ボールはアーセナルの9人のプレーヤーをジグザグに往来する。パス、パス、パス。アンリからベルカンプ、ヴィエラ、コール、キャンベル、ジウベルト、トゥーレ、ラウレン、パーラー。トテナムのプレーヤーがその流れを断ち切ろうと懸命に寄せてくる。それが功を奏してコーナーキックを得る。アーセナル危うし？ あり得ない。稲妻のごとく散開、突然の、弾けるような、目にも止まらぬ一連の連携、その閃光が、一挙に駆け抜ける。トテナムはしどろもどろだ。

スパーズ、ジョニー・ジャクソンのコーナーキックを、ジウベルトが待ってましたとアンリの行く手に頭でぴたりと落とす。アンリは一瞬のうちにトップスピードへ。速い、エレガント。芝をスケーティングしているように見える。独りじゃない。左サイド、わずか前方でベルカンプが加速、ヴィエラがピッチ中央を突進、ピレスが右サイドを疾走する。

四つ叉に分かれた稲妻が同時に炸裂する。アンリがサクッとパス、ベルカンプの刺すようなクロスが芝を突っ切ってヴィエラのもとへ。音に聞こえたヴィエラの長い脚が伸びる。その右脚がゴールにボールを叩き込む。ゴール。一丸となってのスピードと破壊力、息をのむ光景。

トレーニンググラウンドでのアーセナルのあらゆる取り組みを象徴するゴールだ。一に、スピードがいかに肝要かの証明――関わった4名のうち3人はワンタッチのみ（ジウベルト、ベルカンプ、ヴィエラ）。片や、アンリはジェットエンジン付き並のドリブルでダメージを与える。すべてが電光石火の動き。第二に、見るも鮮やかな共振――各プレーヤーとも直感的に、パスを出す相手をベルカンプ言うところの「強みを発揮する」状態にしている。誰ひとり足さばきを乱すことなく、みずからの肉体を、ボールとその動きを、完全にコントロールする。美しきシンクロニシティー。

かくも重要な場面で、この衝撃的なスピードとパワーの一端を担ったことを、ヴィエラがいとおしげに思い出す。「デニスのテクニックと資質、ティエリーのペースとぼくのパワー。ぼくが一番お気に入りのゴールのひとつだ。ほれぼれしたよ」

それからほんの3分後、余裕しゃくしゃくのアーセナルは、ハーフタイム前にもう1本ゴールをつくりあげる。その工程もまた、アーセナルが完成させた匠のわざ。ハーフライン自陣側でボールを拾ったラウレンから、陶然とするようなリズムのパスでポゼッションが始まる。絡んだプレーヤーは6名、パスは7つ。クルージングで相手を疲弊させ、いきなりギアをシフトしてズームインの機をうかがう。ヴェンゲルの口ぐせが頭をかすめる。「Progression with possession（進化はボール支配から）」。突然、回転数が上がる。前方へ駆け上がるピレスがボールをベルカンプへと導く。ベルカンプは剃刀のような切れ味の機転でくるりと転回、左サイドを猛然と突進してきたヴィエラにボールを滑らせる。ヴィエラから返されたそのボールを、ピレスがボトムコーナーにねじ込む。動きが加速するまで、またもやすべてがワンタッチのみ。唖然とするほどに効果的だ。

ピレスはファーストハーフを「完璧なフットボール」と定義する。ノースロンドン・ダービーで得点するという特殊な才に恵まれた彼にとって、その数字は年を経た今も誇らしい。「11試合で8得点。悪いね、スパーズ！」。ピレスはご機嫌で笑う。「意図してやったわけじゃない。特定の試合でプレーして得点する運に恵まれるなんて嬉しいよね。たまたま相手がトテナムだったってこと」。口ぶりはいくらか偶然もあってのように聞こえなくもないが、ピレスは最も張りつめた試合だからこそ奮い立ったとも強調する。「あの日はプレッシャーがすごかった。チャンピオンになるにはあと1点は必要だったし、かかっていく相手は宿敵だ。もう戦争だよ！　バスで到着したときから唸り声だ。熱かったね。プレッシャーだって感じるさ。ぼくはその方がありがたい。刺激になるから。力とエネルギーをくれる、すさまじい空気ってやつ。そしてあの2本のゴールだ……」

フィナーレに欠かせない発言ができるのは、ピレスにとって意義深い。十字靱帯断裂で2002年FAカップ優勝への大詰めで戦線を離脱し、なんらかの事情で表彰式に出られないプレーヤーの〝部外の部内者〞というぱっとしない心境は経験済みだったが、そのケガのおかげで、現実には生涯心に刻まれる場面が生まれることになったのだった。チームメイトが仕事の仕上げをしていた頃、ピレスはフランスで回復途上にあったが、まだほとんど歩けない状態にありながら、式典に出るためにハイベリーへ戻った。足を引きずりながらメダルを受け取りに来た彼に、チームメイト全員が跪《ひざまず》いてひれ伏したのには度肝を抜かれた。そのシーンを彼はことさらに気に入っているが、写真はピレスの母のもとにある。「ここに入ってるからね」と、頭を叩きながらピレスは言う。

ベルカンプはホワイト・ハート・レインでのゴール2発で、自分たちが何か重要なものを形にしたと感じた。あの2発によって、自分たちが選んだスタイルが究極の形で裏づけられたと言わんばかりに。「あそこでのゲームはたいがい、ひどく骨が折れてね」とベルカンプ。「敵対関係やら情念やらのあれこれのせいで、あそこじゃ自分たちのベストゲームなんてできっこないと思っていた。それが、あのときはしっかり自分たちの試合ができたんで、とても誇らしかったのを覚えている。だってぼくらはアーセナルのプレースタイルを編み出し、それをリーグ優勝を決めるゲームで、しかも仇敵のホームで実現できたわけだからね。あの2本のゴールはアーセナルそのものだった」

ハーフタイム。奇妙なほどリラックスした空気が漂っている。どう見てもアーセナルが優勢だ。が、おそらくは気のゆるみ、それとも、トテナムが天晴れにも手を尽くして二度にわたる反撃のシーンを拵《こしら》えたりしたせいか、後半、流れは一変する。残り約30分、ジェイミー・レドナップがロングシュートを叩き込む。そして、インジュリータイム突入後の3分、キテレツなペナルティーハプニングが、もはや甘ったるいフィナーレも目前と胸ときめかせるアーセナルのムードに冷や水を——。スパーズのコーナーキック、ロビー・キーンとレーマンがもつれ合うようにして、双方ネットの中へ。体勢を立て直すキーンをレーマンが押しのけようとする。キーンも応酬して突き放す。レフェリーとアシスタントたちが延々と協議に入る。結果、両者に警告、トテナムにPK。キーンが決める。歓喜に駆けだして側転から宙返り。荒れ狂うレーマン。

1971年、その大詰めでは、それ以上に苛烈なプレッシャーがアーセナルを苛んでいた。さんざんなしっぺ返しを食いかねない、トテナムの猛攻に耐え抜かねばならなかった。やっと、レイ・ケネディーのヘディングシュートがクロスバーに当たって入った瞬間、膠着状態から優勢に。が、1–0のアドバンテージがあれほど当てにならない試合もめったになかったろう。当時の得点率システム（得失点差式の導入前）では計算がひどく複雑だったため、無得点引き分けならリーグ優勝のタイトルはアーセナルに与えられるが、得点込みの引き分けだとリーズ・ユナイテッドにタイトルが渡ってしまうという状況だった。得たりとトテナムは最後の数分に全力を傾けた。隣人の不幸は蜜の味とばかりに優勝を阻むことで、とどめをさそうと奮闘するのだから、それはもう消耗させられた。それでもアーセナルは踏みとどまった。

観客の半数がスタンドからピッチにどっとなだれ込み、その自然発生的な大波が、トテナムの聖地《ホーム》を宿敵の放埒《ほうらつ》な祝宴の場に変えた。あまりに多数の赤と白の群衆がフィールドに押し寄せ、プレーヤーたちの背中を叩いたり担ぎ上げようとする光景を目にして、当時のアーセナルのキャプテン、フランク・マクリントックはそれを「狂乱」と表した。「何千人もがピッチに飛び出して、おこぼれにあずかろうとするんだからね」と彼は言う。「誰かに肩車をされて、よってたかってわたしの首に赤白のスカーフを巻きつけたりで……半時間もチームメイトと離れ離れになっていたもんだから、一刻も早くドレッシングルームに戻ってみんなの顔が見たくてね。とにかく直《じか》に喜びを分かち合いたかった。あれほどのトレーニング、あれほどのハードワーク、荒れたフィールドをあれほど駆け回って、で、それが報われたんだから。あの夜はすばらしかった。それが願っていたすべてだった。ついにリーグ優勝を果たして、仲間のプレーヤーへの愛で胸がはちきれそうだった」

それから数十年を経て、キーンのペナルティーに続くリスタートの数秒後にファイナルホイッスルが鳴り、過去のこだまが祝勝の欠かせない一部になった。アーセナルのサポーター集団が始めた「71−２００４」のチャント。両クラブ積年の対立関係を要約するには、２つのシーズンのフィナーレを堪能する数字を並べるだけで事足りる。

アーセナル・インヴィンシブルズの大半が、マクリントックがかつて描写した狂騒にひたる一方で、レーマンは状況が把握できないでいた。あのペナルティーがチームからタイトルを奪ったと錯覚したままの思いに揺れ動いていた。無敗優勝に至るまでの記憶が、レーマンが直面した、2本のエモーショナルなインジュリータイムPKに集約されているとすれば皮肉なものである。ひとつはシーズン序盤のオールド・トラッフォード。もうひとつがシーズン終盤のホワイト・ハート・レイン。最初の1本は外れ、キーパーは呆然と立ち尽くし、2本目は決められ、戸惑った。レーマンはわけがわからないまま、一直線にドレッシングルームへ向かった。真っ先にピッチをあとにしたひとりにキャンベルがいる。詮索の眼から逃れたのは、賢い動きだった。この場面でとやかく言われるのはごめんだった。「あいつはね、場を落ち着かせるために中に入った。もしあのまま外にいたら、関心のすべてが彼に向かう。うちでいい動きをするまでに、どれだけのいざこざがあったかを考えるとね」とベルカンプは気遣う。

引き分けでは優勝できないと思っていたのはレーマンだけではなかった——ただし、レーマンとは異なる理由で。「負けて、ちょっと頭にきていたから」。あの波乱万丈の午後を振り返りながら、ソル・キャンベルは少々きまり悪そうに破顔一笑する。

負けた？　敗北じゃなくて、引き分けなのに。

「いいや、おれにとっちゃ負けだった。負けた気がしたんだ。イェンスはおとなしくしていればよかったんだ。おれにはロビーの腹が読めたからね。さも煩わしげに立ち戻って、で、イェンスの足を踏みつけようとしてだよ、それから大げさな振りで体操選手みたいに転んだんだから。ま、ロビーはあのとき、チームのためにうまいことやったわけだ。チームのために演技してPKを得た。イェンスはやつを押す必要なんてなかった、だろ？　あとでおれがチェインジングルームでもキレたのは、どうしても勝ちたかったからだ。あの日は別の理由で勝ちたかった。完全でありたかったんだ。やっつけてやりたい気分だった。悪意からではない、ただただ勝ちたかったんだよ」

レーマンは、起きてしまったことと格闘している。プレミアリーグが試合中の火種になりそうな要因に寛容となって以来、レーマンはシーズンを通じてセットピース時の標的になっていた。「コーナーでぼくをマークする役目のプレーヤーがいたんだから、おかしなもんだ。あんなのは初めてだったよ」。レーマンが回想する。「覚えているのはマンチェスター・シティー戦、3人が周りに張り付いてわたしにボールを触らせまいとした。わたしの強みを知ってたんだね。わたしがボールをキャッチして、前方に投げると、うちはめちゃ速いから一気に危なくなる。ドイツのレフェリーは、ゴールキーパーを攻撃するプレーヤーにずっと厳しいからね」

今回の場合、レーマンはとち狂ってしまったおかげで〝マッド・イェンス〟なるニックネームを頂戴することになる。愚かなるPK献上。罰を受けなくてはならない。

「めちゃみじめだったんだよ、実際」と心情を吐露する。「近づいてきたロビー・キーンがいきなり地面に転がって、レフェリーがPKを与えた。みんながわたしのせいにした。ボスもだよ。ドレッシングルームに戻ったときは、我々がチャンピオンだなんてわかっちゃいなかった。だから座りこんで、めちゃむかついてた。ソルがやってきて、やっぱりむかついてた。このわたしに、ね。ボスも立ったまま何ごとかぶつぶつ言いながら、不機嫌だった。『イェンス、言ったはずだ、敵の挑発に乗るんじゃないと』。おかげでペナルティーだ』。わたしは『ええ、わたしが悪いんですよ』と言った。しばらくして入ってきた誰かが『おい！　どうした！　おれたちはチャンピオンだ、チャンピオンなんだぜ！　出てこいよ！』って。そうかい。で、外に出て、少しばかりはしゃいでみせた。でも、ひどくむかついてた」

一方、日差しの中では、チームのほかの面々が舞い上がっている。率いるはアンリ。その場の感情がすべてを飲み込み尽くすまではと、最後には冷静でいるつもりだった。「試合前に警察が来て言ったんだ、『タイトルを獲ってもお祭り騒ぎはご法度、大騒動にはしたくない。得点してもスタンドには近づくな、いざこざはごめんだ。いい子にしてろ』」。アンリが回想する。「最初は多少みんなで文句を言ったさ、『どういうことだ? おれたちが勝てば優勝だ。そこがスパーズのホームだろうと何だろうと関係ないだろうが』。あっちは折れなかった。『だめだ、頼む。もめごとはかんべんしてくれ』。それでOKって言ってやった」

ところが当日、敵方のひとり、マウリシオ・タリッコの振る舞いがアンリを怒らせる。トテナムのフルバックは、自軍の面子を保った後半の1ゴールにはしゃぐようなリアクションを示し、ひたすら控えめにと言い含められていたアーセナルを不快にさせた。

「タリッコのやつ、跳ね回ってやがった、途中で脚が攣るくらいにさ。跳ね回ってお祭り騒ぎだ。同点万歳。にらんでやった。てめぇ、ふざけんな。するとやつが『イェーイ!』なんて言いやがるから『おれらは1点ありゃチャンピオンだってわかってんだろうな。しかもお前んちでな』。やつがぎゃあすか言うもんだから『終わったら覚えてろよ』と言ってやった。強気に出るなら、とことん強気でなきゃね。宿命の対決、あの試合に何がかかっているかはみんなわかってた。でもさ、ぼくらが敵地でチャンピオンになるってときに、やつらが引き分けを祝うのを見せられるなんて我慢ならなかった。よおし、こっちだってどんちゃん騒ぎだ、こっちのファンと一緒に祝ってやるぜって」

アーセナルのプレーヤーとっておきの〝大咆哮・アット・ホワイト・ハート・レイン〟を、

てらいもなく指揮するアンリ。何かにとりつかれたかのように。係員がサポーターに近づいていく彼らを止めようとする。ラウレンが係員のひとりと激しい口論をする。だがサポーターの磁力がプレーヤーを呼び寄せる。もう誰もアンリを止められない。防壁を突破し、跳ねるようにアウェイサポーターのもとへ。脱いだシャツを頭上で振り回し、ダムは決壊、彼のチームメイトたちもそのあとを追って押し寄せる。

「祝っちゃだめだって？　バカな注文をしたもんだ」とレイ・パーラー。トゥーレはシャンパンのコルクを抜くのが待ちきれない。「肝の太いティエリーを見て、みんな思ったんだ。よし、行っちゃえ、って。ハッピーな気持ちにならないでどうすんだ、って」

エドゥーの口ぶりは今も、あのときの体験に度肝を抜かれているようだ。「試合後に勝利を祝ったこと、うちのファンのいる一角を除いてはスタジアムが空っぽだったことは覚えている。今でも忘れられない。それほど楽しかった。あの瞬間のためにみんながんばってるんだから」

ラウレンはぴったりくる言葉を見つける。「強烈だったよ。幸福感、なんせ最大のライバルを相手にリーグ優勝を遂げたんだ、天にも昇る心地だったね。あのときぼくらは永遠に刻まれるようなことをやったんだから」

ベルカンプはただ、味わうように振り返る。「我々の一番の願いは、あそこでリーグ優勝を決めることだった。うん、いい試合だったと思うよ。ファンの方は勝とうが引き分けようがどうでもよかった」

肩を組み、チームはカンカンを踊る。互いに飛びつき合う。飛び跳ねずにはいられない。雄たけびは「チャンピオンズ」。トゥーレがアクロバットを披露する。ほどなく、長身、スーツ姿のヴェンゲルがドレッシングルームから舞い戻り、その光景を見渡し、穏やかな足取りでピッチを進んでいく。表情は、その一角にたどり着くまで緩むことはない。プレーヤーたちは、まだ彼の存在に気づいていない。有頂天のサポーターを背に飛び跳ねるプレーヤーたちをヴェンゲルが見つめる。ついには感情に身を委ね、満面の笑みを浮かべながらプレーヤーを、ひとりまたひとり抱きしめる。

トテナムファンの大多数が去り、チームがレーマンとキャンベルを連れ出しに行って、本ちゃんのパーティーが始まる。ピッチに戻った2004年のチャンピオンたちが、サポーターたちの目の前で、その成果を噛みしめるときだ。空気で膨らませたフェイクのプレミアリーグ優勝トロフィーが現れ、アンリに肩を抱かれた上半身裸のコールが進み出て、そのトロフィーをホワイト・ハート・レインのセンターサークルにうやうやしく据える。

「ひとりまたひとり、ファンの大声援を受けながら、それぞれがまるで本物のカップみたいに両手で高々と掲げたんだ」。コールが回想する。「で、ぼくの番になった。ラストワン。そのとき思いついたんだ。このトロフィーをホワイト・ハート・レインのどまんなかに叩きつけてやろうって。ピッチを全力で走った。ティエリーとレイ・パーラーがついてきた。センタースポットに着くと、ぼくはトロフィーを頭上に掲げてから、敵陣に自軍の旗を立てるみたいに、地面におろした。誰かがゴールを決めたときみたいだった。アーセナルファンが熱狂した。最高の瞬間だったね」

胸を焦がす瞬間だった。コールのアーセナルとの絆は少年期までさかのぼる。彼はアーセナルのサポーターとして育った。有名な写真がある。ハイベリーのピッチに立って目を輝かせている10歳のアシュリー。身に着けているアーセナル・サッカースクールの赤いTシャツのサイズが大きすぎるせいで大砲マークが腹のあたりに見え、シャツの裾は光沢のあるレプリカのショーツに押し込まれ、（憧れのチームが勝ち取った）リーグ優勝のトロフィーを手にしている。コールは才能に恵まれた少年で、クラブのユースシステムでも目立った存在だった。屈強で運動能力の高いフルバックに成長した彼は、ピレスやアンリと組むとがぜん機動力を発揮し、そのサイドで対処しようとする敵方のディフェンダーが肝をつぶすような攻撃パターンを生み出した。

ノースバンク（ハイベリーのスタンドの一角）からアーセナルの試合を観戦していたチャーリー・ジョージが、1971年に常ならぬ出来事の象徴になったのと同様、2004年のコールも、生粋のファンが成功したプレーヤーになるという、めったにない理想のシンボルとなった。ホワイト・ハート・レインのピッチで見たコールならではの狂喜乱舞には、心に訴える格別なものがあった。子供の頃、彼は実際に自分が勝ち取った気分になって、銀のトロフィーを掲げた。大人になって真のチャンピオンになったこの日は、ビニール製のイミテーションのトロフィーを掲げた。

ヴィエラはそのことを思うと、いとおしさで胸がいっぱいになる。「いつも思い出すんだ、子供の頃のコールがアーセナルのスクールシャツ姿でトロフィーを持っている写真がプログラムに載っていたのを。で、それをあいつはファーストチームでやっちゃってた。すごいよね。アッシュが大好きなんだ。気が良くて、優しくて。ドレッシングルームで誰からも愛される存在だった。実力でのしあがって、みんなもアッシュがうまくいってほしいって願っていた。わ

たしにとっては次のトニー・アダムズになるやつだった」※

ベルカンプは、コールが古き良きイングリッシュ精神と、大陸式・新スタイルのフットボールとを一体化していたことに感銘を受けた。若くして、彼は年長のプレーヤーたちに一考すべき課題を示した。「彼がアーセナルファンでよかった」とベルカンプは回想する。「異邦のプレーヤーが多いアーセナルみたいなチームじゃ、そういうプレーヤーが違いをもたらしてくれるんだよ。アーセナル時代のわたしにはずっと、イングリッシュのバックボーンが、気骨、哲学、強さ、体力、能力がなくちゃいけない、チームにもそれがなくちゃいけないっていう、強い確信があった。根幹に関わる話だよ。アシュリーはその一部だった。彼は無意識にわかっていたんだ、自分が試合にもたらすべきものが何なのかをね。それでいて不思議なことに、ヨーロッパスタイルのフットボールにも順応できるプレーヤーだった。彼はそれをミッドフィールドに持ち込んだんだ。後方でもワンツーをやったし、ときにはサイドを下がってボックス内にいることもあった。チームのためになるプレースタイルに順応して、それが本人のためにもなった。で、ヨーロッパ型のプレーヤーになった。すばらしいプレーヤーだった」

ピレスは同時期を彩ったトロフィーの数々を振り返って、イングランド人プレーヤーの存在は、勇気と根性のエッセンスをチーム全体に注入したという意味で、派手はでしい輸入プレーヤーたちに負けず劣らず、アーセナルスタイルの基盤になったと信じている。「当時のぼくらの強みといえば、それはイングランド人プレーヤーがいたことだと思う。イングランドにやってくるのは、ヨーロッパ最高のリーグがあるからだ。だけど、イングランド人は必ずいなくちゃだめなんだ。チームの核なんだから。あそこでの試合のインパクトを知っているから。もしひとりもいなくなったら、リーグ優勝なんてとても覚束ないだろうね」

皆と同じく、ジウベルトもあの瞬間に思い浸る。ただし、数日経って、もっと決定的な勝負だった――もしかすると、そうであってしかるべきだった――との思いに至ったという。「ぼくらはあの試合に勝てたのに、そうしたらずっとずっとよかったのにって思ったんだね。想像してよ、ホワイト・ハート・レインの試合に勝つ、あの特殊な状況でリーグを勝ち取るってことを。結果的にはシーズンの目標を達成したんだから、夢みたいだった。試合に勝たなかったにしても、あの日あのスタジアムでリーグ優勝を決めた。それはぼくらにとって大きな意味があった。ぼくらがファンと祝い始めたら、あっちのファンはひどくむかついて、怒ってた。フィールドに飛び降りたがってた。結局、警備の男たちに中に入れって言われたもんだから、ぼくらはドレッシングルームで大騒ぎした。歌って踊って跳びまわってね。最高だった。ドレッシングルームはそりゃもう夢の中みたいだったよ」

内々の祝祭。互いの信頼を拠り所にザイルを結び合い、彼らのエヴェレストの頂に達したのだという深い思いについて、真の手掛かりを持っているのは、彼らプレーヤーとスタッフだけなのだ。

アーセナルのいちサポーターとして、アラン・デイヴィーズはこの感動に間近で接するというチャンスを逃すわけには到底いかなかった。チケットはゴールドダスト［砂金、金粉の意味だが、ここでは「プラチナ」に相当］クラス。そこで彼は『タイムズ』紙に〝有名人〟によるフットボールコラムを連載している立場を利用して、プレスボックスにまんまと席を確保した。それが、当日、チームに接触する唯一の手掛かりにもなった。ホワイト・ハート・レインのプレスボックスはピッチサイドのすぐ上、プレーヤーズトンネルに隣接している。好機到来だ。ごった返しの騒ぎに乗じて、彼は壁を飛び越え、トンネルの口に陣取った。

「そこで待ってたんだが、アーセナルのファンが帰ろうとしないんだ。そうこうするうちにプレーヤーたちが出てきた。最初に出迎えたのがおれだ。キーオンと抱き合った。アンリが出てきたんで、つかまえてプログラムにサインをしてもらった。なんて言ったらいいかわからなくてね、『あんたは伝説だ』って言ったよ。長いこと控えのゴーリーだったグレアム・スタックが出てきた。性格のいいやつで、人生で最高にのぼせ上ってるように見えた。すっかり興奮しきってたね。みんな気持ちを抑えられないみたいだった。浮かれずにはいられないだろうさ。飛び跳ねて、叫んで。そこで請負姿勢丸出しの係員が、それ以上おれがでしゃばるのを阻止しやがった。

そんなわけで外に出なくちゃならなくてさ！　アーセナルのサポーターとして面が割れてるし、あのシーズンは、タイムズの紙面で何度かトテナムにかなり無礼な態度をとってたもんだから、トテナム・ハイ・ロードを通れないのはわかってた。トテナムのサポーターがごまんといるからさ。突っ立ったまんま、どうやったら家に帰れるか思案した。車をとめた場所は半マイルは離れてる。そしたら、レンジローヴァーを運転してるデイヴィッド・ディーンを見つけた。二、三度会ったことがあってね。車の窓をこんこんと叩いたら、ウィンドウを下ろしてくれた。おれが『乗っけてっちゃもらえませんかね？』って言ったら、『どこまで？』って。『どこへなりと……』」

夜の帳《とばり》も落ちて、アーセナルのプレーヤーはスタジアムの外でバスに乗り、トレーニンググラウンドへと帰っていく。ほぼ全員が多幸感に酔いしれている。レーマンはまだどこか割り切れていない風。帰り着き、ヴェンゲルと言葉を交わしてようやく、その日の出来事と折り合いをつけ始める。「2時間かかってコルニーに戻ったら、ボスから言われたんだ。『イェンス、君に謝らなくてはね。録画で観たよ、君に落ち度はなかった』。2時間だよ、2時間」

結局、あの同点ゴールはそれほど気に病むほどだったのか？　レーマンはチャンピオンになった。みんながチャンピオンになった。しかも、リーグで1試合も落とさずにその高みに到達した。並外れた偉業、現代フットボールにおいて前代未聞。紛れもなく、どんちゃん騒ぎに身を委ねる価値があった。「あの後2日間は遊びほうけてた」。パーラーが口を滑らせる。「アーセン・ヴェンゲルには内緒だぜ！」

※後にヴィエラは、コールがチェルシーへ去って、自分が思い描いていたアーセナルでの友情の未来像が実現しなかったことに、失望をあらわにした。「あいつを国内最高のレフトバックだと思っていた。何とかできないかと頑張ってもみた。うちにいてほしかったからね。アシュリーはアーセナルの次期キャプテンになるはずの男だった。ユース時代から一貫してあのクラブで育ったんだから。いなくなってがっかりした」

第11章 見えない獲物

ブロンドの少女がふたり、まるで裏庭で鬼ごっこでもしているかのように、嬌声を上げてハイベリーのピッチを駆け回っている。ひとりはリーア・ヴェンゲル7歳、もうひとりはエステル・ベルカンプ8歳。注目の的になるのは父親たちであってしかるべきときに、その子供たちが芝に入って許されるものなのか、いさか論議を呼んだものの、とにかく彼女たちは我関せずと跳ね回っていた。無邪気そのものの光景。周囲に起きていることなど無関心のようだ。歓喜に沸く3万8000人の観衆が、これは本当に現実のことなのだと恍惚として驚きの念に打たれながら、栄誉に浴して歌うは「We are unbeatable（我らは無敵なり）」。

時をさかのぼってみる。2002年秋。イングランドのディフェンディングチャンピオン、アーセナル・フットボールクラブには、うぬぼれてしかるべきれっきとした理由があった。前シーズン、「ダブル」を勝ち取った圧巻の好調さを、新シーズンでも維持していた。ヘビー級のパワーと繊細な技巧が絶妙に融合したプレーぶりで、無敗の進撃を続行中。ロンドン・コルニーを目指すジャーナリストの一群が、環状高速M25を降りて田舎道を走り、名もない私道へ左に折れると、道の両側に生い茂る低木の茂みがクラブの私用本拠地を覆い隠している。やがて視界に入ってくるのはアーセナルのトレーニング用複合施設。優美な外観、手入れの行き届いたピッチを見晴らす広大なガラス張りの、現代的な建物だ。

受付を通って階段を上がり——内部の神聖な場所へと続く、両開きの扉から直接入ることは許されない——プレーヤー専用食堂に隣接する記者会見場へ。そこでは毎週のように『ゴドーを待ちながら』の風景がくり広げられた後、ヴェンゲルが登場して着席、概ね十分に敬意のこもった審問を受ける。加えてアーセナルでのキャリアのこの時期、彼は上機嫌で、公表したいメッセージを完璧にコントロールしている印象を与える。業界でいうところの「大見出し」を引き出そうとするジャーナリストたちの、あの手この手の手管には慣れっこだし、あまりに頭が切れるため、本人に情報を漏らそうという明確な意図がない限りは、しっぽをつかまれることはない。

アーセナルは怒濤の進撃を見せている。チャンピオンズリーグではボルシア・ドルトムントを2‒0で負かしたばかり（ベルカンプとリュングベリのゴール）だし、ヴェンゲルが見据える週には以下の戦果がもたらされることになる。アーセナル2：ボルトン1、PSVアイントホーフェン0：アーセナル4、リーズ・ユナイテッド1：アーセナル4。威風堂々、他の追随を許さない。概ね型どおりの質問が続いた後、『スター』紙のデイヴ・ウッズが投げかけた質問は、はねつけられることに慣れっこになっても投げ続ける、同紙一流の〝難問〟のひとつだ。シーズンを無敗で行けるか？

しばしのポーズ。ウッズがその場面をありありと覚えているのは、本音をしっかりとしまい込んでおこうか、それともちょっとしたパンドラの箱を開けようかと、ヴェンゲルの頭脳が思案のアイドリングをしているのが、手に取るようにわかったからだ。

「ヴェンゲルはしょっちゅうその質問をされていて、いいや、不可能だ、と答えていたのを覚えている」とウッズは言う。「その日も例によってもう一度聞いてみた。今でもあの表情が目に浮かぶね。半々の気持ちでいたんだな。肯定すべきか？ 否定すべきか？ わたしは人の心を読めるわけじゃないが、どう答えようか自分でも迷っているように見えた。彼はイエスと言った。大したことでもないような口ぶりだったんだが、当然ながら翌日の見出しになった。

あとで記者たちが騒然となった。あのシーズン中でいかに重大な瞬間だったかは、今にしてわかる。めったにない由々しき瞬間だった気がする。人は己の安全地帯から踏み出したときに、それと察知できるものなんだ。たいがいの監督は、何を言って何を言わないかの境界線を設けている。ドレッシングルームで起きていることは口外無用、突飛と受け取られそうな発言もたいていNGだ。ヴェンゲルがあの瞬間に言おうと決めていたとは思えない。面倒だ、言ってしまえ、って辺りだったんじゃないかな。ヴェンゲルクラスの監督なら、自分の発言がプレーヤーに与える影響がポジティヴか、ネガティヴかくらいは、つねに心得ているものなんだ」

トレブルを語るヴェング、他軍の監督を挑発

「みんな口にする勇気がないのだ」——デイヴィッド・ウッズ

アーセン・ヴェンゲルが、アーセナルのシーズン無敗とトレブル達成を臆することなく宣言すると、強気を見せている。

ハイベリーのボスは同時に、サー・アレックス・ファーガソン、ジェラール・ウリエ、クラウディオ・ラニエリらもそのような画期的な功績をあげることを夢見ているが、口にする勇気がないのだと断言した。

彼は言う。「マン・ユナイテッド、リヴァプール、チェルシーがそういう夢をふくらませてなどいないとでも？」

「できると言わないのは、物笑いの種にされるのを恐れているからだ。しかし、この仕事では何が起きるかわからないし、わたしはうちの全プレーヤーとチームに多大な信頼を寄せているから妄言ではない」

「トレブルを勝ち取ってシーズン無敗をやってのけられると口にするのが、なぜとんでもないことなのか、わたしにはわからない」

「もちろん、うちが負ければ世間から大口を叩いたと言われるだろうが、あえてリスクを冒すべきときもある」

「ACミランがやった過去があるんなら、無敗のままも不可能ではない」

「このチームならという自信があるのは、リーグ27試合で負けておらず、プレミアシップ

45試合連続で得点を挙げているからだ」

「むしろ自信がないと言うほうが、嘘つきだと呼ばれるだろう」

「むずかしいことは我々も承知しているが、しかるべき取り組みかたをすれば進歩は可能だ。わたしはこのチームが進歩可能だと思っている」

昨シーズン、デイヴィッド・ベッカムが、マンチェスター・ユナイテッドの無敗達成を予測したのは有名な話だが、プレミアシップで9敗、無冠に終わっている。

アーセナルの本日の対戦相手、ボルトンのサム・アラダイス監督でさえ認めた。

「彼らのプレーぶりからすると、追いつくのはどこのチームであろうと甚だ大変だろう」

（『デイリー・スター』紙）


他チームの監督やプレーヤー、評論家の一群が、早速に冷笑を浴びせかけた。ジョン・ジャイルズが、大方よりも思慮に富んだ展望をしたのは、1970年代にリーズ・ユナイテッドの監督が、不屈のチームとして有名だった自軍について似通った発言をした経験があるからだった。「ヴェンゲルの言葉から、かつてのボス、ドン・リーヴィーの記憶がよみがえった。彼は涙ながらにこう言ったんだ。『我々ならできる――無敗を通す初のチームになれる。フットボール界を震撼させてやる』。とはいえ、両者の発言には異なる点がある。リーヴィーの場合は、1973年のFAカップ決勝、サンダランド戦で劇的な敗北を喫した痛みの最中、内々に口にした。ヴェンゲルは公の場で、輝かしいダブル達成後に言葉にした。優秀な自軍にプレッシャーをかけたのは明らかだ。スベリ一つ無しに、一試合もまずい展開にならないでシーズンを送るなんて、異常現象だよ。このスポーツで一番タフなことだろうね」

ヴェンゲルの右腕、パット・ライスでさえ、一抹の不安を覚えた。「アーセンが出てきて、このチームなら不敗で行けるなんて言ったもんだから、内心、こりゃ思い切ったことを口にしてくれたもんだ、何しろ誰も、どこもやったことないんだから、ってね」

アーセナルのドレッシングルーム内では、キーオンが各紙の見出しを読んでじわり戦《おのの》きを覚えた。「監督が公式の場で、シーズン中を無敗で通せるって言っちゃった。どうかしちゃったのかな、と思ったのを覚えてる。そんなの大っぴらに論じてもらっちゃ困る。でも、これは自分でいつも固く信じてるんだけど、時には話をしなきゃいけない、つまり実現させるにはまず論じてしかるべき場合もあるんだ。実際、監督が口にしたら無意識のうちに、それってできるのかも、って気がしたからね。ただ、自分たちで目標を掲げることはしたくなかった。みんな、こっちを阻止しようと、しゃかりきになってたから。で、エヴァートン戦のルーニーのゴールでおじゃんになったってわけさ」

そして、すべてがどっと崩れ去った。

嘲笑の雨がヴェンゲルに降り注いだ。よくもまあ、あんなに極端で、どう考えても不遜な目論見を公言したものだな、と。ルーニーのゴールはいわば、そんな突拍子もない考えを抱いたことに対する中世風懲罰のようなものだった。無敗のシーズンという概念そのものが軽蔑に値すると思った者たちからの、魔女狩りの歓喜の声が聞こえてくるようだった。

興味深いことにその1シーズン後、タイトル防衛を果たして4試合を残した時点で、無敗シーズンの見込みが著しく高まっていた。バーミンガム、ポーツマス、フルアム、レスターという残りのフィクスチャーを見るにつけ、可能性どころか、それはあり得ることだった。とどのつまり、あのヴェンゲルの常軌を逸した予見は正当なものであり、ただ単に1年早すぎただけだったのだろうか。

優勝確定から一夜明けた朝（あるいはパーラーの場合、二夜明けた朝？）、アーセナルのプレーヤーの関心は、新たな野望に転じた。ことが成るまでは、目標はあくまでもリーグ優勝だった。肝心の使命を完遂したばかりで、新たな挑戦に取り組むのは容易ではなかった。彼らはマラソンのフィニッシュラインを越えた。アドレナリンの奔流も、勢いも、集中力もおのずと衰えていた。まるで、その翌日に1万メートル発走の号砲が鳴ったようなものだった。

不敗のチャンピオンにとって、残り試合はさして難題ではないはずだった。バーミンガム（ホーム）、ポーツマス（アウェイ）、フルアム（アウェイ）、レスター（ホーム）。実際、どの対戦相手をとってもアーセナル戦の結果に何かがかかっているわけではなかった。リーグ戦の順位はそれぞれ10位、13位、9位、18位。3チームはランキング中位を確保、1チームは降格が確定。事実上の休暇時期に入ったようなものだった。

とはいえアーセナルにとっての問題は、プレーヤーたちが、頭では目の前の仕事に全身全霊で打ち込まなくてはならないとわかっていながら、体はすでに常夏のビーチへ向かう旅の途上にあるようなものだったことだ。

改めて意欲をかきたてることがどれほど大変だったかについて、ベルカンプが説明する。

「大仕事だったよ。だって、望みのものを手に入れて、そこで突然、歴史を書き換えようっていうんだから。ハイになっていた気分が落ち着いて、どこそこに痛みを覚えているプレーヤーがいたり、すでに代表チームの試合やら何やらを考えたりしている状態じゃ、きついよね。ぼくにしたって、やっとシーズン終盤近くになって、目標として意識したんだ。野心というやつは、トロフィーを勝ち取って、また勝ち取って、またその先を目指したくなるものなんだ。やるんなら今っきゃないぜって。でも、体の方はそうはいかない」

リュングベリは、体と心の波長が合っていない状態がどれほど奇妙な感じかを、明確に表現してくれている。「大事なのは常にトロフィー獲得だ。優勝であって、無敗シーズンじゃない。それでもぼくらは全員、腹を決めたんだ、無敗に挑んで達成して、無敵の存在になってやろうじゃないかって。だけど、それがきつい。なぜって、人がなんと言おうと、その試合の勝敗が生死の分かれ目でトロフィーを獲れるかどうかってわけじゃないと、どうしても何パーセントか落ちるものなんだ。ぼくがギャンブラーだったら、残念の方に賭けてたろうね。見かけほど簡単じゃないんだから」

負けなしでシーズンを終えるという、新たな大望を叶えるか砕くかがかかった4試合を振り返ると、ピレスは頬を膨らませてフーッと息を吐く。「残り4試合、がんばらなくちゃって、自分に言い聞かせる」とピレスがつぶやけば、トゥーレは「ストレスばっちり」に感じたと言い添える。ヴィエラの方はその4試合を妙に手間がかかるものに感じていた。「テレビやらなんやらで話題になると、ぼくらは内心では実現したいと思っていた。だけど、今さら重荷を背負いたくはなかったしね」

最も熱く語ってくれたのはアンリだ。シーズンがクライマックスを迎えると、アンリのリーダーとしての役割がいっそう増した。アンリはチームが何をすべきかを説き続けた。そうすることで筋肉をよりハードに、より速く動かせる刺激が与えられるかのように。キャンベルの回想によると「ティエリーだけが、終始そのことを本気で考えていた。あいつはいつも話している。なんでも知りたがって、なんについても話したがる」。より多くを追い求めることは自分にとって燃料みたいなものだと、アンリはキャンベルの見解にうなずく。「ぼくは常に、現状に満足し切っちゃうようなタイプじゃない。いつももっと先へ進んで、自分たちの限界まで到達しようとする」

そんなアンリでさえ、この上なく特別な舞台でタイトルを奪取するという栄光に酔った後とあって、モチベーションを見つけ出すむずかしさを感じていた。「どんな感じかわかるよね。チャンピオンチームが、次の試合を5－5で引き分けたり、4－0で負けたりするなんて数えきれないくらいあったろ？　ボクサーみたいなもんだよ。ボクサーがリングに上がるのは楽しむためじゃない。相手をくたばらせるためだ。でも、くたばらせるって一体誰をだ？　ぼくらはチャンピオンじゃないか。で、こんな思考に囚われてしまう――だってバーミンガムだぜ、こっちはチャンピオンだ、今日バーミンガムをやっつける必要があるのか？　負かしたら何かが変わるっていうのかよ、って。

トテナム戦のすぐ後の試合は、皆そんな感じだった。いいかい、ぼくらはレイ、ン、でタイトルを獲ったんだ。アーセナルファンなら、それ以上何を望む？　その後にバーミンガムと形だけの試合をする。あれはぼくが今までやった中で一番退屈な試合だった。自分がボールに触ったかどうかもわからないくらいだ」

心が萎えるようなダレた試合は、無得点の引き分けに終わった。それでも結局は、その4試合を一つひとつ、こなしていくしかなかった。記憶に残る試合でなくてもかまわない、無敗が途切れない限りは。アンリの回想は続く。

「ボスが毎朝やって来ては言ったのを覚えてるよ。『君らはあっと驚くことをやってのけられるかもしれないんだ。わかってるのか?』。すると、ぼくらはチャンピオンなんだけどな、みたいに思う。パトリックがぼくをじっと見て言ったものさ、『ファイトがない。ファイトしなくちゃ。ポイントを上げなきゃっていう自覚が要る』。ぼくらは何がどうなってるのか、ろくにわかっちゃいなかった」

勢いを取り戻す——それが特異な苦役となったのは、まさに、フットボーラーが通常直面することのない異常な事態だったからだ。アンリは、インヴィンシブル・シーズンを「インヴィジブル・プライズ(見えない獲物)」と称して、詩的に要約してみせる。

目標が漠然としていた、と彼は言う。「ご褒美(獲物)がなかった。結局、何が得られるっていうんだ? まるで目に見えない何かのために戦うんだ。金色のトロフィーでも作ってくれる、そんな予定があったのかどうかは知らない。過去に例のないことだったから。ぼくらは歴史に名を残すためだけに戦っていた。前例のない、そして二度と起こりそうもないことなのに、トロフィーやメダルの一つも無い。変な話じゃないか。あとで振り返ってみたら、ヒャー、ってことなんだろうけどね。実際どれほどでかいことなのか、あのときのぼくらはよくわかってなかったと思う」

バーミンガム戦をやっつけて、次なる相手はポーツマス。2か月前のFAカップ準々決勝、アーセナルがポンピーのファンからあの忘れがたい喝采を引き出した光景が、今ではむしろ厄介なハードルになっていた。ハーフタイム、アーセナルは負けていた。ヴェンゲルはチームが「やや落ち着きを欠く」と見ていた。アンリがそれを覚えているのは、プレッシャーが制御不能になり始めていたからだ。「前半に押されまくっていたから、ドレッシングルームでみんなお互いに言い争っていたのを覚えている。ぼくは言いたい放題。イェンスもあれこれ言っていた。ヤクブのゴールで1-0のダウン。ぼくらは顔を見合わせた。なあ、おれたち何やってんだ?」

レーマンがその場面を回想する。「イングランドの試合にありがちな展開だった。1-0のビハインド、荒れたピッチ、ガチで向かってくる敵。ティエリーからハーフタイムに言われた。『イェンス、なんであれを止めなかった?』。むかついたね。で、セカンドハーフではいくつか良いセーブをして、うちが得点したから、引き分けに持ち込めた」

救世主はホセ・アントニオ・レジェス。ボレーで決めたプレミアリーグの初ゴールは絶好のタイミングで訪れた。ゲームはそのまま1-1で終了。続くフルアム戦でも、レジェスが再び進み出てシーズン最後から2番目のゲームの不安を鎮め、クレイヴン・コテージで辛くも1-0の勝利を収めた。

レジェスは謎めいた存在だった。振り返るにつけ、レジェスの加入はアーセナルが当時どれほど強気だったかを如実に示していた。力量の観点からチームを補強すると同時に、スペインでも引く手あまたの若手のひとりをラ・リーガから首尾よく獲得することで、ひとつのメッセージを発したのだった。レジェスはレアル・マドリードかバルセロナへの移籍が予想されていたが、あの時代の頂点にあったアーセナルには一流の若手を引き寄せる何かがあった。デイヴィッド・ディーンは、セヴィージャのファンが自軍の若手を連れ去る車が出られないよう道路を封鎖した光景を思い起こす。あらゆる意味で大きな取引だったのだ。

そのアーセナルキャリアも頓挫し、期待外れとファイルに綴じられることになったとはいえ、インヴィンシブル・シーズンにおける彼の役割は意義深いものだった。周りのプレーヤーが肉体的にも精神的にも疲れ切っていた時期に不意に現れ、無敗記録をキープするかけがえのないゴールをもたらしたのだから。

レジェスと同じセヴィージャでプレーしたことのあるラウレンは、レジェスの教育係《メンター》のような存在になろうとした。だが、朴訥《ぼくとつ》なアンダルシア人のレジェスは、環境への適応がほぼ不可能に感じていた。ラウレンによれば「スカウトのスティーヴ・ロウリーにもあいつと契約する前に話したことがあるんだ、『本人と直に契約を結ぶように。家族を同席させるな』って。正直に言わせてもらえば、ホセの大きな問題は家族に成長を妨げられていたことだ。あいつは、独立させて家族の庇護のもとから連れ出す必要があった。同じことがフットボールのピッチでもうかがえる。ホセは夢のようなプレーヤーだが、むらがあってね、なぜかと言えばそれは過保護に育ってきたからだ。見た目には信じられないようなプレーヤーだった。あの動きといったらね。変幻自在、スペースを見つけちゃう。一流の動きだった。問題は精神的に弱すぎるせいで、むらがあることだった」

ヴィエラはレジェスの「純然たる才能」を称賛したが、プレーヤーとクラブが真の絆を結べなかったという、よくある例だとも認めている。「とにかくファンタスティックなプレーヤーだった。でも、馴染むのがほんとうにむずかしいって感じていたんだな。午後4時にランチに行くようなセヴィージャから来て、ロンドンの午後4時なんてもう真っ暗だからね、家でおとなしくしてるしかない」。ヴィエラが心底おかしそうに笑う。「プレミアリーグ向きじゃなかったんだよ。太陽のもとで、日がなTシャツと短パンで過ごさなきゃならないってやつ」

レジェスとアーセナルは必ずしも完璧な組み合わせではなかったかもしれない。だが、彼のゴールと、疲弊し切ったレギュラー陣の中で示した存在感によって、彼はインヴィンシブル物語の重要な脇役となった。

アンリにとって、シーズン終盤の一連のぱっとしないゲームは、奇妙なことに、転機とするにふさわしい有名な試合よりも、あのシーズンのスピリットをまざまざと映し出してくれる。どうでもいいような瞬間が結びついて全体を非凡なものにした、そのひとえに厳しく、ひとえに危うく、けっして逃れられない、なんとしても切り開かねばならないものだったからこその末に得られた結果は、彼にとって大きな意味があった。

「確かに世間が覚えているのは大一番の試合、有名なゴールと相場は決まってる。オールド・トラッフォードや、リヴァプールの試合とかね。でも、ぼくが忘れられないのは、あのホームでのポーツマス戦のさ」と尖った声でアンリは言う。「うちが優勢なときに、ロベールが何かで警告を食らった。何がどうだったかも覚えてないんだが、それはどうでもいい。他の試合を軽んじるつもりはないんだが、だからこそ常々言ってるんだ。『ポーツマス戦だけは絶対に負けるなよ』って。あの年は、ホームでもアウェイでもポーツマスを負かせなかった。アウエイのレスター戦でジウベルト・シウヴァが得点して引き分けたのも覚えてる。レインでタイトルを獲得した後の、ホームのバーミンガム戦もね。なぜなら、すべてを台無しにするところだったんだから」

＊

あと1試合。ヴェンゲル以外は誰ひとり、ろくに信じてもいなかった記録の達成まで、あと90分——。近年のイングリッシュフットボールで唯ひとり、その記録に迫った人物は、奇しくもアーセナルの彼の前任者だった。1990-91シーズン、ジョージ・グレアムのチームが落としたゲームはわずかに1。それ自体、奇跡の類と見なされたものだった。

ハイベリーの外は祝賀と期待の空気がある。その日の相手、レスターは、降格が決定している。本気を出す理由などなかった？　そうとは言えない。結果次第で最下位か下から三つめかが決まる。レスターにとって、最下位の回避は100万ポンドを超える価値がある。そんな細々とした事情が、クラブの財政担当者からプレーヤーに刷り込まれていた。レスターの監督が到着、チームはマーブル・ホールズを抜けてアウェイ用のドレッシングルームに入り、ミッキー・アダムズ監督が例によって飛ばす檄《げき》を待ち受けるプレーヤーたち。このときに限って、アダムズはいつもと違うことをする。

「A1サイズのフリップチャート紙にチームの布陣が書かれていて、相手の長所と弱点、どこを突いていくかも記されているものだと思っていた」と、当時レスターのストライカーだったジェイムズ・スコウクロフトは回想する。「その日の監督はただアーセナルのチームを書き留めてから、『健闘を祈る』とだけ言って出て行った。一通りやっても意味がなかったんだ。ティエリー・アンリの裏を取る動きに気をつけろだとか、ロベール・ピレスの短いパスに要注意、デニス・ベルカンプにボールを渡すな、パトリック・ヴィエラの深い位置からの走りを警戒しろとかね。あのチームについてはさんざん情報があったから、ぼくらは知り尽くしていた。弱点がひとつもなかったんだ」

レスターにとってはうれしいサプライズだったのだが、試合は予想どおりの展開にはならなかった。スコウクロフトの記憶によれば「アーセナルに必死な様子はなかった。よくあるシーズン最後の試合って感じでね。うちのスタートがけっこう良くて、1-0でハーフタイムを迎えた」。

ホームのドレッシングルームでは、プレーヤーたちが張り詰めた状態にあった。「ったくとベルカンプが怒りをぶちまける。「1-0のダウンで、みんな、おや困った、なんとかしないとな、って感じはないだろうが」。いつもは平静の権化のジウベルトまでが苛立っていた。「つくづく妙な試合だった。チームの誰もが本来のパワーをなくしていたみたいでね。活気がなかった」と、ジウベルトの記憶語りは続く。「試合に戻るのがどうにもしんどい気分だった。ぼくはぼくでむしゃくしゃしていたし。なんでこの試合を落とすんだ？　ぼくは負けたくないからな！　シーズン最後の試合なんだ、ここまで無敗でやってきたのに……なんでだ？　流れを変えよう、なんとかしようぜ、って。そのとき、勝者のメンタリティーが戻ってきたんだ」

ベルカンプの2本のパスが違いをもたらした。一つめ、巧みなロブが、ボックスに突入したコールをとらえて、アーセナルがペナルティーを得る。進み出たアンリ。いつもならペナルティースポットから、自然体にも見えるほどの落ち着きや図太さを漂わせるところだが、このとき、アンリの心は、たった1本のキックの重みに揺れ動いていた。

「いいかい？　得点できそうな感じじゃなかったんだ」。アンリが記憶をたどる。声を落とし、そのときの感情を必死に探そうとする。「勘弁してくれ、なんで今なんだ……。内心こう思っていた。今、こいつを決めればうちが勝つ。で、もしもしくじったら？　物事がうまく行かなくなり始めるときってわかるよね。認めるよ。ちいとばかしプレッシャーを感じていた。こいつは決めないとまずいぞって。せめて引き分けに持ち込んで、レスターがもう1点取るのを見なくて済めばいいんだ、って」

ボールをペナルティーマークに置いて、助走を巻き戻すように下がって、跳ねるように前進、同点弾を叩き込む。力のこもったシーン。

スコウクロフトは、アンリの奮闘が試合の流れにどれほど大きな影響を与えたかを、今も鮮明に覚えている。「うちがリードしていたときは、レスターのプレーヤーなら、いつ形勢が変わるかわからないぞとか考えたりする。覚えてるのは、アーセン・ヴェンゲルが立ち上がって、アンリに『どうした、ティエリー！　もっと気を入れろ！』って言ったやつ。そしたら、アンリのギアがローからトップに入った。そんなことができるプレーヤーなんて一度も見たことがなかった。日差しの中でゆったり動きながらいい感じのボールタッチをしてるなと思ってたら、10分もしないうちに、直感的なプレーで試合を変えるレベルにまでギアをいきなり上げたんだ」

アーセナルのエンジンが上がり、ベルカンプが今一度魔法を使う。ピッチの中央で持ったボール、前方に突進するヴィエラめがけて完璧なパスを出す。まるでレーザー光線に導かれるかのように、ボールがレスターのディフェンダー5人の間を突き抜ける。ヴィエラがパワーを加えて放ったボールがキーパーの脇をすり抜け、至高のゴールが無人のネットを揺らす。

「パトリックへのあのパスはよく覚えているよ」。ベルカンプが笑みを浮かべる。「君のゴールはどれもぼくのパスから生まれたんだって、パトリックにずっと言い続けてるんだよね」。そのジョークは無論ヴィエラにはお馴染みだ。「デニスはいつも、君のキャリアを築いたのはこのぼくなんだからなって言う。あのゴールのせいでね!」。ヴィエラは懐かしさに破顔一笑する。

アンリにしてみれば、そのゴールを決めたのが誰かには意味があった。「あのシーズンのヴィエラはゴールの補佐役だったから、何が気に入ってるかって、ヴィエラが最後のゴールを決めたことなんだ」と笑う。「言いたいのはそれだけ。あれ以上の展開はなかった」

唯一の未完の仕事、それは10試合出場という、優勝メダルを受け取るための条件を満たすために、キーオンをピッチに出すことだった。やきもきするキーオン。ヴェンゲルは交代を約束したとはいえ、その手のことを彼は忘れがちなのだ。「監督の目はぜったい信用できない」とキーオンはしかめ面をする。「ポーツマス戦のとき、スタジアムの電光掲示板には88分と出ていたのに、監督は83分だかに見間違えていたもんだから『ボス、あと2分しかない、頼むから出してください』って言ったんだ。それなのに『いや、もっとある』ときた。そんな具合だったんでね。レスター戦前には、実際に主審に言ってやったから。『試合終了前にピッチに出る予定だから、絶対にその前にホイッスルを吹かないでよね、だってオヤジのやつ、いつも（約束を）忘れたままなんだから』」

パーラーにとっては、何かせずにはいられない状況だった。「ちょいとおもしろかったね」とパーラーがいたずらっぽく笑いながら言う。「おれはシルヴァン・ヴィルトールやエドゥーとベンチにいたんだが、マジでただのいたずらだったんだ。残り5分のマーティンの台詞は忘れらんないね、『ボスはおれを出してくれるのかな？』だってよ。だから言ってやった。『マーティン、ボスの目の前でウォームアップするんだ。行けよ』。それでやつはトラックスーツの下を脱いで、アーセン・ヴェンゲルの目の前でウォームアップをしてみせた。そしたらさ、『そこをどいてくれ、マーティン』だってよ。で、やつはライン際を行き来し始めたもんだから、ノースバンクの全員がやつの名前を歌い始めたのさ。こりゃ自分史上、最高のいたずらになるぞ、ってひそかに思ったね」

そしてパーラーは、あたかも最後の交代に備えるかのようにトラックスーツを脱いでから、キーオンに向かって監督から出る準備をしろと言われたと告げた。「やつに殺されるかと思ったよ。マーティンが見たこともないようなスピードでライン際を走って、ヴェンゲルの首に手をかけたんだぜ。やつが監督を絞め殺そうとしていて、そのときの監督の台詞ったら忘れられないね。『離せ、マーティン！　離すんだ！』。いたずらが過ぎたなと思った。試合後、監督に引っぱっていかれたよ。『マーティンに何を言った？　ピッチの真横でわたしを絞め殺そうとしたんだぞ』。白状したら、監督が『こんなおもしろすぎる話は聞いたことがないな』だって。ま、マーティンはすばらしいやつで、ちゃんと10試合出場を果たしたし、それに値するやつだったけど」

アーセナル　2―1　レスター　　２００４年5月15日

不朽の勇者たちが日差しのもとでカンカンを踊る傍らで、アーセン・ヴェンゲルはベンチ前にぎこちなく立ち、視線の方向を定められずにいた。イングリッシュフットボール史上、最も驚くべき偉業の首謀者が、事態をうまく飲み込めずにいた。「動揺していた」とヴェンゲル。「シーズンを無敗で通すのがずっと夢だった。信じがたい。無敗を成したと口にできる監督はめったにいない」。この国で最後にそれを成した男、プレストンのウィリアム・サデル少佐が亡くなって久しい。

このことでアーセナルが、誰がどこから見ても「偉大」になったわけではないのかもしれない――とりわけ、ヨーロピアンカップ、リーグ連覇、カッコよすぎるゴールだけを偉大さの定義とする者にはとっては。しかし、無敗それ自体驚異だ。26勝0敗12分。プレミアリーグのハイテンポで緊迫した38試合、アーセナルが平常心を失ってプレーの質を落としたことは一度たりともなく、中でも驚くべきは9か月にわたる争いのあいだ、不運なバウンドや誤った判断に打ちひしがれる場面がまったくなかったことだ。ノースバンクの「我らは無敵なり」の合唱がクロックエンドにまで響き渡る中、プレミアシップのトロフィーがターフに運び込まれた。

２００３―04シーズンのマーチを、ハイベリーの回転ゲートを通ったおよそ１０６万４４

いたアーセナルのプレーヤーたちも。

4人の幸運な観客は容易には忘れまい。そして、9か月前には満身創痍の臆病者と誹《そし》られていたアーセナルのプレーヤーたちも。

シーズン初戦、エヴァートンに出向いて序盤から10人で戦わざるをえなくなった試合は、一歩間違えば敗北だった。昨日、リーグ戦115年の歴史を下敷きにスタジアムに浸透していた予測をレスターがひっくり返したとき、あの8月の午後に呼び起こされた不屈の精神が、今一度アーセナルに活を入れたのだ。今シーズン、抜きん出たプレーを見せたティエリー・アンリのペナルティーキック、そしてチームの中枢、パトリック・ヴィエラの決定弾がゴールを揺らしたときに。

前半26分、フランク・シンクレアの妙技で番狂わせが起きて(「シンクレア」と「妙技」が一文中に同居することはめったにない)、1点を追うことになったリーグ王者は危機を悟った。屈強なディフェンダー、シンクレアがハーフウェイラインを駆け抜け、ベルカンプばりのクロスをポール・ディコフの頭上へ。この小柄なスコティッシュに献じられたシンプルプランとは(イェンス・レーマンのエキセントリックなゴールキーピング術に学んだことも役立てつつ)、シーズンでもとりわけ意外なゴールを無人のネットに放り込むこと。王者アーセナル0、降格レスター1。観客のおどけた野次が飛ぶ。「無敵なんぞ、ありゃぁせんわ!」

ホワイト・ハート・レインでのタイトル獲得以降のパフォーマンスと代わり映えせず、戦意の高揚に戸惑うアーセナル。ファーストハーフ、レスターのキーパー、イアン・ウォーカーが仕事に駆り出されたのはわずかに二度、まずはアンリの空《くう》を切るクロスバー越えのフリーキックに軽く触れたあと、弾かれた球を蹴り込もうと突進するアンリとフレディー・リュングベリをものともせず、ロベール・ピレスの高速のドライヴシュートを葬り去った。

楽しげにボールを回すレスターに向けられるファンの喝采を、ポール・ダーキンの前半終了ホイッスルが中断させる展開など、信じられるだろうか？

ドレッシングルームのアーセナルは、自らに厳しい問いを突きつけた。今は３５００分に及ばんとする不敗のフットボールをふいにするときではない。ヴェンゲルが「蜂起」と形容する空気が生まれ、アーセナルに活気が戻って……。

すでにヴェンゲルは思いを巡らせている。これほど輝かしいプレミアリーグでの戦果にどう始末をつけていくのか。これが頂点なのだろうか？「プレミアでこれよりさらに上を行くのはほぼ不可能だが、我々は新たなトロフィーを勝ち取ってみせる。わたしはいまだに自分たちの成し遂げたことをうまく理解できずにいる。わたしが言えるのはただ、うちのプレーヤーをどれだけ誇りに思っているかだ」

昨日、キャンベルとアンリが祝勝の場からしばし抜け出して、センターサークルに寝転がってだべっている姿には、まるでなんの悩みも感じられなかった。

ヴェンゲルでさえ、試合後のフィールド１周のあいだに７歳の娘リーアが合流すると、少しだけ箍《たが》をゆるめ、パパのメダルを首から下げたリーアがピッチを踊ってまわり、ビニール製のトロフィーをうれしそうにスタンドに投げ入れたものだった。「子供にとっては、トロフィーなど簡単に手に入るものなんだ」とほほ笑んだヴェンゲルであった。

（『オブザーヴァー』紙）

今では、シーズン終了を飾るフィールド一周で、プレーヤーが自分の子供たちをピッチに連れて入るのは慣例となっている。当時は今ほどありふれた光景ではなかった。常日頃から、個人の私生活とピッチを切り離したがっていたベルカンプにとって、その場面はプロとしての生活と家庭生活との完璧な共働を象徴していた。妻や子供たちが自分のために払ってきた犠牲への、感謝の場面とも言えた。

「あの場に家族がいたこと、長女のエステルがいたことは素敵だった」とベルカンプ。「ぼくらが子供たちをピッチに入れるかどうかについては、少し話し合いがあったと思う。そうしたらいきなり監督の娘がピッチにいて、エステルもどこからか押し出されるように出てきた。一緒に行っちゃおうよ、って。すばらしい気分だった。世間では裏で何が起きているかを忘れがちだ。ちょっとした例を挙げようか。週末の試合の前日、午後のトレーニングを終えて、そのあと何時間か睡眠をとって体を休めたいのに、家に小さな子供が何人もいたら、寝るなんて無理な相談だね。だから、妻がその間、子供たちをモンキー・タウンに連れて行って遊ばせる。ということは、ある意味で家族全員が同じ目的のために働いているってことになる。どうして子供たちはイングランドの学校に通っているのかといえば、パパがイングランドで働いているからだ。ぼくの人生に引っぱりまわされていると言えなくもない。そうして、トロフィーを獲得する場面になると、それが自分だけじゃなく、家族にも与えられるものなんだって悟る。妻は、ぼくがいつも帰る車の中で音楽をかけて、仕事から家庭に気持ちを切り替えられると褒めてくれる。家のドアから一歩入ったら、ぼくは勝敗など一切持ち込まず、フットボーラー転じてパパになるんだ」

初夏の夕べ、ハイベリーでの祝典の約1時間ほど、その場の色彩がどこか今までになく鮮やかに目に入った。芝の濃厚な緑、太陽に輝く赤と白、スタジアムのファサードのクリーム色、色濃さを増していく空の青、そしてもちろん、トロフィーの光を放つ銀。

センターサークルに座ったアンリが、この場面を胸に刻みこもうとあたりを見回す。キャンベルが合流する。シーズンが減速していく。ふたりともこの上なく安らかな充実感の中で緊張を解いているようだ。「すべてを取り込んでいたんだ」。キャンベルが言う。「とにかく魔法みたいな瞬間だった。そういうシナリオや状況なんてあるもんじゃないだろ？　どんなビジネスだって、どんな職種だって、どんなスポーツだって、ひゃあ、っていう瞬間は必ずある。山の頂きに立って……その記憶を大切にしまっておけば、永遠に忘れることはない」

アンリは思う。容赦のないフットボールカレンダーのせいで、そんなひとときは長くは続かないものだ、と。しばし立ち止まって記憶にとどめ、感情に浸りきらなくてはという気持ちに駆られたのだ。「シーズンが終わると、ユーロとかワールドカップとか、たまにコンフェデレーションズカップでもプレーしないといけないし、自分の国の代表としてのフレンドリーもあったりする」。アンリはその理由を語る。「夏が過ぎて、仕事に戻って、リーグがまた始まれば、世の中は誰がチャンピオンかそうでないかなんて気にも留めない。だからぼくはあそこに座って、ソルもやって来たから言った。『しっかり見て、楽しもうぜ』。プレーの間、何かを楽しむ時間なんてぼくらにはない。なんだか変な話だ。スタジアムをひと回りしてファンと交流する――あの日は楽しむ時間がたっぷりあった。何もかも取り込みたかった。何もかも目に焼き付けたかった。ソルと座っていたのは5分くらいだったけど、果てしなく長い時間にも思えた……」

レスターの面々も、しばし時間をとって祝典の雰囲気を味わった。「屋内に戻ると、ドレッシングルームにシャンパンのボトルが何本か届けられた」。スコウクロフトが思い出を語る。「シャワーを浴びて、レスターのトラックスーツに着替えて外に出て、ベンチ近くの仕切りに腰かけて祝典を見守った。アーセン・ヴェンゲルがトロフィーを掲げてからの数分間は、それまで見た中でも最高の雰囲気だった。

ぼくにはアーセナルのファンの親友がいてね、バークレイズが優勝メダルのレプリカをチョコレートで作っていたから、親友へのお土産に一つもらった。試合後は、両親と一緒に帰る予定だった。普通なら試合から1時間ばかり後にスタジアムを出る頃には、外には200人ほどしか人がいなくて、通りは閑散としているんだが、あのときは人がぎっしりでタクシーも拾えなかった。両親と地下鉄のハイベリー&イズリントン駅まで歩かなくちゃいけなかった。ぼくはレスターのトラックスーツ姿、ザックを背負って、あの間抜けなチョコレートのメダルを首にぶら下げていた。通りにいる人はみんなハッピーで酔っ払ってて、ぼくをじろじろ見ていた。駅まで遠く感じたよ。あんなに遠く感じたことはなかった」

ノースロンドンが赤一色に染まった。

アーセン・ヴェンゲルがいかにしてすべてを予言したかを説明するアンリの口調からは、畏敬の念が伝わってくる。「監督がドレッシングルームに入ってきたとき、『ボス、なんであんなことを言わなきゃならなかったんです？　せめてあと5試合ってとこまで待ってくれたら……』って言ったのをいつも思い出すんだ。でも、彼は結果を言い当てた。大好きな言葉がある。インターネットで見つけたから、ぼくが考えたなんて言うつもりはないけどね。『アマチュアはそれを天才と呼ぶ。マスターズはそれを習慣と呼ぶ』。天才がどうしたって話じゃない。彼はあのチームと仕事をして、何がやれるかをチームよりもよくわかっていた。彼の場合、現実のこととして考え、ぼくらと一緒に仕事をしていた上で、ぼくらならやれるってわかっていたんだ。あれは啓示じゃなかった。ある朝目を覚まして『そうだ、あのチームなら無敗で行けるぞ』なんて言ったわけじゃない。もしぼくらと仕事をしてもいないし、毎日のトレーニングでぼくらを見てもいない、ぼくらの潜在能力を残らず知ってもいない、そんな誰かが口走ったことなら、ぼくは『あいつ、頭がおかしいぜ』って言っただろうな。でも、アーセンには未来がしっかりと見えていたんだ」

第12章 それぞれの思い

インヴィンシブルズのシーズンから数年経った頃、パトリック・ヴィエラは超一流のフットボーラーを集めて企画された、ビール会社のCM出演を打診された。交渉の際、制作側はおそるおそるデリケートなテーマを切り出した。ヴィエラがルート・ファン・ニステルローイと空中戦で競り合うという設定なんてのは、いかがなものだろうか？　わだかまりを感じなかったヴィエラは一路、ロケ地のプラハへ向かった。当日の撮影に参加したフットボーラーは、ヴィエラとファン・ニステルローイのみ。ふたりは握手を交わし、合間の休憩時、会話は2003年はオールド・トラッフォードでの、あの、容易ならざる衝突に及んだ。「ふたりでネタにして大笑いしたよ」とヴィエラは回想する。撮影が終わるとふたりは抱き合い、それぞれの帰途についた。

イェンス・レーマン：ときには、完璧なる成り行きってやつもあるもんだ。もちろん、そんなのが起きるかどうかは、いつだって状況に左右される。あのシーズン、ぼくらは優勝候補じゃなかった。マンチェスター・ユナイテッドやらチェルシーやら、金満チームがいてさ。アーセナルは3番手、勝ち目はなかった。それに、イカれたゴールキーパー約1名を除いて、補強もなかった。ぼくの場合、タイムズ紙のバックページに「イカれドイツ人、来たる」と書かれたっけ。そういう心証だったんだろうね。でも、ぼくにとっては途方もない移籍になった。途方もないチーム、途方もない監督、途方もない環境でプレーしたんだからね。あの頃のプレーヤーのなかで、あそこに舞い戻って試合をもう一度観るのはごめんだなんてタマは、ひとりも思いつかないな。

ラウレン：いちばん大きかったのは、ぼくらが無敗を意識しなかったことだ。ひたすら「明日も勝つ、明日も勝つぞ」って考えていた。次の試合に勝つ——ただそれだけ。要はヴェンゲルだった。だって、世代も違う、年齢も違う、野心もばらばらという連中をまとめ上げてちゃんと機能させちゃったんだから。当時ぼくらは揃って代表プレーヤーで、全員がヨーロッパ選手権やアフリカンカップ・オヴ・ネイションズを経験してたから、みんな試合に出たがっていた。プレーヤー間のバランスを維持するのが、すごくむずかしかったんだ。ヴェンゲルが冷静さを保たなくちゃいけない場面は山ほどあった。監督の流儀やクラブを取り仕切るやり方は、あの頃、すごく重要な意味があった。わかってるんだな、彼は。チーム絡みで起きていることなら何でも。

トゥーレ：あのシーズンの終わりを迎えて、ハイベリーでのレスター戦後の祝勝会はすばらしかった。スタジアムの誰もがひとつの家族になって、あの光景はずっと忘れられないと思う。みんな舞い上がっていた。あの頃を振り返ると、神に感謝したくなる。ぼくは若くて、いきがよくて、パワフルで、やる気満々だった。毎日いくらだって走れるような気がした。聞けば、ぼくは1日も休まずトレーニングを続けた記録を持っているんだってね。すごく幸せで、体調も万全だった。なんでも容易くできた。でも、自分がぴったりの時期に、ぴったりの場所に、ぴったりの人たちといるんだってことは自覚していた。それも神のおかげだ。

キャンベル：「記録を破った」と口にできるプレーヤーは、この世界にそうはいない。プレストン・ノース・エンドも無敗優勝はしたさ、でも記録が始まった頃のリーグはたったの12チームだったんだ。自慢したっていいだろ、「そうあることじゃないぞ」って。我々は全員、すべてを出し切ろうとした。わかるかい、そいつがスポーツの美しいところなんだ。いざってときにゃ、誰が周りにいるかはっきり見えてくる。試合前のハイファイヴ（＝ハイタッチ）とかハグだとか、そうれ行くぞだとかのルーティンを始めたのは、おれだよ。「さあ今日も一丸でやっちまおうぜ」ってね。我々は一つだったんだ。

コール：ぼくらの誰一人として、自分たちがやったことのスケールとか、精神的にどれほど強くなきゃならなかったかなんて、わかりっこないさ。これほどのフットボール体験はほかにないよ。このピッチに立って、ホームで、このチームメイト、スタッフ、ファンから成る家族が、それを目の当たりにしたんだ。アーセナルのプレーヤーだってことに勝るものはなく、アーセナルのファンだってことに勝るものはない。ぼくらが精巧な機械みたいにぴったり嚙み合った、信じられないようなシーズンだった。ぼくらの信念が12人めのプレーヤーになって、赤と白のユニフォーム姿で駆け回っていたんだ。

ピレス：使命は果たされた。最初の目標はリーグ優勝だった。そこから、負け知らずでシーズンを終えるという別の目標ができた。ぼくらにとっては完璧なシーズンだった。ほかでもないこのイングランドで、たった1試合も落とさずに優勝するって、とんでもないことをやってのけたんだから。だから、ヨーロッパ中に感銘を与えることができた。インヴィンシブルズはいまだに語り種だ。すばらしいじゃないか、ぼくらはクラブの歴史の一部になったんだ。

ヴィエラ：申し分のない最終日だった。優勝した、それも無敗で。躍り上がりたいくらいの、素敵な日だった。引退した今になって、どんなに価値のある大きな出来事だったかが身に染みる。どこを見渡しても、こんなこと、他に誰ができますかって。並大抵のことじゃない。長いし、しんどいし、ケガや退場や出場停止もあったりして、そんなすべてを乗り越えて……何が起きたっておかしくないんだ。無敗でシーズンを全うするなんて、頭を過《よぎ》りもしなかった。やろうとしてやったわけじゃなかった。やれるなんて、一度だって考えたこともなかった。運も味方したんだろうが、何もかもが――プレーヤーの絆、ぼくらの一体感が――完璧だったんだね。

ジウベルト：ぴったりくる表現がなかなか見つからない。やっぱり「我らはインヴィンシブルだった」ってのが一番だね。あのシーズンのぼくらの仕事ぶり、試合に対するリスペクト、勝つぞって気持ちを込めて互いに交わす視線は、それは天晴れだったもの。ブラジル人にとってはワールドカップの優勝にまさるものなんてないけど、それと同じ感動があった。イングランドのフットボールを考えると、つまりイングランドでプレーすることや、独特の戦いかたを理解することがどんなに大変かを考えると、なおさらだ。自分のキャリアや人生を振り返ってみて、そういうことを成し遂げられたのがとてもうれしい。ぼくにとってのアーセナルは、大きな学校みたいなものだった。フットボールの何たるかを見極めるときはいつも、アーセナルや、アーセナルがぼくの人生やフットボール観に与えた影響へと立ち返る。ぼくの目を見ればわかるだろ。言葉なんていらない――この瞳に浮かぶ、この感情を、ぼくは生涯抱き続けるだろうね。

リュングベリ：引退してからますます、どれだけ大きなことかを意識している。あんなことをやるってどんな感じかって聞かれるんだけど、ぼくの場合は優勝トロフィーしか眼中になかったから、ちょっとびっくりしたね。だから今は、現役の頃よりももっと誇りに思うって答えることにしている。迷わずにね。世間はしょっちゅうその話を持ち出すよね。パット・ライスなんかは、毎年のトロフィーが肝心なんだって言ってたっけ。トロフィー、トロフィー、トロフィー。無敵なんて目じゃなかった。ぼくはとにかく、あのチームメイトとともにいられるのが誇らしかったし、夢のようなチームの一員なんだって思ってた。

ベルカンプ：シーズンごとに振り返ってみると、ほかのチームがみんな、どの大会でも、どのリーグでも、負けられないって必死になっているのがわかって、そこではたと気づくんだ。ぼくらはすごいって。スコットランドやスペインをばかにするわけじゃないが、あっちじゃ王者になれそうなのはせいぜい二、三チーム。それにひきかえ、イングランドだとリーグ優勝の可能性は、毎シーズンざっと五、六チームにあるから、もし無敗で行けたら、より特別なことになる。どれだけ特別なことだったかは年を経るほどわかってくるものなんだなって、しみじみ思う。ほかのチームが全部クズだからできたってわけじゃないんだから。ほんとうにすごい記録だと思う。間違いない。誇らしいよ。

アンリ：ぼくらはみんな同じ考えを持っていた。フットボールのことでもなんでも、議論しなくちゃならなくても、そうでなくても、やらなきゃいけないことがなんであれ、当時は何についても同じ考えだったんだ。それにはぼくらのような人材が揃ってなくちゃいけない。優れたプレーヤー、勝者、ひとかどの男たちが。優れたボスもついてなくちゃいけない。ぴったりの組み合わせも必要だ。生まれながらの勝者が味方にいれば、間違いなく百人力だ。わかってる。全勝したわけじゃない。だけど、あの年のプレミアリーグでぼくらはやってのけた。誰もがきっちり、フィールドで何をやらなくちゃいけないかがわかっていた。お互いを信頼していたし、ちなみに今だってそうだ。あの一体感、あの献身がなくちゃだめだ。ぼくらはみんな競争心が強くて、みんな勝者だったから、ボスがこまごまと指示を出さずに済んだこともある。ぼくらには何も起きないって雰囲気があった。レスター戦後のぼくの台詞は、ずっと言い続けているやつだけど、「最初にやったやつがいちばんすごい」。ぼくらは現代フットボールで最初に無敗優勝したチームなんだ。今、どこの誰が同じことをやったって、二番煎じにすぎない。

エドゥー：時がたつと、以前よりものごとに重みを感じるものだね。世間はあの頃を覚えていて、我々のあの時代を評価してくれる。わたしにしてみれば、あの一員だったことの意味は言葉では説明できない。親しくなった人たちと出会えて、とてもよかった。どんなにすばらしくて愉快だったかなんてのは、たぶん同じ体験をしないとわからないだろうね。

パーラー：あの後は称賛の嵐だった。何週間もあの話でもちきりだった。ぼくは今でも、あんなチームの一員だったことをすごく誇りに思ってる。それに、記録が破られることはないっていう自信がある。嘘でも何でもなく、負けてもおかしくないくらいダメなときは山ほどあった。仕上がり途中の頃のチームならいざ知らず、ぼくらはいつでも、ゴールを決められる、挽回できるってわかっていた。何しろマジでやばい試合はいくつもあったからね。でもぼくらにはいつだって、切り抜けられるっていう確信があって、それがキモだったんだと思う。勝つって、癖になるんだ。勝ち癖がつくとそれが快感になって、1点を追いかける展開になるとみんなが一つになるんだよ。

キーオン：最後の試合には出たかった。メダルが欲しかったからね。考えてみれば、自分は36から37になる頃だった。あんなことを成し遂げたチームで10試合も出られたんだから、けっこうやれたと思う。参加したんだっていう自負がね。それに、一分一秒を存分に楽しんだ。誰もが絶好調で、誰もが信じていた。この面子となら戦争にだって行けるって、アーセンが言ったのを思い出すね。

ディーン：アーセナルは、特にアーセンが来てからは幸運に恵まれてきた。チャンピオンズリーグに出ること、並外れた才能のプレーヤーを擁して世界屈指のフットボールをするのが当たり前のこのご時世にね。だから我々は多くの意味でぜいたくになっている。我々が愛し応援する、まさに我々のチームが1シーズン無敗で通すのを見るのは、極上としか言いようのない体験だった。

ライス：とてつもないことだから、さて、もう一度やれるかとなるとどうかな。昨今の金銭事情で、海外からごっそりプレーヤーがリーグに参入しているからね。今ではどのチームも大物プレーヤーを獲得していて、プレッシャーは相当なものだから、どこかがやるなんて想像もできない。終わったときにはほっとした。この前、誰かに言われたな、ＦＡカップの決勝には何回出たんだって。5回だと答えた。そしたら、いちばん楽しんだ試合はどれか、と。どの試合も嫌でたまらなかったと言ってやった。優勝すれば、試合後には最高の、掛け値なしのすばらしい気分になれるが、現実の試合中は、ひとつ残らず嫌で嫌で仕方がなかったんだよ。レスターとの最後の試合のあとは、とにかくほっとした。途方もないことだった。歴史を作ったんだ、と。自分の子供や孫の代にも語り継がれるだろう。あいつらの一人ひとりが、それはもう尊敬の的だった。お互い尊敬し合うだけじゃなくて、スタッフやサポーターからもね。誰もが連中に惚れちゃってた。

ヴェンゲル：わたしの夢だった。今後何が起きようと、わたしは自分の夢をひとつ叶えたんだ。

第13章

更地

インヴィンシブルズとは無縁になってしまったアーセナルに思いをはせるとき、ティエリー・アンリの脳裏に必ずと言っていいほど蘇る光景がある。つい、それとなく思い返してしまうあの2006年5月、シーズン末尾のウィガン・アスレティック戦。チャンピオンズリーグ出場権がかかっていた。アーセナルがトテナムを抜いて4位でシーズンを終えるには、このゲームに勝ってトテナムの敗北を期待しなくてはならないという、緊迫した状態にあった。情念渦巻くその日の午後、先にリードを奪ったウィガンを、アンリがハットトリックで返り討ちにして終了した。彼は膝をつき、その聖なる芝に口づけをした。首尾よくトテナムがよろめき、アーセナルに祝勝をもたらしたその日は、心が舞い上がると同時に打ち砕かれる日でもあった。トテナムを抜いて舞い上がり、ハイベリーとの永遠の別れに打ち砕かれた日。「2週間に一度は頭に浮かんでくるくらいでね」とアンリは言う。「アシュリーとあの小さな表彰台に座りながら、あゝ、もうこのスタジアムを見ることも二度とないんだよな、って。辛い日だったね、マジで。知ったかぶりをするつもりはないさ、生まれながらのアーセナルファンで、ぼくなんかよりずっとあそこに通って、はるかにたくさんの試合を観てきた男がそばに座っていたんだからね。でも、アーセナルのファンのひとりになったんだって気がしたんだ。それがどういうことなのか、わかったんだ。ぼくはハイベリーを愛していた。そう、あの日、ぼくの一部が死んだんだ。あの場所を愛していたから」

アーセナルのインヴィンシブル達成が記録に刻まれた際の感動を振り返るニック・ホーンビーは、陽光と成功に燃え立つようなハイベリーを活写した至福のスナップ写真を思い浮かべる。ひょっとしたらこれがずっとずっと続くのではという考えが、脳裏をかすめたのである。「思ったんだよ、これがいつまでも続くんじゃないかって。なら、ぼくらは70年代、80年代のリヴァプールみたいになるってことになる」と彼は言う。「優勝に次ぐ優勝を飾ろうとしている、今このときのアーセナルを見守っているなんて尋常なことじゃないんだ、トロフィーを勝ち取ろうとしてるんだから、ってね。アーセナルファンとしてトロフィーに次ぐトロフィーを勝ち取ってはきたんだけど、けっこう間があくのにも慣れっこになってた。あのときで6年で三度目、3年で二度目だったね。このままプレーヤーたちをキープして、すばらしい監督がいるんだから誰だってアーセナルでプレーしたがるだろうってのもわかっているし、ティエリー・アンリもいるんだし、うん、これ、きっと行っちゃうんじゃないかって。こいつはすご

いことに……」

ずっと続きはしなかった。

インヴィンシブルズという、特殊な時期の体験をフレームアップする文脈を明らかにするには、前シーズンの終焉時に立ち戻るのが理に適っている。

2003年5月7日、リーグ戦の終盤でもたついていたアーセナルは、シーズン最後のホームゲームでハイベリーに帰還した。ビジターのサウサンプトンは、あえなくアーセナルのうっぷん晴らしの餌食になった。続くサンダランドの最後のアウェイマッチでも、同じく際立っていた。その2試合を、アーセナルは合計10－1のスコアで勝った。FAカップ決勝がすぐそこに迫っていた。それはまるで、己がシステムから失意を振り払いつつ、なし崩しに手放した王座の奪還にどれだけハングリーかを、次なる進攻を目指す前から喧伝するかのようだった。プロのプライドの証という以外、このリーグ戦2試合にはさしたる意味もなかったとはいえ、後につながる実質的な糧を稼いだのは間違いないだろう。イングリッシュフットボールの年代記に記されることになる不敗神話の名において、今も「フォーティーナイン・アンディフィーテッド（49戦無敗）」のチャントで讃えられる名誉の連鎖が始まったのだ。

サンダランド戦後、成功なるものの儚《はかな》さについて問われたヴェンゲルは「甚だ脆《もろ》いと相場は決まっている」と答えた。「フットボールではなおさらだ」

アーセナルがサンダランドを蹴散らしていたちょうどその頃、チェルシーとリヴァプールは、リーグ4位の座とチャンピオンズリーグ出場権を賭けて、勝者総取りの対決に臨んでいた。さて、その結果にイングリッシュフットボールの未来がかかっていたことを察していた人はどれだけいただろうか。

その時点で、ロマン・アブラモヴィッチという名前など、イングリッシュフットボール同人会ではまったく意味を成していなかった。36歳のロシア人寡頭資本家《オリガルヒ》が買収目的でプレミアリーグの4クラブに目をつけていたことは、ひと握りの実業家と企業買収家を除いて誰一人知らなかった。候補はマンチェスター・ユナイテッド、アーセナル、トテナム、そしてチェルシー。アブラモヴィッチと長年のオーナー、ケン・ベイツとの交渉が始まったまさにそのとき、チェルシーはおよそ8000万ポンドもの借金をかかえて深刻な財政危機に陥る寸前だった。その必須条件はチャンピオンズリーグ出場を果たすこと。こうして、リヴァプールを倒したチェルシーは、いずれイングリッシュフットボールをがらりと変質させることになる〝宝の箱〟を開けたのである。

おそらく、インヴィンシブル・シーズンはアーセナルがやってのけた当時にしか起こり得なかったのだろう。アーセナルの資産グラフを見れば、そのピークがピンポイントで特定できる。資産状況のカーヴは、常にこのスポーツの先を読み進めてきたヴェンゲルによって勢いがつき、急激に右肩上がりしている。下降が始まった頃、新スタジアムの建設費および巨額移転費用の負担と、競争相手を裕福にしたオイルマネーの流入時期とが重なっている。2003–04シーズンは、まさにその二つの相反する流れが出会う地点なのだ。

ひとつのクラブにメガトン級の富が詰め込まれた途端、景色は一変した。激動の数週間、チェルシーは金に糸目をつけず、プレーイングスタッフとクラブのステイタス向上に舵を切った。ヴェンゲルが選んだ表現「ファイナンシャル・ドーピング」は、彼が常にスポーツにおける真摯な努力を旨としてきた事実を反映していた——かけがえのない何かが、外的投資による人為的梃入れによって汚されようとしている！

ほどなくして、図に乗ったチェルシーはアーセナルでも最高のプレーヤーを引き抜こうと画策する。伸ばした触手の狙いはアンリとヴィエラ。きっぱり拒絶したデイヴィッド・ディーンは、周知のとおり「ロマン・アブラモヴィッチがロシア製戦車で我らが芝に侵攻し、50ポンド紙幣砲を浴びせている」と応酬した。

2003年夏、このロンドンの2クラブで起こっていた出来事は、陰と陽の対照をなしていた。アーセナルはエミレイツ・スタジアムへの移転に向けて危機感に苛まれていた。基礎工事が始まるまでに乗り越えなくてはならない複雑な問題が多々あったにしろ、クラブはプロジェクトにのめり込んでいた。向こう数年、アーセナルは安上がりな人材で戦っていくしかない。そこでヴェンゲルは『プロジェクト・ユース』を始動させた。

最高クラスの若い才能をリクルートすることによって緊縮財政の時期に備えるためのものであり、再びクラブが攻勢に出られるだけの経済力をつけるまで、一体感と忠誠心を叩き込まれた若手が成功する集団に育つことに期待をかけたのである。ひときわ興味をそそられたのは、バルセロナ出・登録名セスク・ファブレガスなる若手と、フランスからガエル・クリシーという10代のプレーヤーの獲得だった。

一方のチェルシーは、アブラモヴィッチの富を惜しげもなく注ぎ込み、名にしおう世界的スターを狩り集めていた。クロード・マケレレ、エルナン・クレスポ、アドリアン・ムトゥ、フアン・セバスティアン・ヴェロン。2003年の夏にチェルシーが費やした総額は、およそ1

億ポンド。アーセナルがイェンス・レーマンの獲得に支払ったのは、150万ポンドをわずかに超える額に過ぎなかった。

ヴェンゲルは、可能な限りの論理的現状分析に努めた。当時彼は「うちはもともと金遣いが荒くはないが、今シーズンはさらに出費を抑えるつもりだ」と語っている。「現時点では新スタジアムの資金繰りの問題が片づいていないため、その結果、より慎重にならざるを得ない。無論、カネが問題のすべてではない。しかし、成功を手にしたければ、持っているに越したことはない」

インヴィンシブル・シーズンの盛り上がりが終わったあとも、アーセナルは無敗を続けていた。リーグ開幕からの9試合を8勝1分、ゴール数も1試合平均3を越えていた。ヨーロッパでも負け知らずの絶好調。そして10月24日、向かうはオールド・トラッフォード。ここで敗北を回避できれば、無敗連続「50」の夢に手が届く。畏るるべきこのチームは、改めて前例のない金字塔を見据えていた。

出くわしたのは、仇敵約2名。まず、よくある至近距離の競り合いから、ソル・キャンベルに引っ掛けられたウェイン・ルーニーがわざとらしく転倒、これを審判が咎めてしまう。アーセナルが憤然とした不当な判定はさらに続き、ルート・ファン・ニステルローイが再びオールド・トラッフォードのペナルティースポットに立つ。此度の彼は外さなかった。そして、なくてはならない同点ゴールを追うアーセナルに、ルーニーの2点目が決まって、改めて地獄絵図が火を噴いた。巻き込まれた一部のプレーヤーにとって、その傷跡は今もうずいている。「今でもあれは、ここにある」。何年も経って、トゥーレは拳で激しく胸を叩きながら言う。「あの判定は間違っていた。ぼくらにとって試合に負けるのがどれだけ辛いことだったかは、こいつが証だ。ほとんどのプレーヤーはまだ、あの痛みを抱えたままだよ」

インヴィンシブルズの翌シーズン、チェルシーはリーグで勝ち続けていた。レーマンによると、彼らのキャパがものごとを急激に変えてしまう不安など、当初はなかったという。「あの〝爆買い〟には、さほど心を動かされなかった」とレーマンは言う。「だって、うちには最高のプレーヤーがいたんだからね。連中がどんどん強くなるだろうってことは読めたよ。でも、初めの頃は、2、3年もして何かを勝ち取れなかったら、たぶんアブラモヴィッチが手を引くだろうって思ってた。そうは問屋が卸さないってすぐに悟ったけどね。アブラモヴィッチの登場は、それなりにイングリッシュフットボールにとって良かったと思う。彼は活を入れたんだよ、もうアーセナルとマンチェスター・ユナイテッドだけじゃない、どっこい第三のパワー、ここにありって。いいかい、競い合ってなんぼなんだからね。この10年、王座につくのがアーセナルかマンチェスター・ユナイテッドだけだったとしたら？　つまんないだろ。今じゃマンチェスター・シティーもいる。ああ、ぼくらはあんなアプローチ、ちっとも好きじゃない。極端すぎる。きょう日、チェルシーのようなクラブがたったひとりの男の金で肥え太ってるなんてのは」

サポーターの観点から、ニック・ホーンビーはヴェンゲルと分析をともにする。フットボールの根幹をなす〝可能性〟という感覚を損なうニューマネーブームを、「ファイナンシャル・ドーピング」と見なすことについて。より、蓋然性に変わってしまったのだ、と。「最初は無理な話だと思っていた」。成功への近道をカネで買うという無謀な野心について、ホーンビーは言う。「かまうもんか、って。たいがいのフットボーラーは金満チームよりも良いチームのためにプレーしたがるものなんだからね。それが、なんてざまだ。マンチェスター・シティーがいい例だ、阿呆どもを何人か誘い込んで土台を築きさえすれば、にわかに他のプレーヤーもマン・シティーに注目して、ありかも、って考え始めやがった。ロビーニョみたいに。やつはあそこに移るっていう阿呆っぷりを見せたわけだが、あれだけの金を積まれて、自分がどうなっちまうのかわかんなくなったんだろうな。で、シティーはロビーニョのいるチームになり、次にアデバヨールのいるチームになって、古きマン・シティーから新しきシティーへの、いわば暗流がつくられた。何がどうなるかは見てのとおり。当然、それから1年で次なる補強の波が来る。そして3年も経てば、もう店じまいだ、って気にさせられる。当然、失望するわな。

長期的に見て、アメリカのスポーツがどうやって競争関係を保とうとしているのか、よく考えろってことだよ。フットボールは世界中でやってるから、ドラフト制なんてできない。でも、リーグとして皆が目論む金儲けとか、宣伝やなんかを最高に上手くやっていくんなら、20チームなら20チームの実力が拮抗してないとね。もしこのままの状況が続いたら、興味が失われると思う。仮にこの先10年や15年、ぼくの子供たちがチェルシーとマン・シティーと、もしかするとマン・ユナイテッドのリーグ優勝しか見ることがないとしたら、40歳になる頃にはフットボールなんか観なくなっちまうだろう。なんで観ようなんて思う？　わざわざ！」

『プロジェクト・ユース』は、ヴェンゲル最大の失望の種になってしまった。勝負に出られる態勢が整いつつあると感じた矢先に、ベストプレーヤーを金持ちのライバルにかっさらわれていった。ファブレガスとクリシーがいなくなった。サミル・ナスリも、ロビン・ファン・ペルシーも。ヴェンゲルにとって、それは荒廃、痛恨、打撃だった。

アーセナルの不運は、自力でやっていける富を蓄える計画を綿密に練り上げた矢先に、オイルマネーのばらまきによってゴールポストがそっくり変わってしまったことである。

インヴィンシブルズによって具体化された成功も、ハイベリーからの移転なくして、ピッチで維持される見込みがなかった。「だめだ、あれから先はとてもやっていけそうになかった」とケン・フライアーは評価する。「我々は不利な状況で勝負を始めようとしていた。オリガルヒやよその世界の投資関係者に支えられた者たちと競えないことは、目に見えていた。できないものはできない。競うためには、3万8000人しか入らないスタジアムよりも大きな箱が必要だった」

ハイベリーがその生涯にそろそろ幕を下ろそうとする頃、切なくも鮮やかな思い出を伴う〝送別の辞〟が生まれたことには、胸を揺さぶられる思いだった。そこに見たのは、忘れがたい情景が呼び起こす、まじりけのない幸福感だった。

デニス・ベルカンプにとってのハイベリーは、自身のフットボール観にまつわるロマンティックな、まさに根源的な何かをかき立てる存在だった。「子供の頃ずっと、ぼくはイングリッシュフットボールを、フットボールとはこうあるべきだという概念の象徴として見ていた。自分のアーセナル時代を思うとき、いつも頭に浮かぶ光景がある。満員のスタジアム、あの雰囲気、完璧なピッチ。あれこそがイングリッシュフットボール。あれこそがぼくにとってのアーセナル。信じられないようなピッチだった。入念に手入れがなされていた。グラウンドキーパーたちは、ピッチの整備という彼らにとっての真剣勝負をしていた。ファンとの距離も緊密で、とにかく美しかった」

パット・ライスはハイベリーの匂いを愛していた。1958年、8歳のとき、ミュンヘンの悲劇で崩壊する前の〝バズビー・ベイブズ〟の最後の試合を観るために忍び込んだときから、何十年もハイベリーの周辺にいた。「とにかくハイベリーが大好きで、どっぷり惚れきっていた。古い劇場みたいだったが、わたしにとっては第二の我が家だった。隅々まで知り尽くしていたし、皆が皆と知り合いで、どこもかしこも思い出だらけだった」

ハイベリーは人々にとってかくも大きな意味を持っていた。残されたものへの反応のしかたは人それぞれである。ロベール・ピレスはハイベリーとの絆を少しでも長く保とうと、再開発で跡地にできたフラットの一室を購入した。ハイベリーをずっと自分の庭と呼んでいたティエリー・アンリは、あの場所に建てられたものを見に行こうとはしない。思い出を手付かずのまま取っておきたいからだ。ジウベルト・シウヴァはというと、何年も経って数千マイル離れたブラジルにいながらも、かの地を思うだけでひどく胸が高鳴り、少しばかり動揺してしまう。「チームとグラウンドが一体化していた」。アラン・デイヴィーズは思い起こす。「あのグラウンドは個性に満ちていた。美しくて、見事で。行き始めた頃、人はまだアレックス・ジェイムズやクリフ・バスティンの話をしていた。そういう名前が耳に入ってきた。遠い時代のように聞こえるだろうが、40年ほど前の話だ。ついこの前、1987年にチャーリー・ニコラスとトニー・アダムズでリトルウッズ・カップを制したときの話をツイートしたんだが、それだって25年前だ。あの場所では、そんな過去とのつながりを感じるってことだよ。あの場所に宿っているんだ。1934年にイタリアを負かしたときの（代表）チームにだって、たとえ生まれる前の話ですら愛着がある。イングランドはその年のワールドカップに参加しなかった。で、優勝したイタリアを負かそうってわけで、代表プレーヤー7人とともにアーセナルを送り出した。自分は観に行けなかったが、話に聞いた試合の数々にだって、過去とのつながりを感じる。バズビー・ベイブズの5−4の試合。1970年のアンデルレヒト戦。おれにとっちゃ、1988年のリトルウッズ・カップで、5万7000の観客の目の前でエヴァートンを負かしたような出来事さ。ウェストアッパースタンドからの大合唱！　グラウンドの何もかも一片一片が懐かしい。ずっとそばにいた。グラウンドとともに育った。グラウンドの一部と言ってもいい。自分がグラウンドの一部のような気がするんだ。それがなくなっちゃうなんて、辛いね」

アーセナルはその後苦しんだ。ヴェンゲルも苦しんだ。皮肉にも、ヴェンゲルのもたらしてきた成功、所望した将来の目標のためのヴィジョンは、クラブの拡張と密接につながっている。

インヴィンシブル・シーズンの途中、ハイベリーの目と鼻の先のあちらこちらで、ブルドーザーが地面を掘り返し始めた。正式名称『アーセナル・スタジアム』は、クラブの過去と未来が日々融合する場所だった。地元の言い伝えによると、スタジアムの荘厳な入口を飾る胸像になった伝説の監督、ハーバート・チャップマンの足音が、東側スタンドの通路でときどき聞こえるという。そこには、現代の訪問客がスタジアムに足を踏み入れて過ぎし日に思いをはせる様子が要約されている。〝未来〟は、ハイベリーからジレスピー・ロードをほんの数百ヤード進んで角を曲がったところの、ドレイトン・パークを背にしたイズリントンの旧廃棄場と工業団地で、形になり始めていた。

その頃の別の出来事から、ニック・ホーンビーはアーセナルを応援する行為の本質が変わってしまうのではないかという懸念も抱いた。「当時を思い返すと、どんな相手でもやっつけられるチームを応援している自分を思い返すことになる。だからぼくは、アーセナルの一ファンとして、あのときの感覚がこの先もっと強くなるなんてちっとも思わない。インヴィンシブルズがあれだけ優秀だったから、ハイベリーでは夢中にさせられるような試合はそうはなかった。『いい感じ』って試合が多くて、ほとんどの時間、のんびりムードだったから、隣の席の人とおしゃべりを始める始末だったからね。

たぶん、観客とチームの関係という意味では、そこになんらかの作用があったんだと思う。おそらく、まだそこから立ち直る途上にあるんだな。つまりは、スタジアムの劇場化だ。だって、実際にあのシーズンが大抵そうだったんだが、結果を気にしながら観戦に行くわけじゃない場合は、惚れ惚れしに行ってたんだからね。ティエリーのすばらしいゴールを1、2発見たい、デニスが見たい。そんなこんなで『すごく楽しみ』みたいな感覚になっちゃって、それってまさにバンドとかウェスト・エンドのビッグなショウを観に行くときの感覚なんだ。観客とプレーヤーの切迫した結びつきみたいなものが、あの年に少しだけ損なわれたのかもしれなくて、ひょっとしたらあれ以降の怒りの度合いもあの年の産物なのかもしれないな。だって、こっちはチームに何の助けにもならない姿勢で、なんとなく結果を期待していたんだから。だけど、それがインヴィンシブルズのシーズンの楽しみだったんだ。予測不能なドラマじゃなかった。ファンタスティックなチームでプレーするアメイジングな個人プレーに、ぞっこんだったんだ」

苦難の昨今、アーセナルの照準は、タイトル狙いからリーグ4位狙いへと万人から揶揄されるところにまで落ちていた。チャンピオンズリーグ出場の水準を保つという重圧に耐えきれず、カップ戦も優先事項の下位に落とされていた。エミレイツ・スタジアムがひどく張りつめた雰囲気になることもあった。

無冠の呪いはアーセナルの歴史につきまとっている。狭間の年月。それに耐え抜くことで、成功は自ずとさらに甘美にもなるが、楽しくはない。1953年から1970年までの17年間にも及ぶ雌伏の時代、70年代半ばと80年代半ばの凡庸なシーズンの数々を経て、インヴィンシブルズ後、またしても優勝トロフィーの到来が途切れ始めている。象徴的と言うべきか、2005年のFAカップ、パトリック・ヴィエラがアーセナルのユニフォーム姿での最後のゴールを決めて優勝したのを境に、トロフィーとは無縁になった。インヴィンシブルズの中核のイレヴンで最初にチームを離れたのが、ヴィエラだった。

インヴィンシブルズの解体は、いくつかのケースでありがたくない性急さをもって起こった。ほぼ10年にわたって忠誠を尽くしてきたヴィエラは、ユヴェントスに売られた。29歳だった。ヴェンゲルはファブレガスの登用を望んでいた。

1年後、アーセナルはクラブ史上初のチャンピオンズリーグ決勝進出を決めた。そこまでの道のりは奇跡的なものだったし、決勝で開始早々イェンス・レーマンが退場となったあと、10人でバルセロナからリードを奪ったときには、さらにただならぬことに思えた。終盤、バルセロナが2点を奪ってアーセナルの夢を打ち砕いた。不吉なことに、その直後から次々にインヴィンシブルズのメンバーがチームを離れていった。ベルカンプは引退、ピレスはスペインへ、キャンベル、ラウレン、コールも去っていった。コールの移籍がとりわけ心穏やかで済まなかったのは、チェルシーの秘密交渉というスキャンダルが絡んでいたからだ。ヘビー級のサラリー、約束された栄光との戦いがいかに心をかき乱すものなのかを如実に示す、痛々しい出来事だった。

こうして、インヴィンシブルズ主要イレヴンの半数以上が、2年と経たず去っていった。さらにそれから2年が過ぎて、残るはトゥーレ唯一人になった。そのトゥーレも2009年にロンドン・コルニーを去っている。

＊

インヴィンシブルズから10年、ヴィエラが最後のトロフィーを掲げてから9年を経て、ヴェンゲルはついに、久々の歓喜に舞い踊り、カップにキスをするアーセナルのチームに目を細めていた。アーロン・ラムジー以下チームメイトたちの不敗の精神迸《ほとばし》る中、ハル・シティー2−0のリードをひっくり返してFAカップを勝ち取ったその瞬間——降伏を頑として拒んだその日——クラブが丸ごと、長い曲がりくねったトンネルから光の中へ抜け出したかのようだった。

ネクタイを外して明らかに緊張を解いた様子のヴェンゲルは、次世代プレーヤーの祝福の中、酒とカタルシスに酔った。年月の憑《つ》き物がその表情から落ちた。重圧がその爪を緩めた。

ヴェンゲルが、栄光のはざまの時期を奇妙なほどに満たされたものと顧みているのは興味深い。「いつか振り返ったとき、きっと自分が為したことを心から誇りに思うはずだと信じている」そしてしばし思いにふける。「無冠の時期はまた、いっそう困難で微妙な時期でもあり、アーセナルにやってきた当初を凌ぐ献身と強靭さが必要だった。困難と承知の上であえて挑んだのは、年間3000万ポンドを儲けなくてはならないときに、年間1億5000万ポンドを費やすクラブと戦わなくてはならなかったからだ」

成功とは何をもって量るのか？　トロフィーの数に尽きるという者もいる。貸借対照表《バランスシート》しか目に入らない者もいる。しかし、アーセナルの理事会にとっては、ハイベリーとエミレイツとの進化の差を埋めること、可能な限り堅実な歩みを進めながら踏みとどまり続けること、それ自体が成功と認められるのだった。フットボール界の大多数はけっしてそれに同意はしない、他のクラブ、他のリーグなら寛大な扱いなど受けられないだろう――ヴェンゲルはそんな批判に繰り返し対峙してきた。だが、アーセナルの内側にあっては、そんなものを寛容と見ることはない。

そこには、アーセナルとヴェンゲルの関係ならではの、大局的な考えかたが常にあった。彼にはヴィジョンがあった。クラブはそれを無条件でバックアップした。途中、何らかの痛みや青あざがあろうと、やむなしとされた。「誰かさんが間違ってモウリーニョをそう呼んだらしいが、『スペシャル・ワン』がいるとしたら、それはアーセンだ」。ハイベリー旧理事会とエミレイツの新理事会双方に席を占めたスタッフのひとり、フライアーが言う。「まさしくスペシャル、あんな人物には二度とお目にかかれないだろう。ヴェンゲルは新しいトレーニンググラウンドとスタジアムの設計に密接に関わった。獲得したあまたの若手が、上質のワインのように熟成された。ヴェンゲルが移籍料として使った金額ときたら驚異的だ。自分がいくら費やしていいのか聞きに来ては、回答が５００万ポンドであろうと５０００万ポンドであろうとこう言う。『いいでしょう、どれだけ使うべきかは自分でわかっています』。不満は持たなかった。一度たりとも大声で怒鳴り散らして『そんなはした金でどうやって買えっていうんだ？』などと言わなかった。アーセナルの気風を理解していた。総合プロジェクトという意味では、全権を握っていた。完全な自由と、理事会からの多大な支援を得て、終始プレッシャーとは無縁。唯一無二の仕事だよ」

エミレイツ・スタジアムから街路を挟んだ向かいにあるクラブオフィス、ハイベリー・ハウスのデスクから立ち上がったフライアーは、広い窓の方に歩んでいく。空の輪郭を背景にして、ハイベリーのアールデコ調の旧西側スタンドが風景の大半を占めている。今も鮮やかで、美しい。それをフライアーは毎日眺めている。そのたびに彼はぞくぞくする。

エミレイツ・スタジアムに飾るトロフィーを、アーセナルはどれほど切に求めていたことだろうか。２０１４年のＦＡカップを観衆に披露するために設けられた演壇で、ヴェンゲルはそれまでの年月よりも満ち足り、意欲に満ち、よりしたたかに、そして決然と立っていた。多分、ハイベリーを後にして以来初めて、エミレイツがアーセナルの本拠地たる実感を得たのだろうか。変容する10年間を取り仕切ってきた監督に、それは大きな出来事だったに違いない。「しばらくは呪いだと考えていました」。エミレイツのトロフィーに飢えてきた観衆に、彼は言った。「これがスタートです、もう立ち止まりたくはありません」

第14章 名匠

プラン通りに運ばなかったゲームのあと、アーセン・ヴェンゲルは車でハイベリーを出るところだった。ある少年がヴェンゲルを見つけ、指を突きつけて叫んだ。「おおい、ヴェンゲルさんよ、おれだってアーセナルでプレーできるぜ！」。監督は少年に視線を向けて、そっけなく言い返した。「そう、確かにできそうだ。でも問題は……どれほど上手くいくかだ」

2004年の夏から10年、ロンドン・コルニーのオフィスのソファに腰を下ろしたヴェンゲルに、過去を振り返ってもらう。概してそれは彼の好む方向ではない。未来へのまなざし、それがヴェンゲルの本能だ。だが、できる限り努めるうちに、ノスタルジアの高ぶりを抑え切れなくなる。インヴィンシブルズについてのやりとりからは、終始、あの時代とあの頃のプレーヤーへの熱い思いがきらきらと漏れ伝わってくる。

インヴィンシブルズのシーズン、固定メンバーで唯一変更されたのはゴールキーパーだった。イェンス・レーマンを選んだ理由は？

ドルトムントの彼には注目していた。彼の姿勢、知性、人となりが気に入ってね。至極簡単に運んだのは、電話で彼と直に契約の話ができたからだ。エージェントもいなかったし、直接会うこともなかった。なかなかおもしろいやりとりだったよ。［笑い出して］なにしろあの性格だからね！　細かいことがいちいち話題になるんだ。それでこう思った。彼ならではの激しさや理屈っぽさ、意見を堂々と口にするところからして、この男は大外れか大当たりのどちらかになるだろうな、と。じつに興味深かった。二度の話し合いのあとで思った。「うちのチームにぴったりだ、仲間になる連中と同じレベルのモチベーションや人となりを備えているから」

もうひとつの戦略上の変更点として、コロ・トゥーレをセンターバックに置く決断もありました。ああいうことって、ふと浮かぶものですか？

そうだね。オーストリアでのプレシーズンの試合でコロを使ってみた。相手はトルコのベシクタシュ、旧知の監督、ミルチェア・ルチェスクに「お互いのチームを観察し合わないか？」と声をかけてね。試合前、ルチェスクに訊いてみた。「君はフォワードとして優秀？」。そうだと言うから「じゃあ、うちのセンターバック二人について、試合のあとに感想を聞かせてくれ」と頼んだ。で、コロとソル・キャンベルをセンターバックで使った。あとでルチェスクが言うには、うちのパワーには唸らされたと。それこそがまさに生み出したかったものだった。タービン列車並みの測り知れないパワーを秘めたあの二人が後方にいる。経験豊富なソルと組ませれば、コロで行けると思った。あれは重要な一手だった。

プレーヤーを新しいポジション用に改造するのを好む、あなたらしいエピソードですね。インヴィンシブルズにはそんな例がいくつかあった。

ライトバックには向いてないと何度も直訴しにきたラウレンとは、かなりやり合った。「その思い出に微笑みながら」「いいか、わたしを信じろ、君はライトバックだ」と言うと、ラウレンが「いえ、ぼくはライトバックじゃない。右のミッドフィールダーで、ミッドフィールドセンターだってやれます」。わたしは「だとしても、君はずば抜けた右サイドバックになれる」と言った。そのうちに受け入れてくれたがね。

その手の抵抗を乗り越えるという課題に、楽しさを覚えますか？

当人の人格をほんとうに試す機会でもあるから、とても好きだね。プレーヤーに適したポジションを見つけるのも、ときにわたしの務めでもあるんだ——プレーヤーの身体的な潜在能力、生理学的な潜在能力、戦術的なレベルにどう順応させるかという話だね。

仕事のなかでもプレーヤーの再生がそれほど重要なカギになる理由は、あなたの思想や指導方針のどの辺りにあるんでしょう？

長いことそんな風にやってきたからね。リリアン・テュラムの例で言うと、モナコに入ったときは右のミッドフィールダーだったが、わたしがセンターバックに起用した。エマニュエル・プティはセンターバックだったが、アーセナルではミッドフィールダーをやらせた。そういう決断をするときは、当人を徹底的に分析した結果か、あるいは、当人が今のポジションに必ずしも満足していないかなんだ。ルーカス・ポドルスキはセンターフォワードかワイドプレーヤーにするつもりで獲ったんだが、そのうちにセンターフォワードじゃなく、ワイドプレーヤーにしか向かないとわかった。トップ下はできるが、トップでは完全ではない。ときには自分の判断の見直しも必要だ。

インヴィンシブルズは、ひときわ頭の切れる集団に見受けられた。まるでアーセナルがある種のエリート養成校、フットボール大学で、そこにきわめて優秀なプレーヤーが学びに来て成長し、より優秀になったように見えますが？

そうだね。わたしはトップレベルのチームで30年働いてきたが、成果をあげたチームを振り返るたびに、決まって同じ結論にたどり着く。頭のいいプレーヤーだった、と。才能のあるプレーヤーは毎年入ってくるが、普通じゃないことをやってのけるには何よりも僅差でも勝たないといけないのに、シーズン中のどこかの局面でぎりぎりの戦いになったとき、チームのメンバーには難局を乗り切る頭のよさを発揮してもらわなくてはならない。過去を振り返って頭に浮かぶのは、ただただ――アンリ、ベルカンプ、ヴィエラ、ラウレン、コロ、コール、チームの誰をとっても――みんな頭がいいことだ。

緊張から何かが生まれる気配があれば、プレーヤーのあいだに火花が散っても興味深く見守っていましたか？

ああ。みんなお互いに要求するものがあったからね。強烈な個性の持ち主ばかりだから、ドレッシングルームでもいつも和気あいあいというわけにはいかなかった。それでも、総体的に前向きなところがあったし、競争心もあった。ソルのような性格のプレーヤーは、多くを要求するものなんだ。

今でもアーセナルのオフィシャルショップに行くと、当時ほとんどのゲームに先発したファーストイレヴンの名入りの、インヴィンシブルズのスカーフやキーホルダーが売られている。どうやって全プレーヤーを管理して、一人ひとりを腐らせずにやる気を保たせるんですか？

何よりもまずプレーヤーに対して、次の試合に出る可能性があり、次の試合が重要だと、常に希望を与えること。意思の疎通を欠かさないことがいちばん大事だ。意思の疎通を図り、戦力の一員だと説くこと。本人の希望にややそぐわない役割かもしれないが、本人の認識よりも役立っているのだ、と。自分の誠意についての自信や、自分とプレーヤーとの距離にかかっている。そのうちに、相手が話し合いを求めている時期がわかってくるようになる。普段でも同じことなんだ。みんな誰かとの意思の疎通がどれくらい密か、あるいは足りないかという意識を持っている。日常生活でも「今のところ親密さが足りない」と思うことがある。相手がプレーヤーでも同じだ。ときどき「このままでは関係が切れそうだ、気持ちが離れ気味だから、もう一度引き戻そう」と思う。時間とともに学び取るんだ。辛抱強く、いつでも応じられる態勢でいなくては。

選手たちとの関係では、境界線を設けなくてはいけませんか？

友人にはなれない。苦渋の決断をしなくてはならないからね。決勝で戦っていて、誰かを外さなくちゃならないときに、友人関係だとそれができない。何より必要なのは、広い意味での敬意だ。つまり、相手に共感を覚えれば、その気持ちを相手に示すのを恐れるはずはないが、こちらが相手を傷つけかねない決断をするのを、相手はどこかの段階で知らなくてはならない。相手はその決断を尊重しなくてはならないが、こちらも相手に敬意を示すようなやり方で決断をしないといけない。いつもすべてを説明できるわけじゃないが、自分は誠意と敬意をもって決断をなすのだと、相手にわかってもらわなくてはね。

現代のフットボール界で言い古された感があるのが、ミリオネアのプレーヤーにどうやって意欲を起こさせるかですが、インヴィンシブルズには自発性があったから、そういう問題とは無縁だったのでしょうか？

考え方が逆だと思う。今のプレーヤーがミリオネアになれるとしたら、意欲があるからだ。意欲があるのは、ずば抜けたプレーヤーになりたいから。意欲を起こさせる要因には三種類ある。まず内在的な要因、つまり本人がもともと自分に対して一番になりたいと要求するたちで、自分の達成度にいつも不満を持っている。それから外的要因で動く者もいて、その世界で自分が一番であるところを見せたがって、そういう行動をとる。もうひとつの外的要因で動く者は、自分の資質や実績への尊敬を集めたいと考え、そういう資質を見せたがる。巨額の報酬が問題を生むこともあるが、プレーヤーを支える基盤に悪影響を及ぼすとは思わない。少しは道を見失うかもしれない。だが一流中の一流のプレーヤーの大半には内在的な要因があるから、金に何かを変えられたりはしない。

インヴィンシブルのシーズンのきわめて重要な試合の中でも、オールド・トラッフォードでの引き分けは、あわや敗北というものだった。あのときの過熱ぶりからして、その後の成り行きに興味がわきます。あなたはどう反応し、どうやってプレーヤーにああいう状況にうまく対処するよう促すのでしょう?

マーティン・キーオンにとっては特にきつい一件だったね。ならず者のように扱われて。マーティンの子供たちまで「パパはどうしちゃったの?」と言っていた。マーティンもあれに参っていたよ。大した話でもないのに、メディアは大騒ぎだ。わたしはチームへの影響を最小限に抑えようと努めた。心情を吐露させたり、集中を切らさないようにしたり。我々にとって大切なのは、次の試合だ。強い個性の持ち主ばかりだから、むずかしい部分もあるチームなのは確かだったが、あの最中では、分別があって頭のいいプレーヤーばかりだったからとても導きやすかった。みんな何が大切で、何がそれほど大切じゃないかがわかっていた。あの手のことは対応がむずかしくはなかった。確かにチームの者がマーティンに文句をつけたり、ジョークの種にしたりもしたが、全体としてはあの一件に気を取られはしなかった。

当時はおおっぴらに口にすることはできなかったにしても、彼らがお互いの味方になる姿に感じ入る気持ちもありますか?

当然だ。あの行為をとても誇りに思った。臨戦態勢にある者ばかりだった。誰かの頼もしさを見極めたいときは、「こいつと一緒に路上でけんかができるか?」と考えたりする。あのチームにはなかなかのものがあった。それは強さ、独特のカリスマ性だ。「自分が優れているってことを、自分でもわかっている」という印象があった。カリスマ性は「自分でもわかっている」の部分にある――自分は優れていて、いつでも立ち向かうってことを、「自分でもわかっている」んだ。

シーズンを通じてチームを最大限に生かすという点で言うと、リーグ優勝は果たしたものの、ほかの大会では実現できていないと感じられましたか？

そう、あの年にはチャンピオンズリーグ優勝の目もあった。チャンピオンズリーグのチェルシー戦の3日前に、FAカップでマンチェスター・ユナイテッドと対戦した。FAカップも犠牲にしたくなかったから、ユナイテッドを負かせそうなチームで行こうと考えた。会場はヴィラ・パークで、その日のユナイテッドに蹴散らされたのを覚えている。レジェスが蹴りをくらい、他にも何人かだめになり、メンタルの強さもいささか失って、3日後のチェルシー戦では最後の数分でゴールを奪われた。みんな明らかにへとへとになっていた。だから、あのシーズンにわたしがミスを犯したとしたら、ユナイテッドとの試合を犠牲にしなかったことだと思う。チャンピオンズリーグとFAカップの板挟みになるのはよくあることだから「いったいどうする？」と悩むものだ。［深いため息をついて］あのシーズンならどんなタイトルだって獲れただろう。わたしは獲ろうとした。それができる面子だった。トップレベルの中でもトッププレーヤーが16、7人はいたんだから。

続いて同じ週に行われたリヴァプール戦は、序盤からうまくいかなかった。一連の状況の中で

あんな場面を目の当たりにすると、無力感を覚えるものですか？

想像してみてくれ。シーズン中まだ1試合も落としていないのに、ある1週間でいきなりどんな相手にも負けそうに思えてくるんだ。リーグのあの局面では、チェルシーがわずかな差で我々を追っていた。ひどく心配だったのはハーフタイムで、ドレッシングルームに入っていっても何の反応も感じられなかった。誰も一言もしゃべらない。無念のゴールをひとつ、ふたつと食らって、2－1で負けた状態……。心配でたまらなかった。エネルギーをかき集めようとした。「さあ反撃だ、やってやろう。このままじゃすまさないぞ」。この仕事で必要なものとして特別な才能が挙げられるが、特別な才能を具現したのがティエリー・アンリだ。ものの数分であっさり4－2の逆転だ。ティエリーが流れを変えてくれた。

そのときの気持ちを詳しく。

とにかくほっとした。なまじ経験があると、次の展開が読めてしまう。うまくいっていないときは、次に待ち構える惨事を読んでしまう。ぞっとするよ。だから予期した展開にならないと、とんでもなくほっとする。あの試合に勝ったときに、わたしはリーグ優勝を確信した。チームもそう信じた。優秀な監督は危機的な時間を最小限に抑える。ある監督が5、6試合落とすところを、優秀な監督は2、3試合の負けにとどめられる。負けが込むほど次の試合を落とす危険性が高くなる。危機をすみやかに食い止めるのが、最も大切な資質のひとつだ。危機が長引くほど苦境に陥る。自信が消え、疑念が湧く。監督としてすみやかに対処しなければならない。

ホワイト・ハート・レインでのリーグ優勝は、じつにさまざまな感情の入り混じる結果となりましたが、妙なものでしたか？

チェルシーが負けたから、自分たちが負けなければ王者になるとわかっていた。順調に、魅せる試合をしていながら、いきなり2－2に戻された。レフェリーがイェンスに少し不公平だと思った。相手のコーナーキックで、イェンスはキーンに足を踏まれそうになったから押した。それでレフェリーが相手にPKを与えたわけだが、どういう判断だったのか今も理解できない。優勝はしたが、ソルとイェンスは一触即発だったよ！　ふたりがどれだけ勝ちにこだわっているかが、それでわかるだろう。ドレッシングルームで、みんなでふたりをなだめなくてはならなかった。有頂天という状態ではなかった。呆然としていた。「みんなどうした、リーグ優勝だぞ！」

残りの4試合で無敗を保つのにあれだけ苦労した理由は？

あんなに過酷な課題はそうなかった。優勝が決まっていると、たいていの場合、集中力が切れて、誰の気持ちもゆるんでしまって、次の試合を落とす。単純な話だよ。

そういう事態を防ぐために、選手に活を入れる演説とか？

そう。我々はどの試合でも、負けないだけの力を発揮した。だが、何もかもが失われていたんだ！　リーグ優勝を決めたあとの試合のほうが、ストレスを感じたよ。レスターとの最終戦でもハーフタイムの時点で負けていた。わたしはみんなに「いいか、我々はリーグ優勝を決めた、今度は君たちに不朽の存在になってもらいたい」と話した。みんなこう思っていただろう。「こいつはとことん頭がおかしい。おれたちに何をしてもらいたいって？　いったい何の話だ？」。それでも、みんなどこかで信じ始めたんだ。消化試合だったから納得のいく内容ではなかったとはいえ、我々はしっかりやった。負けなかった。レスターを相手に劣勢になったときも、したたかな反撃ぶりを見せた。わたしはもう何も心配しなかった。

あのときにしか起こりえなかったのでしょうか？　つまりアブラモヴィッチマネーがすっかり定着して、ハイベリーから人材が流出し、さらなる海外からの投資によってライバルチームが強化される前という意味で。

ぎりぎりのところだったね。その後のチェルシーがプレミアで優勝したことばかり言い立てられるが、すでに2004年にチェルシーは一流のチームになっていたんだから。アブラモヴィッチが現れて、さらなるカネを注ぎ込んで、リーグ2位のチームに、ディディエ・ドログバやリカルド・カルヴァーリョを移籍させた。そうしてリーグを支配した。チェルシーが来て、次にはマンチェスター・シティーがのしてきた。さて何が起きたかといえば――今やマンチェスター・ユナイテッドはヨーロッパリーグにさえ出ていない。平凡な決断を一つか二つするだけで、はじき出されてしまうんだ。

合法的とはいえ、そういう資金の流入には記憶を呼び起こすものがありましたか――あなたがモナコ時代、オランピック・マルセイユのベルナール・タピの〝ファイナンシャル・ドーピング〟と戦った経験を思い出させるものが？

マシンガンを相手に投石で戦うような感じだ。世間はそんな実情は知りたがらない。求めるのはただ、リーグ優勝だけ。けっこう大変な時期だったが、同時にとても血が騒ぐ時期でもあった。

アーセナルというクラブのアイデンティティーや流儀が新たに形成されたことは、大きな進展でした。改革の定着の速さに驚かれましたか？

アーセナルの好きなところ、非常に誇りに思うところは、従来の価値観を重んじながらも前に進むことを恐れないという姿勢だ。この15年から20年ですべてを味わったと思う。ハイベリー時代、エミレイツ・スタジアムへの前進、夢のような時期、苦しい時期、クラブにおけるあらゆる決断の根底にある強さ。わたしがここにいるのは、そういうすべてに対しての敬意からという気持ちが強い。フットボールクラブはかくあるべしというわたしの思いと合致するような、特別な何かがここにはある。この何年かはプレミアリーグでもチャンピオンズリーグでもFAカップでも優勝できずに、ファンをやきもきさせてはいても、アーセナルの姿勢への深い敬意もどこかで抱いてくれていると、わたしは今でも信じている。この間のFAカップ優勝パレードでイズリントンを通ったときに、アーセナルへの絶大な支援が感じられた。優勝トロフィーだけじゃなく、クラブの歴史や価値観も重要なんだ。だからこそ、このクラブは世界じゅうで敬意をいだかれている。

プレーの美学の進化も見守った感想は？

我々の質の高い仕事を通じて、時間をかけて生まれたものだ。ときどき海外のコーチと話していて、あるプレーヤーについて尋ねると「アーセナル型のプレーヤーじゃないよ」とか言われるんだが、これ以上の誉め言葉はない。そこには二つの意味が込められている。まずアーセナルには独自のプレースタイルがあるということ、そしてうちのプレーヤーにはアーセナルのためにプレーをするのに必要な資質が備わっているということだ。我々が時間をかけて生み出したものだ。もちろん、これからもそれを保っていきたい。

当時のチームから監督業について学んだことがありますか？

自分でも達成できないと思うことを達成できるということ、恐れることはないということを学んだ。わたしが1試合も落とさずにリーグ優勝できると発言したときは、物笑いの種にされかけた。わたしはそんな言い方はしなかった。究極の目標はそれだと言ったんだが、向こうがねじ曲げて攻撃の種にしたんだね。

苛立たしいものですか?

本人とは異なる人物像にされて、誰からも好かれないわけだからね。だが、攻撃の種にされたにしろ、そのおかげで成し遂げられたとも言える。かえって確信を深めてね。わたしは堂々と野心を口にするのが、どうも苦手だった。ただ、どう発言したかはプレーヤーの頭に植えつけられるものだ。報道陣に話すことは、プレーヤーに話すことでもあるからね。潜在意識に残るんだから面白い。チームとしての記憶にひそむ、潜在意識の力は非常に興味深いね。例えば、結果が出たばかりのチャンピオンズリーグ決勝のアトレティコ・マドリード対レアル・マドリード戦だ。アトレティコは40年前の同大会の決勝で、バイエルン・ミュンヘンと戦った。わたしもその試合を観たことがあるが、アトレティコが勝ってもおかしくなかった。最後の最後にミュンヘンのシュヴァルツェンベックのゴールで同点にされ、2日後の再試合で4ゴールを与えて負けてしまった。今回の相手はレアル・マドリードだが、最後の最後に1点を許し、延長になって4−1で負けた。40年前の展開を精確になぞっている。アトレティコは、試合前に昔の話をさんざん蒸し返したに違いない。しかも、当時のアトレティコのシンボルだったルイス・アラゴネスの名前を、2014年の決勝のユニフォームに刺繍していた。わたしも大好きだったアラゴネスを試合中に偲ぶよすがにはなる。だが、潜在意識に植えつけられたあの名前が、歴史をくり返す原因になったのでなければいいのだが。そこで思い知らされるんだよ――人の心には、精神面の強さとともに、潜在意識の言語というきわめて重要なものが秘められているんだとね。

では、無敗を通すと前年に口にしたことで、あなたもチームも苦しんだにせよ、潜在意識に植えつけられる必要はあったんだと?

プレーヤーに達成できると思わせるために必要だったと思う。頭の中に蒔いた種が、後に花を咲かせることもある。

当時のプレーヤーを思い起こして、あなたの目からすると何が特別だったのか、まずはイェンス・レーマンから解説をお願いできますか?

あれほどの執念を燃やせるところが長所だった。勝利のためなら死ねるプレーヤーだ。

ラウレン?

奇想天外な個性、わたしからすると過小評価されていた。一級品であり、ほんものの闘士でもある。

コロ？

試合への甚だしい情熱、世の評価よりもずっと優れた技術を持っていて、人柄も明るかった。チームに相当な熱気をもたらしてくれた。

ソル？

思慮深い。戦場に赴くときも、ソルと一緒なら安心だ。当時のプレーヤーはみんなとても頭がよかったが、ソルには強烈な個性もあった。

アシュリー？

監督業をやってきた中での、後悔の種だ。エージェントとクラブの間の誤解がもとでチームを去った。恐るべき闘士でもあった。チャンピオンズリーグのバイエルン・ミュンヘン戦で、初めて投入したのを覚えているが、アシュリーはこの先レギュラーから降りるつもりがないことを、即座に見せつけた。移籍後のキャリアを通じて、どれほど偉大なプレーヤーかを立証している。アーセナルで立証すべきだったんだが。

フレディー？

フレディーにも強烈な個性があって、一心に勝利を追い求めた。先日わたしに会いに来たから、こう言ったんだ。「君がスウェーデン代表として行った欧州選手権でポルトガルに敗れたときに、会いに行ったことを思い出すよ」。2日後も同じホテルにいて、あまりにもがっかりして、まだ移動していないと言っていた。信じがたいほどの闘士だった。チャンピオンズリーグ決勝の対バルセロナ戦でも、途方もない力を見せた。疲れきっていても、その闘魂ゆえに底力を発揮できた。

パトリック？

クラブの伝説のひとりだ。わたしが初めてアーセナルに連れてきたプレーヤーだったし、多大な信頼を寄せてくれたから、個人的にとても恩義を感じている。パトリックにはすべてが備わっていた。カリスマ性、品格、闘魂。無二の人物だ。イングランドに来て以来、世間が毎年「パトリック・ヴィエラの再来だ」とか言うが、さて、どこかにいたっけね、そんな誰かが！ふたりにマークされても攻め上がれるんだから、驚異的だった。パトリックがセンターバックに「ボールを回せ」と文句をつけるのを見たことがある。「でもマークされてるじゃないか」「知るか！」。そんな状況でも何とかして常に攻め上がっていた。驚異のフットボールプレーヤーだ。

ジウベルト？

品格のひとことに尽きる。控えめで謙虚、人間として一級の人物だ。チームのために犠牲になることも厭わなかった。当時のチームをよく分析すると、どのプレーヤーも才能があって頭がよかったが、チームの戦果という点からすると、他の者のために汚れ仕事を厭わないスクリーンプレーヤーが、ディフェンスの前に必要だった。ジウベルトはそういうプレーヤーだったんだ。2002年のワールドカップにブラジル代表で出たジウベルトを見て、うちに特別なものを与えてくれる逸材だと思って獲得した。優れたフットボールプレーヤーだった。ワールドカップの後にドレッシングルームに入ったんだが、そのときのジウベルトの振る舞い方や思慮深さを見たら、とてもワールドカップで優勝したばかりの人物とは思えなかっただろう。

ロベール？

ロベールもクラブの伝説のひとりだ。一流のフットボールプレーヤー、笑顔で相手を刺す。笑顔なのに——確実に刺した。ボールを渡せば、一日中味方になる。試合が大好きで、熱いプレーをするし、すばらしいフィニッシャー、信じがたいほどのフィニッシャーだ。動きがあまりに賢いので、決まってつかまらない。ロベールが2002年に大ケガを負った日のことでは、今でも自分を呪いたい。ニューカッスル戦だったんだが、わたしは自分に言い聞かせた。「ロベールを働かせすぎだな」。休ませたかった。いつも「よし、次で休ませよう」と言うばかりだったから。ニューカッスル戦を前に「今度こそロベールを休ませなくては」と思った。結局は試合に出して「終盤に交替させよう」と考えた。試合が始まると、ロベールはワールドクラスのプレーを見せた。それで突然の十字靭帯の断裂だ。正直言って、あのケガのあとは以前と同じプレーヤーじゃなくなってしまった。フットボールへの姿勢は変わらなかったものの、身体能力がわずかに衰えた。ケガの前は、あのポジションでは世界最高のプレーヤーだった。我々がリーグ優勝を果たしたとき、セレモニーでの観客の反応は見ものだった。

デニス？

知識、知性、カリスマ性。強烈な個性、断固たる意志、プロ中のプロ。キャリアの初日から最後の日まで、ひとつのパスもおろそかにしない姿を見てきた。頭の切れる完璧主義者だった。自身の完璧さを通じて世界をコントロールすることを求めていた。ミスをするといつも不満げだった。自分のやることには完璧でありたいという、内なる欲求を持っていた。チームメイトから高く評価されていたことが、当時はとても重要だった。優れたプレーヤー同士が理解を深め、互いに敬意をいだくと、チームはもっと強くなる。ティエリーとデニスの間にはしばらく熾烈な争いがあったが、年齢差のおかげで協力しあう関係になった。あの二人がそういう段階に達すると、我々の勢いは止まらなかった。

ティエリー？

超一流の才能だった。とにかく何でもできた。ティエリーを象徴するのが、あの特別なゴール――リヴァプール戦のゴール、あるいはベルナベウでのレアル・マドリード戦で決めたゴールだ。あのゴールが、いかにずば抜けたプレーヤーなのかを見せつけた。フットボールの一流の才能を持つウサイン・ボルトだ。センターフォワードとして夢の資質をすべて備えていた――速さ、抜きん出た知性、あらゆるものを瞬時に分析して、シュートに際しては冷静。フランスでは過小評価されていた。ジダンに劣ると見なされることもあったが、わたしにとっては夢のストライカーだった。我々が相手に押されているときでも、自力で無からゴールを生み出せる、そんなプレーヤーだった。それはチームに多大な力を与えるものなんだ。ああいう才能が見つかれば、あとはやってくれる。

*

こうしてひとりひとり分析してみると、みんなどれほど特別な才能があって、どれほど特別な人格を持っていたかがよくわかるね。

レスター戦のあと、夢の実現を祝って何をしたか覚えていますか？

いや。

本当に？

君には過去について話しているわけだが、過去を振り返るのは苦痛なんだ。常に先のことばかりを一心に考えているからね。1試合も落とさずにリーグ優勝するのは、わたしの夢のひとつだった。「間を置いてから、思いついたことに満面の笑みを浮かべて目を輝かせながら」もう一度やりたいね。

エピローグ

あのインヴィンシブル・シーズンから10年、当時のプレーヤーの大半が胸に刻みつけた絆の強さに変わりはない。それぞれの拠点が世界中に広がっている今もなお、その記憶語りは、ロンドン・コルニー、そして青々と刈り込まれたハイベリーのフィールドに彼らを連れ戻す。等しく同じ感情の力が彼ら全員からあふれ出す。

たとえそれが、ミュンヘンで朝食の間中クリームケーキを食べながら語り出したイェンス・レーマンだろうと、エミレイツ・スタジアムのカーペット敷き廊下を歩きながらのラウレンだろうと、リヴァプールのトレーニンググラウンドにて心機一転のコロ・トゥーレだろうと、妻がピムリコで経営するインテリアショップの豪勢なソファに腰を落ち着けたソル・キャンベルだろうと、ソーホーでコーヒーを飲み、アーセナルの旧友との約束を果たすために地下鉄に飛び乗ったマーティン・キーオンだろうと、メイフェアのシックな洋服店内にあるプライベートルームにいたフレディー・リュングベリだろうと、エセックスのとあるローカルパブでつかまえたレイ・パーラーだろうと、チェシャーにあるお気に入りのカフェでチーズケーキを薦めてくれたパトリック・ヴィエラだろうと、ベロ・オリゾンテの自宅でそよ風が心地よく揺らすカーテンを背にしたジウベルト・シウヴァだろうと、コリンチャンスのオフィスで対面したエドゥーだろうと、ハムステッドでランチをともにしたロベール・ピレスだろうと、アヤックス・レストランの片隅にある人目につかないお気に入りの場所に陣取ったデニス・ベルカンプだろうと、ニューヨーク・シティーで再会したティエリー・アンリだろうと——どこにいて、何をしていようと、彼らはいまだ、クラブとの、それぞれとの、そして彼らが共有したあの並外れたシーズンとの絆を感じている。

彼らが成し遂げたものはアーセナルサポーターたちの胸の内に生き続け、そのサポーターたちは毎年、フットボールカレンダー上で他のすべてのチームが一つでも星を落とした瞬間、あの完璧なるプレミアリーグシーズンに比肩し得るものはないと確認するのだ。

さて、アーセナル・不滅のインヴィンシブルズ、2014年5月現在の〝今〟をおさらいしておこう。

イェンス・レーマン——2011年に二度目の入団で帰還。その後ロンドン・コルニーではコーチングバッジ取得のセッションをこなし、今でも折に触れてクラブを訪れる。見据えるその先には、一ゴールキーピングコーチにとどまらない〝メインマン〟としてのクラブマネージメントがある。

ラウレン——古巣スペイン在住。『100クラブ』［アーセナルにて100試合以上に出場した現役引退プレーヤーたちの、クラブおよびプレーヤー同士の交歓を図るために結成された会］の進水式に参列。シーズンに数度、試合観戦でエミレイツを訪れることにしている。今も熱心なアマチュアボクサーのひとりである。

ソル・キャンベル——2010年に舞い戻ってプレー。彼も『100クラブ』の創設メンバーのひとりとして、エミレイツを訪れる際にはクラブタイを身に着ける。フットボールから身を置いた暮らしを満喫しているが、今でも好んでトレーニンググラウンドに顔を出す。

コロ・トゥーレ——今も現役で、アンフィールドでの2013−14シーズンを終えた後、アイヴォリーコースト代表の一員としてワールドカップに出場。アーセナル命は変わらず、折に触れてかつてのチームメイトに電話をかけては、友人としてのアドバイスを求めている。

アシュリー・コール——チェルシー移籍以来、クラブとの絆にもどかしい思いを抱き続けている。多分、いずれ態度も軟化するだろう。

フレディー・リュングベリ——アーセナル・アンバサダーの職にあり、サポーターズクラブと手を携えながら、クラブのためにアジアを飛び回っている。ロンドン在住、家族は若い。故国スウェーデンに『フレディーズ』というスポーツバーを開店した。

パトリック・ヴィエラ——マンチェスター・シティーで働いているが、アーセナル命は変わらない。インヴィンシブル最後のゲーム、レスター戦からちょうど10年後のその日、ハイベリーのピッチでプレミアリーグのトロフィーを掲げる自身の写真を添えたメッセージを投稿した。「あれほどの特別なチームでキャプテンを務めた誇りは一生消えることはない」

ジウベルト・シウヴァ——37歳で引退。2014年、ロンドンに帰還して旧友たちと再会。アーセン・ヴェンゲルの招きで現チームとの練習に参加、感激のあまり「びっくりした。ただ、挨拶に来ただけだったのに。あそこにいるとありとあらゆる思い出がどっと蘇ってくる」。

ロベール・ピレス——ノースロンドンに居を構え、日常的にトレーニンググラウンドに顔を出し、マッチデイには決まってエミレイツで目撃されている。「アーセン、それと若い連中にとって、成功のために仕事をする姿勢を見せることは大切だ。練習に参加してお手本を示す。光栄なことじゃないか」。アーセナルのアンバサダーのひとりとして、クラブの要請に基づく公式の旅を楽しんでいる。現チームが2014年のFAカップを勝ち取った祝勝式では、ウェンブリーのピッチに姿を見せた。

デニス・ベルカンプ――2014年、アムステルダムからノースロンドンまで、家族を伴って自家用車を駆り、エミレイツでの彼の銅像の除幕式に参列。いつの日か、コーチング資格を携えてアーセナルに帰還したいと考えている。

ティエリー・アンリ――2012年、少々毛色の変わった役割でアーセナルにカムバック。たまたま（?）プレーするチャンスに遭遇した〝自称ファン〟として。懐かしい英雄がリーズ相手にゴールを決めたそのとき、エミレイツ・スタジアムの観衆は一種の幽体離脱的体験を体感した。アメリカでプレーしている間も、彼のハートには赤と白のリズムが脈打っている。ピッチにいる彼に、ニューヨーク・レッドブルズのファンはサイドラインの外から叫ぶ。「ティエリー、あんたのチームが得点を上げたぞ」。あるいは、アーセナルに関連するニュースの類なら何でも。いずれ、現役に別れを告げるとき、ロンドンに戻って新しい資格なりでクラブに迎えられるのは間違いないだろう。

インヴィンシブルズのうち3名は今も現役続行中だ。ホセ・アントニオ・レジェスはセヴィージャで、ガエル・クリシーはマンチェスター・シティーで、ジェレミー・アリアディエールはカタールのウム・サラールで。30代の終わりでブーツを脱いだパスカル・シガン、シルヴァン・ヴィルトール、ヌワンコ・カヌーは、引退後の人生を謳歌している。エドゥーは引き続きコリンチャンスで働きながら、2013-14シーズン中に旧クラブを訪ねてロンドンにやってきた。マーティン・キーオンとレイ・パーラーはメディア業界の卓越したアーセナル通として、クラブと緊密な関係を保っている。ともに『100クラブ』の会員（それぞれ300試合以上の出場を誇る）であり、キーオンはもうひとりのアーセナル・アンバサダーでもある。

アーセン・ヴェンゲルはシーズン終了後、2014年ワールドカップに向けて旅立つ前にいくつか重要なクラブビジネスをこなした。その中には（もちろん）、アーセナルの監督として三度目の「10年間」に突入する身分保証のための契約更新も含まれている。

謝辞

インヴィンシブルズの面々の厚意、迅速な協力姿勢、そして、わくわくし通しの〝身の上話〟語りにはすっかり圧倒されてしまった。心からの感謝を、イェンス・レーマン、ラウレン、コロ・トゥーレ、ソル・キャンベル、マーティン・キーオン、フレディー・リュングベリ、レイ・パーラー、パトリック・ヴィエラ、ジウベルト・シウヴァ、エドゥー、ロベール・ピレス、デニス・ベルカンプ、ティエリー・アンリ、アーセン・ヴェンゲル、そしてパット・ライスに。

適切な助力のみならず、2004年の大団円、ホワイト・ハート・レインのチケットを、奇跡的に手配してくれたデイヴィッド・ディーンへの恩はこの先も忘れようがない。さらには、アーセナルの〝知恵と情熱〟を分け与えてくれたイアン・ライト、リー・ディクソン、ケン・フライアー、本書を書き進める上での方向を示唆し、見識をひもといてくれたニック・ホーンビー、こと細かな記憶を並外れたユーモアを交えてプレーバックしてくれたアラン・デイヴィーズ、2003―04のあのアーセナル戦でプレーすることがいかばかりだったかについての自己分析をしてくれたジェイムズ・スコウクロフト、そして、2002年の悪名高い記者会見の模様を思い出してくれたデイヴ・ウッズに、感謝。

ありがとう、有能な取りまとめ役軍団の皆さん。業務そっちのけで我慢強く無数の電話攻勢をさばいてくれたアーセナルのケイティーとダン、アヤックスのミール、リヴァプールのスティーヴ、さらにジェイミー・ジャーヴィス、ワリド・ブズィード、ダレン・ディーン、スチュアート・ピーターズ、エイドリアン・フィルポット。独自のアーセナル眼と熟練のカメラマンならではの視点を、写真もろとも気前よくよこしてくれたスチュアート・マクファーレンには大変お世話になった。そして、イアン・クックの深甚な知識、トビー・モーゼズ、ロス・マルティノヴィッチ、ジェイムズ・コップノール、アンドリュー・マンガン、パディー・バークレイ、イアン・ホーキーら、〝からくりとコツ〟に通暁した達人たち。〝一人二役〟を演じるのはお手の物のフィリップ・オークレア、ハイベリーのデスク、トム・ワット、そして、ずうっとわたしを笑わせ続けてくれたマーク、ロブ、アシュリー、ジョー、ユージーン。

デイヴィッド・ラクストンの極め付きのサポートと無限大の落ち着きには、感謝してもし切れない。同じく、ベン・ブルージーのとんでもなく熱心でカッコいい手際の編集作業、本書のテーマに取り組むに当たってわたしを後押ししてくれたペンギン社にも。ありがとう、『ガーディアン』および『オブザーヴァー』のマーカス、FOXサッカーのジェイミー、それに、わたしの気まぐれをしっかり大目に見てくれた『チャンピオンズ』のポール。

そして何よりも、我が愛しき家族に。あやまつことなきサポートの手を差し伸べてくれる二組の両親、無限の日差しをもたらしてくれる二人の息子、スーパーヒーローのルカとニコ。本当にありがとう、ざっと数か月間、いつになくすっかり上の空だった（それに、とにかく出かけっ放しだった）わたしを優しく理解してくれて。あら、だとしたら、留守中に我が砦を守り抜いてくれた世界一の乳母《ナニー》、ジャスティーン・ウォーカーにも不朽不滅の感謝を捧げなくちゃね。

最後に、とても良い仕事をする『アーセナル財団』にも一言お礼を。

訳者あとがき

本を手に取ってまず「あとがき」を読む習慣のある方に、一言アドバイスを。是非、まずは、著者エイミー・ロレンスによる「謝辞」に目を通してみていただきたい。きっと、それで、この本に書かれているものの「カタチ」と「濃度」が、著者が長年アーセナルに親しみ、思い入れを傾けてきた「熱」と「愛」とともに、じわり見えてくるはずだ。

そんなこんなで、あえて穿った言い方をさせてもらえば、アーセナル命のファンなら、ただただ、たまらない内容にぞくぞくして胸を躍らせるに違いないだろうし、そうではない場合も、少しでもフットボールに関心のある人なら、類書とはどこか違う、奥深くて愛らしくもある、濃密な匂いをかぎ取ってもらえるのではないだろうか。

そう、訳者ごときの匆体つけた〝付説〟など、この本には無用の長物。賭けてもいいが、これを読んだが最後、２００３－04シーズンのイングランド・プレミアリーグをただの1試合も負けずに優勝したチーム、というよりも、そのチームの主役たち、その一人ひとりに、否応なしに惚れこんでしまうだろう（ちょうど、他でもないこの訳者のように）。

あるいは、アーセン・ヴェンゲルがかつて名古屋グランパスで成し遂げたこと、そしてこの「インヴィンシブル・シーズン」が達成されたことの、それぞれの意味と意義、さらには、そんな〝インヴィンシブルズ〟以後、アーセナルがリーグタイトルから見放される不遇に陥ってしまっているその理由と背景を類推して、感極まってしまうかもしれない。

だから「あとがき」にこれ以上の能書きは要らない。その代わりというわけではないが、

「エピローグ」で触れられているインヴィンシブルズのメインキャストの「その後」について、ここに付記しておきたい。原書が世に出てからしばらく時が経っている今、この「エピローグ」にも少しカビが生えかけているとしたら、彼らの「最新の今」をひとしきり追っておさらいすることで、この訳本もそれなりに完遂するはずだろうから。

まず、誰よりも華々しく（？）異質な〝場外活動〟が目立つのがソル・キャンベルだ。以前から政治への不満をかこち、変化を切望していたソルは、2015年2月、英国保守党からロンドン市長選挙に立候補を表明した。最終的に候補者リストから漏れてしまったが、例のEU脱退の是非を問う国民投票でもBrexitを公に支持するなど関心が高い。ひょっとしたら将来、MP（国会議員）ソル・キャンベルの誕生する日が来ないとも限らない。

コロ・トゥーレはリヴァプールで46試合に出場した後、新任ユルゲン・クロップの構想から外れ、2016年7月、彼をアンフィールドに呼び寄せた張本人、ブレンダン・ロジャーズのお声がかりで、スコットランドの雄、セルティックに移籍。現役続行中である。

チェルシーで8シーズンを過ごしたアシュリー・コールは、その後カルチョのローマを経て、現在MLSのLAギャラクシーに在籍。風の噂に、ラフプレー連発でたびたび警告を受けているとも聞く。もしかして、愛するアーセナルを心ならずも後味の悪い経緯で離れた無念と郷愁に、今も心かき乱されるトラウマから逃れられていないのだろうか。

フレディー・リュングベリは、ほぼ1年刻みでウェスト・ハム、MLSの2クラブ、セルティック、そして清水エスパルスと渡り歩き、新規発進のインド・スーパーリーグ、ムンバイ・

シティーFCに一時軒を借りたが、現在はアーセナルのユースコーチに収まっている。現役時代からカルヴァン・クライン、P&G、ロレアル、ペプシなどの広告に登場した、インヴィンシブルズきっての〝セレブスター〟を演じてきたことも記しておこう。

引退後しばらくしてマン・シティーの誘いに乗って少しばかりお茶を濁した（?）パトリック・ヴィエラだったが、2016年の元日、MLSはニューヨーク・シティーFCの監督に就任した。ある機会に「アーセンは監督術の秘訣だけは教えてはくれなかった」と冗談まじりに愚痴をこぼしたものだが、デビューシーズンを東カンファランス2位にチームを導き（カンファランス準決勝ではトロントFCに敗退）、まずまずの監督生活をスタートさせている。周囲からも「行く行く楽しみな指導者」と目されているようだ。

ジウベルトは、2015年12月にブラジルのアトレティコ・ミネイロで現役から退いた後、ホームレス／難民／亡命者で組織されたUKベースのチャリティーリーグ『ストリートリーグ』の後援者を務めながら、クラブとプレーヤーの仲立ちをする国際コンサルタントとして働く夢を模索中。実は彼、ロンドン動物園に委託して大アリクイを飼っており、その名もジウベルトと名付け「自分より少し毛深い弟」と呼んで可愛がっているんだとか。

ピレスも、アストン・ヴィラを退団してからインドのFCゴアでプレーしたが、現在はアーセナルのファーストチームコーチの任にある。ベルカンプとは今でも大の仲良しだ。

大の飛行機嫌いでアーセナルファンから「空を飛ばないオランダ人」と親しまれた、そのベルカンプは、現在アヤックスの副監督。2014年12月にMLSニューヨーク・レッドブルズを退団して現役を引退したアンリの方は、前エヴァートン監督ロベルト・マルティネス率いるベルギー代表の〝第二〟副監督だ。ヴィエラとこの両名が、ヴェンゲル直系の〝名匠予備軍〟として今後も精進し、いつか何らかの形で雌雄を決する日が来るかもしれないと思うと、もうわくわくしないでどうしようか。

難産だった。本書の訳出のことである。私事でのっぴきならない事情もあったとはいえ、当初の予定を大幅に、ほぼ半年以上も遅らせることになり、当然ながら版元の三賢社には大変なご心労をかけてしまった。にもかかわらず、我慢強くひとえに温かく、見守り、叱咤激励し続けてきていただいた林良二、林史郎両氏と、助っ人として第3部の訳出（実に的確な！）をお願いした菅しおりさんには、心から厚くお礼を申し上げる。

今、版元から差し入れのイングリッシュティーをすすりながら、上がってきたゲラ原稿を読んでいる。生まれついてのガナーズファンならではのエモーショナルな筆致と、膨大なインタヴューをこなし事実を丹念に積み上げた末の構成の妙、その見事な融合の冴えに、「ああ、自分もこのくらい書ければなぁ」と嫉妬しつつ、改めて頭が下がる思いだ。そうか、それってヴェンゲルがアーセナルにもたらした成功の方程式そのものじゃないか！

さて、そんな名筆の名著を自分はしっかり過たず移し伝えることができただろうか。その判断は読者にお任せする。少なくとも、訳者がめったにない栄誉の機会を得たことだけは間違いない。

２０１７年1月　東本貢司

アーセナルFC　プレミアリーグ2003―2004シーズン

選手の出場回数と国籍

番号	名前	出場回数	国籍
1	イェンス・レーマン	38 (0)	ドイツ
3	アシュリー・コール	32 (0)	イングランド
4	パトリック・ヴィエラ	29 (0)	フランス
5	マーティン・キーオン	3 (7)	イングランド
7	ロベール・ピレス	33 (3)	フランス
8	フレディー・リュングベリ	27 (3)	スウェーデン
9	ホセ・アントニオ・レジェス	7 (6)	スペイン
10	デニス・ベルカンプ	21 (7)	オランダ
11	シルヴァン・ヴィルトール	8 (4)	フランス
12	ラウレン	30 (2)	カメルーン
14	ティエリー・アンリ	37 (0)	フランス
15	レイ・パーラー	19 (6)	イングランド
17	エドゥー	13(17)	ブラジル
18	パスカル・シガン	10 (8)	フランス
19	ジウベルト・シウヴァ	29 (3)	ブラジル
22	ガエル・クリシー	7 (5)	フランス
23	ソル・キャンベル	35 (0)	イングランド
25	ヌワンコ・カヌー	3 (7)	ナイジェリア
28	コロ・トゥーレ	36 (1)	コート・ジヴォワール
30	ジェレミー・アリアディエール	3 (7)	フランス

＊10試合以上出場し、優勝メダルを授与された選手のみ。カッコ内は途中出場。

アーセナルFC　プレミアリーグ2003—2004シーズン

戦績

節	日付	対戦相手	H/A	スコア	勝敗
1	2003. 8.16	エヴァートン	H	2－1	W
2	2003. 8.24	ミドゥルズブラ	A	0－4	W
3	2003. 8.27	アストン・ヴィラ	H	2－0	W
4	2003. 8.31	マンチェスター・シティー	A	1－2	W
5	2003. 9.13	ポーツマス	H	1－1	D
6	2003. 9.21	マンチェスター・ユナイテッド	A	0－0	D
7	2003. 9.26	ニューカッスル・ユナイテッド	H	3－2	W
8	2003.10. 4	リヴァプール	A	1－2	W
9	2003.10.18	チェルシー	H	2－1	W
10	2003.10.26	チャールトン・アスレティック	A	1－1	D
11	2003.11. 1	リーズ・ユナイテッド	A	1－4	W
12	2003.11. 8	トテナム・ホットスパー	H	2－1	W
13	2003.11.22	バーミンガム・シティー	A	0－3	W
14	2003.11.30	フルアム	H	0－0	D
15	2003.12. 6	レスター・シティー	A	1－1	D
16	2003.12.14	ブラックバーン・ローヴァーズ	H	1－0	W
17	2003.12.20	ボルトン・ワンダラーズ	A	1－1	D
18	2003.12.26	ウルヴァーハンプトン・ワンダラーズ	H	3－0	W
19	2003.12.29	サウサンプトン	A	0－1	W
20	2004. 1. 7	エヴァートン	A	1－1	D
21	2004. 1.10	ミドゥルズブラ	H	4－1	W
22	2004. 1.18	アストン・ヴィラ	A	0－2	W
23	2004. 2. 1	マンチェスター・シティー	H	2－1	W
24	2004. 2. 7	ウルヴァーハンプトン・ワンダラーズ	A	1－3	W
25	2004. 2.10	サウサンプトン	H	2－0	W
26	2004. 2.21	チェルシー	A	1－2	W
27	2004. 2.28	チャールトン・アスレティック	H	2－1	W
28	2004. 3.13	ブラックバーン・ローヴァーズ	A	0－2	W
29	2004. 3.20	ボルトン・ワンダラーズ	H	2－1	W
30	2004. 3.28	マンチェスター・ユナイテッド	H	1－1	D
31	2004. 4. 9	リヴァプール	H	4－2	W
32	2004. 4.11	ニューカッスル・ユナイテッド	A	0－0	D
33	2004. 4.16	リーズ・ユナイテッド	H	5－0	W
34	2004. 4.25	トテナム・ホットスパー	A	2－2	D
35	2004. 5. 1	バーミンガム・シティー	H	0－0	D
36	2004. 5. 4	ポーツマス	A	1－1	D
37	2004. 5. 9	フルアム	A	0－1	W
38	2004. 5.15	レスター・シティー	H	2－1	W

著者
エイミー・ロレンス　Amy Lawrence
6歳でハイベリーの試合を観戦、生まれついてのアーセナルサポーター。アーセナルＦＣを中心に20年以上『ガーディアン』および『オブザーヴァー』紙に寄稿する有数のトップ・スポーツライター。ガナーズプレーヤーたちとの交流も多く、知る人ぞ知るアーセナル通の第一人者として同サポーターの間でもつとに崇拝されている。ロンドン在住。二児の母。

訳者
東本貢司　Koji Higashimoto
英国パブリックスクール修了、国際基督教大学英文学科卒。作家、翻訳家、フットボールライター／コメンテイター。著書：『イングランド』『Saturday in the Park』『マンU～世界で最も愛され、最も嫌われるクラブ』他。訳書：『ベッカム』『ロイ・キーン』『オーウェン』『スティング』『シューマッハ』(以上各自伝)、『アレックス・ファーガソン　監督の日記』『ベッカム神話』『マンチェスター・ユナイテッド・クロニクル』『日曜日のピッチ』『ダ・ヴィンチ・コードの謎を解く』『ハワイの秘法』『オバマ話術』他。

菅しおり　Shiori Suga
お茶の水女子大学卒。出版社勤務を経て翻訳者に。訳書にダイアナ・ナイアド『対岸へ。～オーシャンスイム史上最大の挑戦』(三賢社)、エド・シーサ『2時間で走る』(河出書房新社)、スティーヴン・パーク『ル・コルビュジエの住宅 3Dパース全集』(エクスナレッジ) がある。

協力：福田光一
組版：佐藤裕久

カバー写真：ロイター／アフロ
口絵写真：アフロ

インヴィンシブル　アーセナルの奇跡

2017年2月25日　第1刷発行

著者　エイミー・ロレンス
序文　アーセン・ヴェンゲル
訳者　東本貢司　菅しおり

発行者　林 良二
発行所　株式会社 三賢社
〒113-0021　東京都文京区本駒込4-27-2
電話　03-3824-6422
FAX　03-3824-6410
URL　http://www.sankenbook.co.jp

印刷・製本　中央精版印刷株式会社

ISBN978-4-908655-05-0 C0075